공간의 정치학에서 시간의 정치학으로

속도와 정치

옮긴이 이재원

중앙대학교 대학원 영어영문학과 석사 졸업. 급진적 문화이론에 관심을 두고 있으며, 그 연장선상에서 번역 작업에 몰두하고 있다. 현재 <도서출판 이후>의 편집자로 일하고 있기도 하다. 지은 책으로 『오래된 습관 복잡한 반성 1, 2』 (도서출판 이후 1997~98/공저), 『대학문화의 생성과 탈주』(문화과학사 1998/공저)가 있으며 옮긴 책으로 『타인의 고통』(도서출판 이후, 2004), 『불복종의 이유』(도서출판 이후, 2003), 『은유로서의 질병』(도서출판 이후, 2003), 『하이퍼텍스트 2.0: 현대 비평이론과 테크놀로지의 수렴』(문화과학사, 2001/공역), 『신좌파의 상상력: 전세계적 차원에서 본 1968년』(도서출판 이후, 1999/공역) 등이 있다.

이메일 jaewoni@hotmail.com

<<VITESSE ET POLITIQUE>> de Paul VIRILIO

Copyright © EDITIONS GALILÉE 1977
All rights reserved.
Korean Translation Copyright © 2004 by Greenbee Publishing Company.
Korean edition is published by arrangement with EDITIONS GALILÉE
through Imprima Korea Agency

속도와 정치

초판1쇄 펴냄 2004년 3월 10일
초판3쇄 펴냄 2023년 2월 20일

지은이 폴 비릴리오
옮긴이 이재원
펴낸이 유재건
펴낸곳 (주)그린비출판사
주소 서울시 마포구 와우산로 180, 4층
대표전화 02-702-2717 | **팩스** 02-703-0272
홈페이지 www.greenbee.co.kr
원고투고 및 문의 editor@greenbee.co.kr

편집 이진희, 구세주, 송예진, 김아영 | **디자인** 이은솔, 박예은
마케팅 육소연 | **물류유통** 류경희 | **경영관리** 윤혜수

이 책의 한국어판 저작권은 임프리마 에이전시를 통한 원저작권사와의 독점계약으로 (주)그린비출판사에 있습니다.
저작권법에 의하여 한국 내에서 보호를 받는 저작물이므로 무단전재와 무단복제를 금합니다.
책값은 뒤표지에 있습니다. 잘못 만들어진 책은 구입처에서 바꿔 드립니다.
ISBN 978-89-7682-934-4 03130

독자의 학문사변행學問思辨行을 돕는 든든한 가이드 _(주)그린비출판사

공간의 정치학에서 시간의 정치학으로

속도와 정치

폴 비릴리오 지음 | 이재원 옮김

그린비

>>> Contents <<<

>>서문_폴 비릴리오의 정치 이론 • 존 아미티지　7

I 질주정 혁명 • 47
1_거리의 권리에서 국가의 권리로　49
2_교통로의 권리에서 국가의 권리로　83

II 질주학적 진보 • 101
3_공간의 권리에서 국가의 권리로　103
4_현실적 전쟁　123

III 질주정 사회 • 137
5_무능한 육체　139
6_생체적 운송장치에 대한 검토　161
7_프롤레타리아트의 종말　191
8_안전의 소비　225

IV 비상 상태 • 241

>>해설_속도와 유목민 • 이재원　269
>>부록_폴 비릴리오의 저작들 297 / 인명 찾아보기 301 / 찾아보기 332

서문 >> 폴 비릴리오의 정치 이론
— 『속도와 정치』를 중심으로

존 아미티지[*]

프랑스의 정치이론가 폴 비릴리오는 1932년 파리에서 태어났다. 1939년, 제2차 세계대전의 발발로 항구 도시인 낭트로 피난을 갔던 그는 그곳에서 독일군의 스펙터클한 전격전(Blitzkrieg)을 보고 깊은 외상을 입었다. 그 뒤 파리에 있는 〈예술공예학교〉(École des Métiers d'Art)에서 수학한 비릴리오는 스테인드글라스 예술가가 됐다. 그렇지만 1950년 기독교로 개종하고 프랑스 식민지 주둔군으로 알제리 독립전쟁(1954~62)에 참전한 비릴리오는 종전 뒤 프랑스 철학자 모리스 메를로-퐁티와 함께 소르본 대학에서 현상학을 공부했다. 1963년 비릴리오는 건축가 클로드 파랑과 함께 〈건축 원리〉라는 단체(그리고 동명의

---

[*] John Armitage, "Speed and Politics : An Introduction to Paul Virilio." ⓒ John Armitage, 2003. 아미티지는 영국의 노섬브리아 대학 통합학문학과 학장이다. 비릴리오 연구자인 그는 기술의 문화정치학에도 관심을 기울이고 있다. 최근 저서로는 조안 로버트와 공동으로 편집한 『사이버스페이스에서 살아가기』(*Living with Cyberspace : Technology and Society in the Twenty-First Century*, New York : Continuum/2002)가 있다.

잡지)를 창설해, 자신을 도시학자라고 소개하며 도시라는 영역의 군사적·공간적·유기적 측면에 매혹된 초기 저술들을 발표했다. 초기의 주요 저술들로는 직접 찍은 사진을 곁들여 전쟁 건축물을 철학적으로 탐구한 『벙커의 고고학』(1975), 그리고 탈영토화, 노마디즘, 자살 국가 등을 다룬 『영토의 불안전성』(1976)이 있다.

현상학에 기초해 질주학(경주[질주]의 논리), 소멸의 미학 같은 개념을 창조하기도 했던 비릴리오는 에드문트 후설, 마르틴 하이데거, 특히 메를로-퐁티의 철학서를 통해 논쟁적인 정치 이론을 도출했다. 얼마 뒤 파리에서 시작된 1968년 5월의 '사건들'에 참여하게 된 비릴리오는 학생들에 의해 〈건축전문학교〉(École Spéciale d'Architecture)의 교수로 지명됐으며, 훗날 [자크 데리다와 함께] 〈국제철학학회〉(International College of Philosophy)의 창설에 일익을 담당했다.

정식으로 건축을 배우지 않았던 비릴리오는 자신의 관심사를 공간 예술에만 국한시킬 필요를 전혀 느끼지 않았다. 확실히 비릴리오는 자신의 철학적 동료들인 질 들뢰즈·펠릭스 가타리와 마찬가지로, 지금 독자 여러분들이 손에 쥐고 있는 『속도와 정치』(프랑스에서는 1977년에 출판됐다) 같은 주제뿐만 아니라 다양한 주제에 대해서 수많은 글들을 써왔다. 『인민 방어와 생태 투쟁』(1978), 『질주계, 또는 속도의 빛』(1978), 『소멸의 미학』(1980), 『임계 공간』(1984), 『전쟁과 영화 1 : 지각의 병참학』(1984), 『부정의 지평 : 질주계에 관한 시론』(1984), 『시각 기계』(1988), 『극(極)의 관성』(1990), 『사막의 스크린 : 전쟁 시평(時評)』(1991), 『동력의 예술』(1993), 『해방의 속도』(1995), 『사건의 풍경』(1996), 『정보과학의 폭탄』(1998), 『기만의 전략』(1999), 『무엇이 올 것인가』(2002) 등 비릴리오가 1970년대 후반부터 지금까지 발표한 책들만 봐도 잘 알 수 있다.

그렇지만 비릴리오가 전개한 정치 이론의 힘은 1990년대가 되어서야 프랑스를 넘어 영어권 나라들과 그밖의 다른 나라들에서까지 서서히 감지되기 시작했다. 이 책『속도와 정치』가 드디어 한국어로 옮겨지게 됐다는 사실은, 오늘날 비릴리오가 보여주는 정치 철학이 전세계 곳곳에서 점점 더 많이 인정받고 있다는 점을 보여주는 좋은 증거일 것이다.

자신의 이론이 전세계에 알려지고 있는 것과는 달리, 비릴리오는 자신이 거주하고 있는 프랑스 서부 해안의 도시 라로셸 밖으로 좀체 나오지 않으며, 대중 앞에 잘 서지도 않는다. 1998년 교편을 놓은 그는 오늘날 현대 예술에 대한 비판적 논평을 쓰거나(『침묵의 절차』, 2000), 2003년 파리의 〈카르티에 현대예술 재단〉(Fondation Cartier pour l'art contemporain)에서 전시회를 연 것처럼 전시회를 개최하거나(『미지수』, 2003), 노숙자들에게 숙식을 제공해주는 사설 단체들에서 일하는 데 여념이 없다.

예비적 고찰 : 이론적 관심의 변천사

지금부터 자세히 살펴보겠지만, 비릴리오가『속도와 정치』에서 전개한 이론적 작업의 중요성은 그의 주장, 즉 전쟁이 지배하고 있는 사회에서는 군산복합체야말로 도시의 창조, 정치 생활의 공간적 조직을 논하는 데 있어서 제일 중요하다는 주장에서 나온다. 예컨대 비릴리오가

『속도와 정치』를 통해서 우리에게 제공해주는 것, 그리고 통찰력 있는 독자들이라면 틀림없이 발견할 수 있는 것은 근대 도시의 성장과 인간 사회의 진화를 상당히 설득력 있게 설명해주는 **전쟁 모델**이다. 비릴리오의 주장에 따르면 봉건제 시대의 유럽에 존재했던 요새화된 도시는 도시 대중들의 순환과 운동량을 규제하고자 등장한 부동의 전쟁기계, 특히 난공불락의 전쟁기계였다. 따라서 요새화된 도시는 거주의 관성이 지배했던 정치적 공간이자 정치의 특정한 배치였으며, 봉건제 시대의 물질적 토대였다.

그렇지만 비릴리오가 던지는 핵심적인 질문은 "왜 이 요새화된 도시가 사라지게 됐는가?"이다. 그는 전통적인 설명과는 다소 다른 설명을 내놓는다. 점점 더 운반이 쉬워지고, [그 속도가] 가속화됐던 무기체계가 등장함으로써 그런 일이 벌어졌다는 것이다. 그는 이런 혁신이 요새화된 도시를 무방비 상태에 빠뜨렸고 공성전을 운동의 전쟁으로 뒤바꿔 버렸을 뿐만 아니라, 도시 시민들의 흐름을 지배하려던 권력자들의 노력을 무위로 만들어버렸다고 말한다. 그 결과, 비릴리오가 대중들이 **'거주하기에 적당한 순환'**[순환 속의 거주]이라고 말하는 현상이 도래했다. 다시 말해서 비릴리오는 맑스와 대조적으로, 봉건주의에서 자본주의로의 이행은 경제적인 변화였다기보다는 군사적·공간적·정치적·기술적 변형이었다고 가정한다. 좀더 일반화해서 말해 보자면, 맑스가 유물론적인 역사 개념을 쓴 곳에서 비릴리오는 군사적 역사 개념을 쓰고 있는 셈이다.

1958년부터 군사적 공간과 영토의 조직화, 특히 대서양 장벽(제2차 세계대전 당시 나치가 연합국의 공격을 격퇴하고자 프랑스의 해안선을 따라 건설해놓은 1만 5천여 개의 벙커)을 현상학적으로 탐구했던 비릴리오는 〈건축 원리〉 동인들과의 작업과 형태심리학에 기초한 '경사 기능'(obliquité function) 이론을 통해서 자신의 탐구를 심화해나갔다. 경사 기능을 다룬 그의 초기 논문들(이 논문들은 수직선과 수평선을 더 이상 정면도의 중심선과 평면도의 기준선으로 사용하지 말자고 주장하며, 그 대신 경사면[기울기 45도의 면]과 사면[기울기가 다른 면]에 기초해 새로운 도시 체제를 구축하자고 제안했다)은 『건축 원리』의 지면을 통해서 1960년대에 발표됐는데(Virilio and Parent, 1996 : v), 이 이론은 1966년 느베르에 벙커형 교회가 건설되고, 1969년 빌라쿠블리에 〈톰슨-휴스턴 항공연구소〉가 건설되면서 절정에 다다랐다(Johnson, 1996). 그 뒤 얼마 지나지 않아서, 비릴리오는 자신의 이론적 시야를 확장했다. 예컨대 1970년대에 그는 현대의 도시 풍경이 가차없이 군사적 형태를 띠게 됐으며, 그에 따라 도시 공간이 점점 더 탈영토화되어 시간정치(chronopolitique), 또는 속도의 정치가 등장하게 됐다고 주장하기도 했다. 정보 전달체계에서 일어난 통신기술의 혁명이 시간정치라는 끔찍하기 이를 데 없는 부산물을 낳았다고 본 비릴리오는 순수 권력에 맞선 혁명적 저항이 가능한지를 자문해보기 시작했으며, 그 일환으로 군사 기술과 정치적 공간의 구성이 맺는 상호 연관성의 입증을 시도했다. 결국 비릴리오는 1980년대에 들어와 소멸과 프랙탈화, 물리적 공간, 전쟁, 영화, 병참학과 지각 등 예술에서 도출된 여러 개념들을 통해서 자신의 이론적 작업에 또 다른 전기를 마련할 수 있었다. 1990년대에 들어오면서 그는 이전 작업들과는 대조적으로 도시 환경에서 사용되는 원격 조종 기술이나 사이버네틱 기술, 그리고 인터넷 같은 새로운 정보 · 통신 기술의 사용에 따른 사회적 · 정치적 반향을 비판적으로 탐구하는 데 전념했다. 이 시기에 극의 관성, 제3차 혁명(이식 혁명), 그리고 사이버네틱 행위 예술 등에 초점을 맞춰 비릴리오가 전개한 후기-아인슈타인적 정치 이론은 내부 식민화, 사이버페미니즘, 기술 근본주의 등에 관심을 기울였다. 그렇지만 최근 비릴리오의 분석적 시선은 1999년 미국이 주도했던 코소보 전쟁, 그리고 2001년 9월 11일 뉴욕 세계무역센터와 워싱턴 D. C.의 미 국방부에 가해진 급습이 가져온 정치적 여파에 모두 쏠려 있다. 비릴리오는 범 세계적 차원의 비밀 국가가 등장하고 있으며, 사적인 범죄 행위가 헤아릴 수 없이 증가했다는 점을 지적하는 동시에 코소보 전쟁 당시 미국이 기만 전략의 일환으로 궤도 공간에 쏘아올린 군사 설계물[1]뿐만 아니라 그라운드 제로를 만들어 놓은 테러리스트들까지 특유의 화려한 문체로 비판하고 있다.

비록 내가 비릴리오의 중요한 이론적 기여를 초(超)모던 정치 이론이라고 부르고 있긴 하지만, 『침묵의 절차』와 『미지수』에서 잘 드러나듯이 비릴리오 자신은 스스로를 정치 이론가가 아니라 기술이라는 기예의 비판자로 보고 있다는 점을 지적하는 것도 중요할 것이다

---

1) "궤도 공간에 쏘아올린 군사 설계물"이란 미군과 나토가 코소보 전쟁 당시에 사용한 비살상 무기들, 특히 '흑연폭탄'(graphite bomb)을 말한다. 흑연폭탄은 BLU114/B이라고도 불리는데, 전기전도율이 높은 흑연의 성질을 이용해 주로 전력 관련시설(발전소나 변전소)을 멈추게 하는 데 사용된다. 코소보 전쟁 때 본격적으로 사용된 이 폭탄은 당시 유고슬라비아에 공급되는 전기의 70%를 차단하는 큰 효과를 거두었다고 한다. 아미티지와 비릴리오의 대담을 참조하라. John Amitage, "The Kosovo War Took Place In Orbital Space : Paul Virilio in Conversation with John Amitage," *Ctheory*, 18 Oct. 2000. [http://www.ctheory.net/text_file.asp?pick=132]

(Virilio and Lotringer, 1997 : 172). 좌우간, 그동안 속도와 정치를 바라봐 왔던 우리의 기존 인식에 비릴리오가 기여한 바를 먼저 살펴보면서, 이제부터 그의 이론적 저작들을 하나씩 살펴보도록 하자.

『속도와 정치』: 미래의 고고학

『속도와 정치』를 살펴보면 우리는 비릴리오가 유럽, 북아메리카, 한국, 그리고 그밖에 다른 곳에서 21세기의 정치 이론에 지대한 영향을 끼치기 시작했고/할 것이라는 점을 알 수 있다. 따라서 비릴리오의 문화·사회·정치 이론에 대한 개략적인 연구 외에는 그가 속도와 정치에 관해 내놓은 작업을 정확하게 비판적으로 평가한 연구가 거의 없다는 사실은 놀라운 일이다.

    속도에 대해 비릴리오가 전개한 정치 이론은 의식적으로 근대 유럽의 예술·사회 비평·철학 전통에, 특히 필립포 토마소 마리네티, 하이데거, 루이스 멈포드에 기반하고 있다. 앞서 언급한 대로, 우리는 유럽현상학의 틀을 통해서 이런 근대적 전통을 살펴볼 수 있다. 예컨대 비릴리오에게는 후설과 메를로-퐁티의 저작들이 속도와 정치를 이해하는 데 중요했다(Armitage, 2001 : 15). 그렇지만, 나는 이 글에서 속도를 둘러싼 비릴리오의 정치 이론이 고대 중국 철학자 손자의 『손자병법』에 상당한 빚을 지고 있다는 해석을 내놓고자 한다. 즉, 속도에 대한 비릴리오의 정치 이론을 명확하게 이해하려면 우리는 비릴리오가 손자의 저서에 대해서 언급한 내용들과 글들을 연구해야만 한다는 것이다.

비릴리오는 자신이 글을 쓸 때 손자가 전개한 전쟁 철학이 얼마나 중요했는지를 숨김없이 밝혀왔다. 특히 다음과 같은 언급이 이를 잘 보여준다. "제가 주로 참조한 사람은 〔카를 폰〕 클라우제비츠가 아니라 손자입니다"(Virilio and Lotringer, 1997 : 45). 그런데도 비릴리오가 전개한 속도의 정치 이론을 해석한 수많은 글들에서는 그가 손자에게 얼마나 기대고 있는지가 줄곧 무시되거나 간과되어 왔다(가령 다음을 참조하라. Der Derian, 1998 : 1~15). 특히, 정치와 전쟁에서 속도가 차지하는 역할을 다룬 손자의 전술론은 비릴리오의 텍스트에 그대로 옮겨져 있다. 사실상, 비릴리오가 『속도와 정치』나 그밖의 다른 글들에서 전개한 속도의 정치 이론이 흥미롭고도 문제적인 것으로 보이는 이유는, 손자의 **전술론**이 지닌 강렬함과 『전쟁론』에서 클라우제비츠가 속도를 둘러싸고 전개한 정치 이론에 담긴 **전략론**의 강렬함이 서로 긴장을 빚기 때문이다.

특히 『속도와 정치』에서 비릴리오가 보여준 속도 이론은 질주학, 즉 경주〔질주〕의 논리가 밟아온 혁명적·진보적·사회적·정치적 발전을 그대로 드러냄으로써 그 논리 자체를 비판적으로 해체하고 있다. 그의 급진적인 시간정치는 우리의 신체뿐만 아니라 우리의 운동, 우리가 처해 있는 구조적 상황, 우리의 안전, 그리고 무엇보다도 동시대의 정치적 상황에 막대한 영향을 끼친 도시적·지리적 갈등과 군사적 궤적을 그대로 드러내 보여준다. 우리가 비상 상태에 처해 있다는 사실(Armitage, 2002: 27~38), 즉 비릴리오가 『속도와 정치』에서 한 말을 그대로 빌리자면, "공간의 전쟁이 가져온 포위 상태가 시간의 전쟁이 가져온 비상 상태로 뒤바뀌는 데에는 고작 몇십 년밖에 걸리지 않았다. 이 기간 동안, 정치인들이 이끌던 정치적인 시대는 국가장치에 의한 비정치의 시대로 대체됐다"는 바로 그 사실을 말이다. 다른 식으로 말하자면, 비릴리오는 속도를 둘러싼 갖가지 문제들을 우리에게 제기하면서, 지금까지 전례를 찾아볼 수 없을 만큼 완전히 새로워진 세계를 보여주려고 하는 것이다(Virilio and Lotringer, 1997 : 45).

일반적으로 말하자면, 손자는 전쟁의 역사에는 지켜야 하는 특정한 법칙이 있다는 점을 알렉산드로스 대왕보다 먼저 설파했던 인물이다. 이런 생각을 가지고 있었던 손자는 전쟁의 역사와 병법은 피를 흘리지 않고 승리를 거두는 기술이 되어야 한다고 주장했다. 손자는 "적을 알고 나를 알면 백 번을 싸워도 위태롭지 않다"(Sun Tzu, 1993 : 106)라고 말했다. 그렇지만 손자가 보여준 진정한 혁신은 적의 불화와 약점을 어떻게 이용할 수 있는지, 따라서 자신의 이익을 위해 적의 힘을 어떻게 이용할 수 있는지 이해했다는 데 있다. 그리고 적을 이용할 수 있는 이 능력이야말로 속도가 정치나 전쟁과 관계를 맺는 원인을 철학적으로 설명해준다. 바로 이런 입장을 취하고 있는 비릴리오는, "전쟁의 문제"란 "속도의 문제로 요약"될 수 있기 때문에 비판적인 사상가라면 동시대 상황을 다루기 위해 속도의 조직화와 생산을 다룰 수 있는 방법을 구축해야 한다고 주장하는 것이다(Virilio and Lotringer, 1997 : 46). 좀더 넓게 보자면, 이 주장은『속도와 정치』에 깔려 있는 전술적 사유가 "고대의 사회뿐만 아니라 동시대의 사회까지 분석하는 도구로 사용될 수 있는" 저작을 창조하는 것과 관계 있다는 점을 보여준다(Virilio and Lotringer, 같은 곳). 프랑스계 미국인인 문화이론가 실비어 로트링거에게도 말했듯이, 비릴리오는『속도와 정치』를 통해서 자동차와 영화의 발전이라는 맥락을 따라 최근에 청각-시각 분야에서 발생한 몇 가지 사건들을 분석할 수 있었다(Virilio and Lotringer, 같은 곳). 따라서, 사실상 2천 5백여 년 전의 중국 병법서뿐만 아니라 질주학, 또는 경주의 논리를 지닌 새로운 과학이 속도와 정치를 둘러싼 논쟁에 막대한 기여를 했다는 점은 무척 흥미로운 일이다. 이렇듯 고대의 사유와 미래주의적인 사유가 이론적으로 결합되어 있다는 사실이야말로 왜 맨 처음 비릴리오의 『속도와 정치』가 등장했을 때 대다수 사람들이 엄청나게 당혹스러워 했는지를 이해할 수 있게 해준다. 고대 중국 철학이 전쟁에 있어서의 속도와 정치에 대한 전술론을 이야기하는 동안, 속도의 정치이론에 기반한 질주학적 입장은 비릴리오 자신이 속도의 정치경제학이라고 부른 철저한 비판철학을 내포하고 있었으니 그럴 만도 하다.

당연한 말이지만, 『손자병법』에서 손자가 보여준 핵심적인 사상에는 속도와 정치에 대한 이론이 놓여 있다. 속도와 정치에 대한 전술이 전쟁의 역사와 병법을 특징짓고 있으니 전쟁을 수행하려는 전술가는 협상의 복잡함을 이해해야만 한다. 따라서 정치에 대한 소양이 있느냐 없느냐에 따라 그 사람이 전쟁의 역사와 병법에 익숙하냐 익숙하지 않느냐를 판단해야 한다. 왜냐하면 전쟁을 수행하려는 사람들은 동맹을 맺고 적군을 기만할 수 있어야 하기 때문이다. 그렇기 때문에 지혜로운 자라면 적의 식량을 탈취해 먹거나 사소한 문제로 적을 지치게 만드는 등, 전쟁에서 속도와 정치가 차지하는 역할을 상세히 이해한 뒤에 일련의 전술을 실행해야만 한다. 속도와 정치는 전쟁의 역사와 병법을 이어주는 가교이며, 전쟁의 역사와 병법이 중요해지고 논리적이 되어가며 끊임없이 발전하는 것도 속도와 정치를 통해서이다. 전쟁의 역사와 병법 사이에 놓인 틈을 채워나가면서, 속도와 정치는 전쟁의 역사와 병법에 활력과 작인(作因)을, 적의 분열과 적의 이용이 빚어내는 교묘한 긴장을 제공해준다.

물론, 전쟁에서 속도와 정치가 특정한 관계를 맺는다는 사실은 오래 전부터 당연시되어 왔다. 그렇지만 이런 시각에서 군사의 역사를 이론화한 최초의 인물은 손자라는 점을 기억하는 것이 중요하다. 예컨대 20세기에도 중국 공산주의자들의 옛 지도자인 마오쩌둥은 중국, 영국, 일본, 독일, 프랑스, 러시아의 수많은 군사 전문가들과 지도자들, 그리고 학자들과 연구원들이 그랬듯이, 『손자병법』을 높이 평가했을 뿐만 아니라 자신의 저작에서 빈번히 인용하기도 했다. 그러나 마오조차도 비릴리오가 『속도와 정치』에서 "**이 세계의 일반 법칙**"이라고 묘사했던 "**정지는 죽음이다**"라는 법칙에서 벗어날 수 없었다. 비릴리오가 쓴 것처럼, "이 노(老) 사상가가 끔찍하기 이를 데 없는 내포적 성장 체계라는 서구의 제도를 중국에서 지연시켰을 뿐이라는 사실을 깨달으려면, 그리고 이 제도를 가져온 것이 정통 맑스주의냐 아니면 자유주의냐 하는 문제는 별로 중요치 않다는 점을 깨달으려면, 오늘날 중국 지도부가 '소비재'에 관해서 하는 연설을 듣는 것만으로도 충분하다!"

그렇지만 내가 **초모더니즘**[2]이라고 부른 현상(Armitage, 2002 : 27~

---

2) hypermodernism. 모더니티(모더니즘)에 고유한 양상이나 상태의 몇몇 요소가 오늘날의 특정한 사회적·문화적 과정 속에서 증폭·확장되는 현상을 말한다. 가령 마리네티가 모더니티의 주요 속성 중 하나라고 말했던 속도가 (비릴리오의 말처럼) 증폭해 '과잉속도'(excessive speed)가 되는 현상이 그런 것이다.

38)이 등장하면서, 시간정치를 통해서 과도하게 빨라진 속도는 빛의 속도로 전개되는 전쟁을 가져오게 됐다. 손자의 가르침이 퇴색되기보다는 정치 행위의 지침으로서 훨씬 더 중요해지게 됐으며, 점점 더 현실을 반영하게 된 것도 이런 초모던화가 가져온 결과 가운데 하나이다. 그리고 20세기 후반이 지나면서 정치적·군사적 의사결정이 10억분의 1초 단위로 축소되어간 탓에 유럽, 북아메리카, 특히 동아시아에 속해 있는 선진국의 사회적 삶이 점점 더 극단적이며 즉각적이 되고 전쟁에 찌든 것처럼 보이는 것도 바로 이 초모던화의 결과이다. 비릴리오가 『속도와 정치』에서 말한 것처럼, 오늘날에는 "습격이 초음속의 속도로 이뤄져 경계 경보를 울리기까지의 시간이 단축됐기 때문에 탐지, 확인, 응수할 시간이 거의 없다. 그래서 기습 공격을 받을 경우, 최고 권력자는 요격 미사일을 발사할 수 있는 방어 체계의 가장 낮은 단계를 서둘러 승인하는 식으로, 최종 결정을 내릴 수 있는 자신의 권위를 포기해야 할 위험에 처할 수밖에 없다." 이처럼 군사적 갈등으로 인해 곳곳에서 위협받으며 갑작스런 사고들에 종속된 초모던한 삶이 단숨에 들이닥치게 되자 속도, 정치, 전쟁의 본성과 목적 자체가 그 자체의 성격을 변화시키는 상황이 빚어졌다.

실제로, 오늘날 우리는 비릴리오가 사건의 풍경이라고 부른 곳에서 살고 있다. 이런 변화는 매우 깊은 심리적 결과를 가져왔다. 일례로, 손자 시대의 고대 전사는 특정한 성격, 즉 정치, 전쟁, 상대적인 속도의 초기 형태에 상응하는 견고하고 고정된 심리 구조를 갖고 있었다. 그렇지만 비릴리오에 따르면 초모던한 사회의 사람들은 방향 상실, 대립, 가속화를 겪고 있는 자신들이 살고 있는 도시처럼 시간이 흐를수록 혼란스럽고 잔인한 인성을 갖게 됐다. 현대처럼 **영구적인, 그렇지만 전혀 선포되지 않은 전쟁**이 진행되고 있는 역사적 시기에는 삶 자체가 일반인들을 매우 무겁게 짓누른다. 비릴리오가 『속도와 정치』에서 지적했듯이, "질주정의 지성은 어느 정도로 한정된 군사적 적수에 맞서 발휘되는 것이 아니다. 오히려 그것은 세계를 향한 끊임없는 공격, 그리고 그 공격을 통해 인간의 본성에 가해지는 끊임없는 공격이다. 식물상(植物相)과 동물군(動物群)의 소멸, 자연 경제의 폐기는 좀더 잔인한 파괴를 위한 느린 준비일 뿐이다. 이런 준비는 훨씬 더 큰 규모의 경제, 봉쇄·포위 경제, 다른 말로 하자면 고갈 전략의 일부이다." 따라서, 오늘날 사람들은 전세계적인 미디어 문화, 최근 미국이 주도한 이라크 전쟁, 도시의 폭동, 일반화된 무법화 등을 포함해 온갖 종류의 불확실성에 직면해 있다.

    비릴리오가 보여주는 속도의 정치 이론은 손자가 제시한 [전쟁의] 원리들을 정치적 사유의 특정한 장에, 그리고 초모던한 사회의 특정한 영역에 적용한 것이라고 해석될 수 있다. 속도, 정치, 질주학을 둘러싼 비릴리오의 성찰에는 그만의 독특한 논증 방법이 있다. 우리가 당연시하거나 어느 정도 '자연스럽게' 여기던 속도, 정치, 전쟁 개념들이 질주학적으로 구성되어 왔으며, 가속화의 논리에 추동되어 왔다고 밝히는 것이 바로 그것이다. 그에 따라 우리는 우리가 속도의 세계에 진입한다는 것이 **속도의 정치경제학**이라 불림직한 영역에 진입하는 것과 마찬가지라는 사실을 알게 된다. 비릴리오가 보여주듯이 고대에는 정치에 친숙한 측면인 부(富)가 쉽게 파악된 반면, 속도는 정치에 매우 낯선 측면이었다. 그렇지만, 부가 속도의 또 다른 측면이라는 사실을 간과한 것은 실수였다. 실제로 비릴리오가 『속도와 정치』에서 전개하는 비판적 논의에 따르면, 현대의 정치 이론가들로서는 권력과 부의 측면에만 집착하기보다는 권력과 속도 사이의 중요한 연관관계에 주목하는 것이 더 현명한 일일 것이다.

전쟁에서 속도와 정치가 차지하는 역할을 다룬 손자의 이론을 간략히 살펴봤으니, 이제 비릴리오가 구축한 속도의 정치 이론에 좀더 직접적으로 눈길을 돌려보자. 비릴리오는 **미래의 고고학**이라고 특징지을 수 있는 보기 드문 방법론을 통해 속도의 정치 이론이 부각시킨 초모던한 사회의 문제에 다가간다. 비릴리오에게 미래의 고고학이란 무엇을 뜻할까? 비릴리오에게 미래의 고고학자가 된다는 것은 동시대의 정치적 발전과 기술적 혁신을 탐구한다는 것과 관련 있다. 그렇지만 비릴리오가 보여주는 방법론의 주요 목적은 **다가올 미래에 속도의 가속화가 어디에서 발생할 것인가를 나타내주는 상징들을 식별하는 것**이다. 따라서 그의 방법론은 속도의 단계적 확대가 가져올 법한 유해한 결과, 즉 현재로서는 식별이 불가능한 결과를 드러내려 한다. 비릴리오는 최근 이렇게 말하기도 했다. "저는 곧 있어날 법한 파국을 내다보는 일종의 전망경(展望鏡)이 되려고 노력하고 있습니다"(Lotringer, 2002 : 10). 미래의 고고학자가 되어 보려고 노력하면서 『속도와 정치』를 꼼꼼하게 읽을 독자라면, 비릴리오의 글 쓰는 스타일을 높이 평가할 수도 있고 이에 영향을 받을 수도 있을 것이다. 곧 독자 여러분들도 알게 되겠지만, 비릴리오는 유럽과 북아메리카의 사회과학을 연상시키는 전통적인 표현 방식을 전혀 쓰지 않는다. 지금 여러분이 보고 있는 이 '질주학에 대한 시론'을 비롯해서 비릴리오의 에세이들은 당대의 경향을 예측하고 증폭시키려 한다. 실제로, 비릴리오가 꿈꾸는 거의 불가능할 법한 방법론은 현재와 미래를 동시에 포착하려 한다.

비릴리오가 선구적으로 전개한 속도의 정치 이론은 손자의 『손자병법』에서 미래의 고고학에 이르는 일련의 철학적 계열체 안에서도 낯선 위치를 차지하고 있다. 가령 비릴리오가 급진적으로 보여주는 미래의 고고학은, 우리로서는 미래를 내다볼 수 없기 때문에 점점 증가되는 속도가 야기할 부정적 결과를 파악할 수 없다는 주장을 부인한다. 오히려 그는 속도의 정치 이론이 이런 결과를 즉시 조망해볼 수 있도록 해준다고 단언한다. 이와 대조적으로, 손자는 병법을 활용하려는 지휘자라면 전쟁을 개시하거나 뭔가 지시를 내리기 이전에 적절한 시간을 판단하고 주변 상황을 살피며 적의 결정 사항을 예견해야 할 뿐만 아니라, 결코 서둘러서도 안 된다고 말한다. 따라서 미래의 고고학에 관해 비릴리오가 상정하고 있는 바, 즉 정치 이론가라면 점점 가속화되는 속도가 가져올 부정적 결과를 예측할 수 있어야 한다는 생각은 손자의 생각과는 맞지 않는다. 적어도 당대의 유럽과 북아메리카 정치 이론에서 비릴리오가 보여주는 미래의 고고학이 독특한 방법론적 지위를 차지하는 이유가 바로 이 때문이다. 그렇지만 비릴리오가 보여주는 급진적인 미래의 고고학이 일종의 구성주의라는 데에는 의문의 여지가 없다. 미셸 푸코의 후기 구조주의(1977)에서 들뢰즈와 가타리의 철학(1987)에 이르는 다양한 현대 철학이 이 급진적 전통에 매우 중요한 영향을 끼쳐왔다. 비릴리오가 속도와 정치에 대해서 전개하고 있는 현상학의 흥미로운 점은 그의 현상학이 손자의 저작과 미래의 고고학을 결합하고 있다는 점이다. 따라서 전쟁의 역사와 병법도 미래의 고고학이다. 왜냐하면 그의 글들에 기본적으로 영향을 끼친 것이 전쟁, 전략, 전술, 그리고 제2차 세계대전 당시의 총력전이기 때문이다. 그렇기 때문에 비릴리오의 주장에 따르면, 특히 전시의 속도 정치는 사고, 파국, 예견치 못한 변화와 교란의 창출을 통해서 행위자의 정당한 목표들을 왜곡한다.

비릴리오가 전개하는 미래의 고고학은 정치적 범주를 급진적으로 해체해놓은 포스트모더니즘과 쉽사리 화해할 수 있기 때문에 곧 유행하게 될지도 모르겠다. 간단히 말해서, 비릴리오가 보여주는 미래의 고고학은 기본적으로 속도, 전쟁, 그리고 21세기에 나타난 일상생활의 가속화와 관련이 있다. 이와 달리 손자의 『손자병법』은 전쟁의 개시와 지휘가 뭔가 의미를 갖거나 성공하기 위해서는 성급하지 않은 판단과 의사결정이 필요하다는 점을 인정하는 고대의 인식론에 그 뿌리를 두고 있다. 비릴리오가 전쟁의 역사와 병법에 본질적인 그 기술적 성격을 해석하면서 현대성을 비판적으로 분석하는 까닭에, 독자 여러분들은 비릴리오를 파국의 이론가로 분류할 수도 있다고 생각할지 모르겠다. 내가 이 점을 지적하는 이유는 굳이 파국의 이론가들을 비판하기 위해서가 아니다. 그보다는 오히려 미래의 고고학과 파국 이론을 융합하는 비릴리오의 방식이 독특하다는 점을 지적하기 위해서이다. 비릴리오의 저작에서 손자의 인식론을 찾아보기란 어려운 일이 아니다. 그리고 이 점을 알고 있다면 미래의 고고학이라는 맥락에서 속도의 정치적 본성을 식별하는 데 도움이 된다. 비릴리오가 보여준 미래의 고고학은 역사적으로 볼 때 손자의 저작에서 나왔다고 주장할 수도 있겠다. 그렇다면, 전쟁의 보편 법칙을 다룬 오래된 손자의 저작은 더 이상 타당하지 않은 것일까? 그렇지는 않을 것이다. 결국 손자의 가르침이 각종 파국과 총력전으로 인하여 그 타당성을 끊임없이 공격받게 된 21세기에서 살아가는 우리를 위해서 비릴리오의 저작들이 그 가르침을 갱신해주고 있으니 말이다.

현대성이 통제 가능하거나 합리적이라는 것 자체가 회의되고 있기 때문에 이 세계는 초모던화되어 왔다. 그렇지만 비릴리오의 정치 이론에는 포스트모더니즘의 용어가 존재하지 않는다. 왜냐하면 그에게 있어서 현대성이라는 개념은 여전히 타당하기 때문이다. 정치와 포스트모더니즘의 관계라는 쟁점을 다시 한번 되돌아본다면, 비릴리오의 정치 개념이 이미 주어져 있는 과학기술보다는 미래의 고고학과 훨씬 더 깊이 연관되어 있다는 점을 지적하는 것이 중요하다. 아래에 인용한 구절에서도 잘 나타나듯이, 비릴리오에게 있어서 정치와 포스트모더니즘의 관계, 그리고 미래의 고고학과 과학기술의 관계는 매우 분명하다.

제 생각을 말씀드리자면, 현대성은 제가 '완전한 사고'(l'accident integral)라고 부르는 영역 내에서만 멈춰 설 것입니다. 저는 기술적 현대성, 그러니까 지난 2세기 동안 이뤄진 기계 발명의 소산으로 여겨지는 현대성은 제가 확신 있게 예상하고 있는 완전한 생태학적 사고에 의해서만 멈춰질 수 있다고 믿습니다. 모든 발명들은 각각 특정한 사고에 대한 개선책이었습니다. 과학기술이 최고치에 도달할 때 일반화된 사고가 발생했고, 앞으로도 그럴 것입니다. 〔……〕 그리고 그것이 모더니즘의 끝일 겁니다(Armitage, 2001 : 16).

그러므로 비릴리오는 『인민 방어와 생태 투쟁』, 『질주계, 또는 속도의 빛』, 『순수 전쟁』(1997) 등에서 순수 권력(교전 없이도 상대를 굴복시키기)과 혁명적 저항(도시 공간의 군사화에 맞서는 창조적 저항)을 사유하고자 현대성과 기술을 분석해 질주학적 탐구를 발전시켰던 것이다. 그렇다면 순수 전쟁의 논리란 정보 전쟁의 시대, 즉 인터넷 같은 새로운 정보·통신 기술을 군사 무기로 만드는 데 점점 더 많은 비용을 쓰고 있다는 사실을 정당화하기 위해 국가가 명확하지 않은 민간의 적을 불러내는 시대의 군사화된 과학기술의 논리이다. 그래서 비릴리오는 군산복합체가 만들어내는 무기들이야말로 1987년 자동 주식거래 프로그램이 고장나는 바람에 전세계적으로 발생한 주식시장의 붕괴 같은 완전한 사고에 책임이 있다고 보는 것이다.

『속도와 정치』 그 이후

만델브로의 프랙탈 기하학(1977)을 지지했던 비릴리오는 『소멸의 미학』과 『임계 공간』에서 정치 이론은 인간 의식의 리듬에서 벌어지는 중단(방해), 물리적 차원에서 벌어지는 형태론적 중단을 설명할 수 있어야 한다고 말한 바 있다. 피크노렙시[3] (빈번한 중단)나 아인슈타인의

---

3) Picnolepsie. '빈번한', '자주' 등을 뜻하는 그리스어 '피크노스' (picnos/πυκνός)와 '발작', '붙잡힘', '압류' 등을 뜻하는 그리스어 '렙시스' (lēpsis/λεπσις)를 합친 말. 비릴리오가 『소멸의 미학』에서 처음 쓴 말로, 전혀 의식할 수 없는 짧은 시간 동안 일시적으로 의식이 흐름이 중단되는 현상이나 의식이 순간적으로 (의식) 대상의 움직임을 놓치는 현상을 말한다. 비릴리오는 이 현상을 예로 들어 현대 예술(특히 영화와 입체주의 회화)의 원리를 분석하고 있으며, 중단의 정치적·사회적 의미(소멸(사라짐)의 사회)를 탐구하는 데까지 나아가고 있다.

일반 상대성 이론에 담긴 개념을 사용하면서, 그는 현대의 시각[방식]과 현대의 도시는 모두 군사력이나 사라짐이라는 시간에 근거를 둔 영화적 기술의 산물이라는 점을 논증한다. 더 나아가 그의 주장에 따르면 도시 경관을 바라보는 우리의 시각적 지각에는 정치적·영화적 측면이 존재하는데, 여기에서 필수 불가결한 것이 거시적인 미학적·공간적 서사들을 기술을 통해서 사라져버리게 만들고, 그 자리에 미시적 서사들을 채워놓을 수 있는 정치와 영화의 능력이다. 비릴리오의 용어를 빌리자면, 만델브로의 프랙탈 기하학은 과잉노출된 도시가 등장했음을 보여준다. 마치 공간과 시간 사이에서 빚어지는 형태론적 증식이 갖가지 시각적 해석을 불러오고, 그에 따라 모든 차원이 위기를 맞게 되는 것처럼 말이다. 여기에서 주목할 만한 점은, 소멸의 미학과 물리적 차원의 위기를 향한 비릴리오의 관심이 지적인 **설명**을 총체화해 텍스트를 구성한다기보다는 자신이 **경향**이라고 명명한 것에 생산적으로 개입하고 그것을 창조적으로 발전시킨다는 전략적 입장에서 다뤄진다는 점이다. 비릴리오가 『임계 공간』에서 말했듯 결국 망막의 잔상, 중단, 기술적 시공간이 군사화·영화화되는 장 속으로 미학과 모든 차원이 소멸되는 것이야말로 과잉노출된 도시를 지배하는 규칙이다.

『전쟁과 영화 1 : 지각의 병참학』에서, 비릴리오는 시간이 탄생한 이래로 세상에 모습을 드러낸 현실의 다양한 층위를 건드리면서 **대체(물)**라는 개념을 적용한다. 프랑스 사회학자 장 보드리야르(1983)의 시뮬라시옹 개념과 눈에 띠게 유사한 듯이 보이지만, 비릴리오의 주요 관심사는 전쟁, 영화적 대체물, 그리고 자신이 지각의 병참학(영화적 이미지와 필름에 관한 정보를 전선[戰線]으로 공급해주는 것)이라고 부르는 것 사이의 연관 관계이다. 미국의 주도로 페르시아만(1991)과 이라크(2003)에서 전개된 포스트모던한 전쟁의 맥락에서 봤을 때, 지각의 병참학이라는 개념은 전투에 있어서 고정된 위상학적 지형뿐만 아니라, 전쟁의 건축물 자체도 사라지게 됐기 때문에 등장한 것이다. 그도 그럴 것이 주로 미국 영화감독 프랜시스 포드 코폴라가 『지옥의 묵시록』에서 보여준 헬리콥터 공격 같은 것(**위로부터의 죽음**)을 피하려고 군대의 최고지휘자는 지하 벙커 같이 깊은 곳에 숨어 있기 때문이다. 따라서 비릴리오는 세계 자체가 전쟁 속으로 사라져버리며, 세계를 응시하는 것으로 전쟁이라는 직접 경험을 사라져버리게 만드는 지각의 병참학을 개념화한다.

그에 따라, 비릴리오는 『사막의 스크린 : 전쟁 시론』에서 전쟁, 대체(물), 인간, 그리고 종합적 지각이 맺는 관계를 분석하게 된다. 전쟁 중의 군사적 지각은 일상생활에서의 지각과 동일하며, 특히 영화제작 기법과 동일하다는 스스로의 주장이 이런 관심사를 불러일으키게 된 것이다. 그렇기 때문에 비릴리오에게 있어서 영화적 대체물은 이미지 전쟁이나 정보 전쟁으로 귀결된다. 그렇지만 정보 전쟁은 전통적인 전쟁, 그러니까 생산된 이미지가 실제 전투의 이미지인 그런 전쟁이 아니다. 오히려 그것은 전투의 이미지와 실제 전투 사이의 상이함을 실감하지 못하는 전쟁이다. 1991년 당시에 걸프 전쟁은 일어나지 않았다는 보드리야르의 악명 높은 주장(1995)과 마찬가지로, 전쟁과 영화는 실질적으로 구분되지 않는다는 비릴리오의 단언도 논란거리이다. 그러나 그가 정보 전쟁의 등장을 대하는 태도는 그가 『시각 기계』에서 열렬하게 전개했던 비판을 통해 발전시킨 의견, 즉 전쟁기계 속에서 진행되는 사회적·정치적 발전에 대항할 유일한 방법은 다양한 방식으로 함께 나아가는 전쟁·영화·지각의 병참학에 비판적인 이론적 입장을 취하는 것이라는 의견과 정확히 일치한다.

그러므로 비릴리오의 세계에 사는 시민들은 자신들의 눈을 믿을 수 없게 된다. 확실히 사람들은 자신들의 지각을 신뢰하기보다는 시각 기계를 더 신뢰하는 쪽으로 변해왔다. 이런 관점에서 보면, 『시각 기계』는 내가 순수 지각이라고 부른 것(Armitage, 2000 : 10)에 대한 일종의 보고서이다. 왜냐하면 오늘날의 군산 복합체는 가상 현실이나 인터넷 같이 불길하기 이를 데 없는 기술적 대체물과 잠재성을 발전시켜 왔기 때문이다. 따라서 비릴리오의 말을 빌리자면, 순수 지각에 대한 탐구는 서서히 사라져가는 출현[외양/형태]의 미학에 대한 탐구이자, 인간의 지각과 기술적 재현이 분리된 나머지 서서히 등장하게 된 소멸의 미학에 대한 탐구이다. 바로 이런 이유 때문에 비릴리오는 '시력이 부재한 시각'(sightless vision)이 가속화된 산물, 일종의 탈산업화된 기술적 무시계(無視界)가 시각 기계라고 이해한다. 더 나아가, 비릴리오는 『극의 관성』에서 시각과 원격통제 기술이 맺고 있는 훨씬 더 깊은 사회적·정치적 관계를 상세히 다룬다.

비릴리오는 『극의 관성』에서 순수 지각, 속도, 그리고 인간의 정지 상태를 다루고 있다. 예컨대 「간접적 빛」이라는 에세이에서 비릴리오는 푸코(1977)가 감시 사회라고 불렀으며 들뢰즈(1995)가 통제 사회라고 불렀던 것에 상응하는 이론적 입장에서, 파리의 지하철 관리청이 도입한 새로운 비디오 스크린들과 실제의 지각용 사물들(가령 거울) 사이에 놓인 차이점을 검토하고 있다. 그렇지만 『극의 관성』에 실린 또 다른 에세이들에서는 파도 생성기계를 도입한 일본의 수영장, 전세계적으로 소멸되어 가고 있으며 그에 따라 단 하나의 국제시간으로 점점 더 대체되어 가고 있는 현지시간[국지적 시간] 개념, 전통적인 광학[시각]적 커뮤니케이션과 전기광학적 커뮤니케이션의 불일치 등을 논하는 맥락에서, 기술적으로 생성된 관성과 생물학적으로 유도된 인간 운동 사이의 불일치를 언급하고 있다. 비릴리오의 주장에 따르면, 순수 지각의 시대에서는 가속이나 감속의 창출이 중요한 것이 아니라 극의 관성을 창출하는 것이 중요해진다. 이런 사실과 연결해 비릴리오는 근대 초기에 존재했던 이동성의 시대(그의 용어를 빌리자면 '해방의 시대')에는 관성이 존재하지 않았다고 주장한다. 따라서 극의 관성이라는 착상은 산업화 시대에 속도의 균등화(단순한 가속 아니면 감속)가 번갈아 발생했다는 관점을 배제한다. 오히려 비릴리오의 주장에 따르면, 빛의 속도가 절대적이 되어버린 탈산업화 시대에는 여행 자체가 불필요해졌다. 출발하기 이전에 이미 도착해 있는 상황이 발생하기 때문이다. 이런 상황에서라면, 빛의 속도 자체가 여기와 저기라는 지리적 차이를 말소해버린다. 더 나아가, 이런 최종적 양식에서는 극의 관성 자체가 푸코가 말한 감금의 일종이 된다. 말년에 세상을 등지며 은둔 생활에 들어갔던 억만장자 하워드 휴스가 좋은 사례이다. 말년의 15년 동안 라스베가스에 있던 데저트인 호텔의 독방에서 존 스터지스의 영화 『아이스 스테이션 제브라』[4] 단 한 편만을 끊임없이 반복해 봤던 휴

---

4) Ice Station Zebra. 미국의 영화감독 스터지스(John Sturges, 1911~1992)가 1968년에 제작한 스파이 영화로서, 북극에 추락한 우주선 제브라호를 회수하려는 미국 · 영국 · 소련의 각축전을 다룬 영화이다.

스는 비릴리오가 즐겨 인용하는 기술과학의 수도사로서 극의 관성을 몸소 구현했을 뿐만 아니라 (더 중요하게는) "엔진이 지닌 절멸의 성격을 전혀 모르면서도 속도의 증진을 추구하는 대중적 상황" 속에 살았던 최초의 거주자였다(Virilio and Lotringer, 1997 : 77). 따라서 넓게 보자면, 극의 관성을 다룬 비릴리오의 글들은 물리적인 지리적 공간이 인간들에게 더 이상 중요하지 않게 되어버렸다는 점을 보여주고 있는 셈이다. 비릴리오가 『동력의 예술』에서 인간의 신체와 기술이 맺는 관계로 자신의 관심을 돌리게 된 것도 이 때문이다.

21세기의 시작과 더불어, 비릴리오의 정치 이론은 그 자신이 제3차 혁명이라고 부른 것, 즉 **이식 혁명**(인간의 신체와 기술을 구분해줬던 경계가 거의 완전히 붕괴한 상황)을 다루기 시작했다. 기술 향상으로 인해 신체 일부분을 소형화된 기계 장치로 대체할 수 있게 된 상황과 밀접히 결부된 제3차 혁명은 비릴리오가 신(新)우생학이라고 명명한 기술의 증진을 통해 군사화된 과학기술이 인간의 신체에 맞서 수행한 혁명이다. 비릴리오가 호주의 사이버네틱 행위 예술가 스텔락의 작품들을 비판하는 것도 이런 맥락에서이다. 그렇지만 비릴리오의 이런 비판은 **내부 식민화**(국가 같은 정치 권력이 자국민들과, 과학기술이 인간의 신체와 충돌할 때 발생하는 상황)라는 그의 또 다른 개념과 연결되어 발전했다는 점을 강조하는 것이 중요하다.

『해방의 속도』, 『사건의 풍경』, 『정보과학의 폭탄』 등에서 비릴리오가 정보·통신 기술은 물론이고, 「사이보그 선언문」(1985)을 발표한 다나 해러웨이를 뒤이어 사디 플랜트(1997)가 가부장제의 지배에 맞서 사이버네틱 기술과 페미니스트들이 일군 혁명이라고 묘사한 바 있는 사이버페미니즘을 꼼꼼히 비판하는 이유도 바로 이 때문이다. 비릴리오가 보기에는 아직 사이버페미니즘이나 사이버섹스를 논할 때가 아니다. 그의 비판에 따르면, 가령 사이버섹스 같은 개념은 인간의 감정을 기술적 대용물로 대체하는 것이다. 비릴리오에게는 사이버네틱한 성(性)을 거부하고 이론적 관심을 인간이라는 주체에게로 되돌려, 남성과 여성 모두를 다스리려는 기술의 지배에 저항하는 것이야말로 긴급한 과제이다. 그러므로 비릴리오가 말하는 세계에서는 사이버페미니즘이 기술 근본주의, 즉 모든 이들이 기술의 절대적 권력을 신봉하는 종교의 일종일 뿐이다(Virilio and Kittler, 2001 : 97~109). 즉, 이런 종교적 감수성에서 출발해 새로운 정보 · 통신기술의 편재성 · 즉각성 · 직접성을 이해하려 했던 사이버페미니스트들이나 각종 사회 집단들은 사이버스페이스가 자아내는 황홀경에 굴복해버릴 뿐이라는 것이 그의 주장이다.

한편 『기만의 전략』과 『무엇이 올 것인가』에서 엿볼 수 있듯이, 최근 들어 비릴리오는 미국의 **군사-과학 복합체**가 제공해준 첨단기술의 판타지와 이른바 기술적 진보라는 현대의 개념을 이중으로 분석하는 데 전념하고 있다. 이런 텍스트들을 통해서 비릴리오는 영토적 공간이 아니라 [지구] 궤도의 공간에서 전개됐던 코소보 전쟁이나 9 · 11사건 직후부터 미국의 주도로 전개됐던 테러리즘과의 전쟁 등을 매우 강력하고도 비판적으로 평가하고 있다. 비릴리오의 주장에 따르면, 군사-과학 복합체가 시간정치를 위해서 지정학을 폐기해 나아갔듯이 이른바 의학-과학 복합체도 자신이 유전자 폭탄이라고 부른 것을 위해서 정보 폭탄을 폐기하거나, 인간의 태아를 사고 팔 수 있는 일종의 생산물로 변형시키려 하고 있다.

특히 9·11사건 이후 등장한 이런 기만의 전략을 거부하면서, 비릴리오는 미국의 군사-과학 복합체가 사용할 수 있는 모든 기술들을 보건대 최근에 인류가 이룩한 유일한 기술적 진보는 시간정치에 근거한 **전세계적 무한 전쟁**밖에 없다고 강조한다. 더 나아가 비릴리오의 판단에 따르면, 의학-과학 복합체가 폭발시킨 유전자 폭탄은 진정한 인간의 삶이 하이데거가 말한 사물 자체(1971 : 165~182)로 환원된 하나의 사례일 뿐이다. 간단히 말해 인류는 사물 자체 혹은 인간의 삶을 포함해 모든 것을 탈산업적 과학기술 생산과정의 원료로 만들어버리는 세계에 종속된 기계적 존재가 되어가는 것이다. 그러므로 비릴리오가 『침묵의 절차』와 『미지수』에서 현대 예술을 통해 보여줬듯이, 군사화된 첨단기술의 꿈과 기술적 발전을 특징으로 갖는 초모던의 시대는 인류가 존재의 진정한 본성을 망각해버리는 황폐한 시대가 될 것이다.

비릴리오를 둘러싼 논쟁들

비릴리오의 저작을 둘러싸고 진행된 중요한 이론적 진전과 논쟁을 평가하는 것은 상당히 어렵다. 비단 최근에 들어와서야 정치 이론가들이 그의 저작들을 평가하게 됐기 때문만이 아니라, 비릴리오 자체를 다룬 2차 문헌이나 해석적 논평도 실질적으로 거의 없기 때문이다(그러나 내가 편집한 책을 참조할 수 있을 것이다. Armitage, 2000). 게다가 군사적 공간과 사회의 정치적 조직화를 다룬 그의 글들은 거의 예외 없이 지금 벌어지고 있는 일들을 좇기보다는 이후에 벌어질 정치적·이론적 진전을 예측하는 형식을 띠고 있다. 바우만 같은 현대의 포스트모던 이론가들이 비릴리오의 저작들을 면밀히 검토하고 있는 것도 이런 이유에서이다(Bauman, 2002). 또 한편으로, 비릴리오의 사유는 아직도 상당한 오해를 받고 있다. 따라서 나는 이제부터 비릴리오의 저작들은 포스트모더니즘이라는 용어로 묘사되기에는 적절하지 않고 오히려 초모더니즘을 둘러싼 논쟁에 기여하고 있다는 점을 주장하며, 그의 저작들이 우리에게 제공해준 본질적인 기여도를 평가해보고자 한다.

우선 군사적 공간과 영토의 정치적 조직화에 관한 비릴리오의 해석은 비판적 정치 이론에 중요한 기여를 했다. 무엇보다도 그의 해석은 모더니즘과 포스트모더니즘을 구분하려는 쓸데없는 현재의 논쟁에서 벗어나 있기 때문이다. 가령 앨런 소칼이나 장 브리크몽 같은 실증주의 물리학자들이 비릴리오의 사유를 포스트모던 정치 이론이라고 묘사한 것은 상당한 착각이다(Sokal and Bricmont, 1998 : 159~166). 사실 포스트모던이라는 용어는 그 경계가 지나치게 넓기 때문에, 정작 비릴리오를 연구하려 어디서부터 출발해야 될지 어렵게 만들어버리는 경향이 있다. 따라서, 이 점을 먼저 살펴보도록 하자.

첫째, 미국과 유럽에서는 포스트모더니즘이라는 개념이 1960년대의 건축 비평에서 등장했지만, 비릴리오의 사유는 [예술 분야의] 모더니즘이나 [건축 분야의] 국제 양식에 대한 반발로 등장한 것이 아니다. 그의 주장에 따르면, 포스트모더니즘은 건축 분야에서 일어난 재앙이며, 현상학에 기반을 둔 자신의 저작들과는 별 상관이 없다(Armitage, 2001 : 15). 확실히, 비릴리오의 저작들은 예술과 과학 분야의 모더니즘 전통에 젖줄을 대고 있다. 로트링거가 지적했듯이(2002 :

16), 비릴리오는 "확고한 일류 모더니스트다." 확실히 비릴리오의 텍스트들에서는 프란츠 카프카나 마리네티 같은 유럽의 모더니즘 작가들과 예술가들을 참조한 흔적이 곳곳에서 발견된다. 그가 철학적으로 기대고 있는 후설과 메를로-퐁티도 현상학자이기 이전에 모더니스트이다. 더군다나, 비릴리오는 일반 상대성 이론을 다룬 알베르트 아인슈타인의 저작들을 곧잘 인용하고 있다. 잘 알려져 있다시피, 1915년에 등장한 이 이론은 아인슈타인이 과학 분야에서의 모더니즘을 확립한 이론이다.

둘째, 비릴리오는 자신의 사유가 프랑스의 해체학자 자크 데리다나 여타 후기구조주의자들의 사유와 아무런 관계도 없다고 본다. 예컨대 현상학과 실존주의의 세계를 선호했던 비릴리오는 페르디낭 드 소쉬르의 구조주의 언어학에 관심을 보인 적이 한번도 없다. 반(反)맑스주의자(그리고 반(反)사르트르주의자)이자 실천적인 아나키스트이며, 정신분석학을 조금도 믿지 않는 사상가인 그는 기호학자 롤랑 바르트, 맑스주의 철학자 루이 알튀세르, 정신분석학자 자크 라캉, 인류학자 클로드 레비-스트로스 같은 구조주의의 선구자들과 아무런 공통점이 없다(Virilio and Lotringer, 1997 : 39). 비릴리오가 푸코의『감시와 처벌』(1977)이나 들뢰즈와 가타리의『천 개의 고원』(1987)과 맺고 있는 이론적 관계도 신중하게 다뤄져야 한다. 그도 그럴 것이 대부분의 후기구조주의 이론가들과는 달리, 비릴리오는 인간주의자이며 기독교도이기 때문이다. 그러므로 비릴리오는 반인간주의, 푸코와 들뢰즈·가타리의 구세주인 프리드리히 니체의 철학 등과는 정반대의 관점을 취하고 있다. 따라서 자신이 직접 지적한 바 있듯이(Virilio and

Lotringer, 1997 : 44~45), 푸코나 들뢰즈의 후기구조주의 이론들과 비릴리오의 사유는 불확정적인 관계, 혹은 상호 수렴되는 관계를 맺고 있을 뿐이다. 비릴리오에게는 제2차 세계대전, 군사 전략, 공간 계획 등이 자신의 정치 이론을 이해할 수 있게 해주는 주요 참조점이다.

 셋째, 대다수 포스트모더니즘 이론가들과 달리, 비릴리오는 모더니티 전체를 비판하지 않는다. 오히려 그는 자신의 작업이 "대부분 파국적이지만……그렇다고 파국 자체는 아닌 기술에 대한 인식을 통해서 모더니티를 비판적으로 분석한"(Armitage, 2001 : 16) 작업이라고 본다. "우리는 아직 모더니티에서 그리 멀리까지 벗어나진 못했다"라고 지적하는 비릴리오는 자신이 전개한 정치 이론의 핵심에는 "총력전이라는 극적인 사건"이 놓여 있다고 말하고 있다(Armitage, 2001 : 16). 그렇기 때문에, 시시각각 변하는 모더니티의 속도를 사유하는 데 전념하는 그의 텍스트들은 과학기술, 감시, 도시공학[도시계획], 소외 같은 모더니티의 주요 특성들에 관심을 기울인다. 더 나아가, 카산드라[5] 같다는 세간의 평판에도 불구하고 그는 자신의 모더니티 개념이 포스트모더니즘 이론가들에게서와 달리, 본질적으로 낙천적이라고 주장한다(Zurbrugg, 2001 : 155). 게다가 계몽 기획을 비판하고 있기는 하지만, 그는 이성 자체에 반감을 가지고 있지 않다. 물론 지식과 이데

---

5) Cassandra. 그리스 신화에 나오는 예언자로서 '알렉산드라'라고도 불린다. 트로이의 마지막 왕 프리아모스와 헤카베의 딸인 카산드라는 예언의 신 아폴론의 사랑을 받아주는 조건으로 예언 능력을 달라고 요구했지만, 정작 예언 능력을 받게 되자 아폴론의 구애를 뿌리쳤다. 이에 화가 난 아폴론은 아무도 그녀의 예언을 믿지 않게 만들었는데, 그에 따라 트로이의 멸망을 경고한 그녀의 예언은 모두 무시됐고, 결국 트로이는 멸망하게 됐다. 따라서 오늘날에는 주로 '불행한 일에 관한 예언'이나 '세상에서 받아들여지지 않는 예언'을 하는 사람을 지칭하게 됐다.

올로기를 다룬 헤겔이나 맑스주의자들의 이론에 적대감을 드러내긴 하지만 말이다. 이런 점에서 볼 때, 비릴리오를 '하이데거 좌파'로 볼 수도 있을 것이다(Kellner, 2000 : 118). 그러므로 비릴리오가 모더니티와 맺고 있는 비판적 관계는 소칼과 브리크몽 같은 포스트모더니즘 이론의 비판자들이 묘사한 것과는 그다지 관계가 없다고 말하는 것이 정확할 것이다.

  넷째, 많은 사람들이 피상적으로 보는 것과는 달리, 비릴리오의 사유는 장-프랑수아 리요타르(1984)나 보드리야르(1983) 같은 포스트모더니즘의 주창자들이 보여주는 사유와 별 관계가 없다. 예를 들어 역사를 이해할 수 있다는 관점에서 희망의 원리에 충실한 비릴리오의 저작은 리요타르의 저작들과 구분된다. 실제로, 비릴리오의 모든 저작들은 시종일관 자신의 삶뿐만 아니라 우리의 삶을 이해하고 사유하려는 시도이다. 예컨대 대담을 할 때마다 강조하고 있듯이, 비릴리오는 정의(正義)에 대한 서사는 해체를 넘어서 있다고 말하며 거대 서사의 소멸을 받아들이지 않는다(Armitage, 2001 : 30). 마찬가지로, 비릴리오가 맑스주의, 기호학, 니체 식의 허무주의에 적대감을 내비치고 있다는 사실은 그가 보드리야르의 시뮬라시옹 개념 반대편에 서 있다는 점을 잘 보여준다. 또 한편으로 비릴리오는 대다수의 포스트모던 정치이론가들과 달리, 새로운 미디어 기술에 열광했던 캐나다의 매체비평가 마샬 맥루한(1994)을 존경하는 보드리야르의 태도를 공유하지도 않는다. 마찬가지로, 비릴리오의 저작들은 보드리야르의 하이퍼리얼리티나 아이러니 개념보다는 실제의 사회적 조건과 정치적 현실을 분석하고, 가난한 자들을 찬양하는 데 더 많은 노력을 기울인다.

대충 이런 이유 때문에, 비릴리오의 사유가 발전시킨 중요한 이론적 기여에 포스트모던 정치 이론의 이름으로 찬사를 보내기란 너무나 어려운 일이다. 그리고 내 자신이 초모더니즘이라고 부르는 문제를 다루는 데 기여한 정치 이론가로 비릴리오를 해석하는 것이 더 적절하다고 믿는 이유도 바로 여기에 있다. 물론 내가 제안한 초모더니즘이라는 용어는 잠정적인 용어이자, 모더니즘과 포스트모더니즘을 양극화하려는 가설에서 벗어나 현대 세계를 다루는 정치 사상 고유의 과잉된 열정과 그 변천 과정을 이해하고, 그 열정이 어떻게 재현되어 왔는지를 살펴보려는 오늘날의 정치 이론에서 이제 막 태동하기 시작한 경향을 지칭할 뿐이긴 하지만 말이다(Armitage, 2000).

비릴리오에 대한 비판

1960년대 이래로 비릴리오가 전개한 정치 이론과 여러 활동은 숱한 논란을 불러일으켜 왔다. 예컨대 비릴리오와 파랑이 『건축 원리』에 글을 발표하면서 이제부터 세계는 수평면을 폐기하고 경사면을 통해서 재조직되어야 한다고 주장했을 때, 동료 건축가들이 노발대발한 것은 물론이고 세상 사람들은 이런 주장을 완전히 무시했다. 마찬가지로, 비릴리오가 기술을 바라보는 관점과 현대의 미디어 문화가 제공해준 잠재력을 무시한 듯한 그의 태도도 숱한 비판을 받아 왔다. 가령 영국의 사회학자 닉 스티븐슨의 주장에 따르면, "그가 공공연하게 드러내는 기술 공포증이야말로 비릴리오의 접근법에서 가장 두드러진 한계이다." 왜냐하면 이런 점 때문에 비릴리오의 주장은 "기술의 전체주의적 야망에 저항할 수 있는 유일한 방법은 기술에 대한 금욕밖에 없다는 식으로 들린다"(Stevenson, 2002 : 207)는 것이다. 그렇지만 비릴리오는 이렇게 주장하고 있다. "대부분의 사람들은 제 글에서 비관적인 면만을 바라보고 있습니다. 제가 관심 있어 하는 것은 원격통신 기술이나 핵에너지 등의……절대적 속도와 힘 같은 전세계적 차원의 문제라는 점을 사람들은 깨닫지 못하고 있죠. 이런 에너지가 야기할 절대적인 파국을 말입니다! 우리는 지금 이런 것들과 살아가는데도 말입니다!"(Zurbrugg, 2001 : 155).

스티븐슨은 시각 문화, 그리고 시각 문화가 문자 문화를 점진적으로 침식하고 있는 상황을 다루는 비릴리오의 분석이 너무 피상적이라고 주장하기도 한다(Stevenson, 2002 : 207~208). 그렇지만 문자 문화의 파괴와 시각 문화를 음울하게 그려내는 비릴리오의 묘사는 그의 신념, 즉 대부분의 사람들이 속도가 가져온 과학문화를 총체적으로 비판하려고 하지 않는다는 신념에서 나온 것이다. 비릴리오는 자신과 대담을 나눈 프랑스의 저널리스트 필립 프티에게 이렇게 말했다. "제 작업은 '저항자'의 작업 같은 것입니다. 왜냐하면 제 작업에는 저를 도와서 진보를 통한 속죄나 해방, 모든 억압에서 해방된 인류라는 속임수를 숨겨주는 많은 '협력자들'이 있기 때문이죠"(Virilio and Petit, 1999b : 80). 따라서, 비릴리오의 저작들은 동시대의 기술과 미디어 문화의 부정적 측면뿐만 아니라 긍정적인 측면까지도 모두 인정한다. 기술이 가져온 시각 문화가 문자 문화를 끊임없이 퇴색케 만드는 이 시대에, 그의 이런 작업은 중요한 성취라고 할 수 있다. 그렇지만 스티븐슨이 잘 제기했듯이, 오늘날 비릴리오의 정치 이론에 한계가 있다면, 그것은 비릴리오 자신이 미디어 문화에 관해 점점 더 기술 공포증을 내비치고 있기 때문일 것이다. 그렇다면, 비릴리오가 자신의 친구 가타리의 정치 이론을 참조해 기술 공포증을 극복할 가능성은 없는 것일까? 가타리는 현대의 기술이 제공해준 가능성을 좀더 긍정적으로 바라본 바 있으니 말이다. 예컨대 가타리는 이렇게 말한 바 있다.

> 기계가 문장을 발화하고 10억분의 1초의 빠르기로 사실을 기록할 수 있다고 해도……기계가 인류를 지배할 우려가 있을 만큼 악마적인 능력을 갖고 있는 건 아니다. 우리가 기계를 외면할 이유는 없다. 강조하건대, 기계는 지배나 권력과 결부되어 인간들을 분열시키는 측면이 아니라, 인간이 지닌 주체성의 특정 측면이 극도로 발달되고 극도로 응축된 형태일 뿐이다. 따라서 인류와 기계 사이에 가교를 놓는 것이 가능한 것이다. 그리고 일단 그 다리가 건설된다면, 인류와 기계는 새롭고도 확고한 동맹을 맺게 될 것이다(Guattari, 1996 : 94).

좌우간 비릴리오의 정치 이론에 관한 분분한 문제점들에도 불구하고, 기술과 현대의 미디어 문화를 초모던의 측면에서 비판하고 있는 그의 작업은 미국의 국제관계 이론가 제임스 데어 데리안(2001) 같은 수많은 정치 이론가들의 사유와 서서히 수렴되어 가기 시작하고 있다. 이런 수렴이 가능한 이유는 『속도와 정치』 같은 비릴리오의 텍스트들이 동시대에 이뤄진 가장 불안하고도 중요한 정치적 발전에 대해서 뭔가 말해주고 있기 때문이다. 히틀러의 전격전이 낳은 아이인 비릴리오는 현대의 군국주의와 영토의 공간적 조직화 밑에 깔린 정치적 논리를 이론화해 왔다. 그의 사유에서 가장 중요한 측면이 바로 이것이다. 21세기의 질주학적 조건과 정치적 조건을 조망하면서, 비릴리오는 군사적 역사 개념과 과학기술을 활용한 인간 신체의 내부 식민화라는 개념을 통해 모더니티를 [재]해석해 주고 있는 것이다. 그러므로 지금까지 살펴본 것처럼, 비릴리오가 정치 이론에 바친 특유의 기여를 이해하려면 무엇보다도 먼저 초모더니즘이라는 개념을 염두에 둬야 할 것이다.

비릴리오는 동시대의 지적 전장에서 가장 중요할 뿐만 아니라, 가장 사유를 자극하는 정치 이론가들 가운데 하나이다. 그렇지만 리요타르나 보드리야르의 포스트모더니즘과는 달리, 비릴리오의 초모더니즘은 모더니즘과 모더니티 자체에서 갈라져 나온 것이 아니라, 기술을 둘러싼 파국적 인식을 통해서 모더니즘과 모더니티를 비판적으로 분석하는 와중에 나온 것이다. 우리가 살펴봤듯이, 비릴리오가 자신을 기술이라는 기예의 비판자로 규정하고 있다는 데에는 의문의 여지가 없다. 따라서 기술에 관해 비릴리오가 보여주는 이론적 입장과 사회적 감수성은 비판적 사회과학의 영역을 넘어선 곳에 있다. 그는 지적인 설명보다는 경향이라는 개념에 의존하기 때문이다.

당연한 말이지만, 진리를 확립하려는 정치 이론가들에게서 얻을 게 더 많으냐 비릴리오의 사유에서 얻을 게 더 많으냐는 아직 누구도 알 수 없다. 비릴리오가 군대, 속도, 영화, 예술, 전쟁, 기술 등을 대하는 비판적 반응은 우리 앞에 도래한 기술 사회에 대한 윤리적이자 정서적인 반응이기 때문이다. 더 나아가, 비릴리오도 자신의 작업이 "[지적] 스캔들이라는 죄목으로 빈번히 무시되고 있다!"는 점을 잘 알고 있다. 그가 지적하듯이, 프랑스는 "아이러니, 익살, 어떤 대상을 극한이나 과잉으로까지 밀고 나아가는 논의에……그다지 관대하지 못하다"(Zurbrugg, 2001 : 162). 따라서 비릴리오의 정치 이론을 문제삼으려면 그의 작업이 (프랑스 밖에서도) 단순한 스캔들이라는 죄목으로 기각될지 아니면 수많은 찬사를 받게 될지, 그도 아니면 두 가지 반응이 뒤섞여 나오게 될지 살펴봐야만 할 것이다. 한 마디로 말하자면 이런 질문을 던져야 하는 것이다. 한국이나 그밖의 다른 나라는 아이러니, 익살, 어떤 대상을 극한까지 밀고 나아가는 논의에 얼마나 관대할 것인가? 이런저런 이유들로, 비릴리오의 초모던한 정치 이론은 21세기에도 이론적 논의와 사회적 논쟁을 끊임없이 자극하기 위해 기다리고 있다.

| 참고문헌 |

비릴리오의 저작 목록은 이 책의 부록에 실려 있는 관계로, 아미티지가 본문에서 직접 쪽수를 인용하지 않은 한 여기에서는 생략했다.

Armitage, John., ed. (2000) *Paul Virilio : From Modernism to Hypermodernism and Beyond*, London : Sage.
_____. (2001) "From Modernism to Hypermodernism and Beyond : An Interview with Paul Virilio," John Armitage ed., *Virilio Live : Selected Interviews*, London : Sage.
_____. (2002) "State of Emergency : An Introduction," *Theory, Culture & Society*, 19 (4) : 27~38.
Baudrillard, Jean. (1983) *Simulations*, New York : Semiotext(e). 〔국역 : 하태환 옮김, 『시뮬라시옹』, 민음사, 1994.〕
_____. (1995) *The Gulf War Did Not Take Place*, Bloomington and

Indianapolis : Indiana University Press. 〔국역 : 배영달 옮김, 『토탈 스크린』, 동문선, 2002.〕

Bauman, Zygmunt. (2002) *Society Under Siege*, Cambridge : Polity Press.

Clausewitz, Carl von. (1997) *On War*, Ware : Wordsworth Editions. 〔국역 : 류제승 옮김, 『전쟁론』, 책세상, 1998.〕

Deleuze, Gilles. (1995) "Postscript on Control Societies," *Negotiations : 1972~1990*, New York : Columbia University Press. 〔국역 : 김종호 옮김, 『대담 : 1972~1990』, 솔, 1995.〕

Deleuze, Gilles, and Guattari, Félix. (1987) *A Thousand Plateaus : Capitalism and Schizophrenia*, Minneapolis : University of Minnesota Press. 〔국역 : 김재인 옮김, 『천 개의 고원』, 새물결, 2001.〕

Der Derian, James. (1998) "Introduction," James Der Derian ed., *The Virilio Reader*, Oxford : Blackwell.

_____. (2001) *Virtuous War : Mapping the Military-Industrial-Media-Entertainment Network*, Boulder : Westview Press.

Foucault, Michel. (1977) *Discipline and Punish : The Birth of the Prison*, Harmonds-worth : Penguin. 〔국역 : 오생근 옮김, 『감시와 처벌 : 감옥의 역사』, 나남, 1998.〕

Guattari, Flix. (1996) "Regimes, Pathways, Subjects," Gary Genosko ed., *The Guattari Reader*, Oxford : Blackwell.

Haraway, Dana. (1985) "A Manifesto for Cyborgs : Science, Technology and Socialist Feminism in the 1980s," *Socialist Review*, 80 (2) : 65~108. 〔국역 : 민경숙 옮김, 『유인원, 사이보그, 그리고 여자』, 동문선, 2003.〕

Heidegger, Martin. (1971) "The Thing," *Poetry, Language, Thought*, New York : Harper and Row.

Johnson, P., ed. (1996) *The Function of the Oblique : The Architecture of Claude Parent and Paul Virilio*, London : Architectural Association.

Kellner, Douglas. (2000) "Virilio, War, and Technology : Some Critical Reflections," John Armitage ed., *Paul Virilio : From Modernism to Hypermodernism and Beyond*, London : Sage.

Lotringer, Sylvère. (2002) "Introduction : Time Bomb," P. Virilio and S. Lotringer, *Crepuscular Dawn*, New York : Semiotext(e).

Lyotard, J-F. (1984) *The Postmodern Condition : A Report on Knowledge*, Minneapolis and Manchester : Minnesota Press and Manchester University Press. 〔국역 : 유정완 외 옮김,『포스트모던의 조건』, 민음사, 1992.〕

Mandelbrot, Benoit. (1977) *The Fractal Geometry of Nature*, New York : Freeman.

McLuhan, Marshall. (1994) *Understanding Media : The Extensions of Man*, Cambridge, Mass : MIT Press. 〔국역 : 박정규 옮김,『미디어의 이해』, 커뮤니케이션북스, 1997.〕

Plant, Sadie. (1997) *Zeros+Ones : Digital Women+The New Technoculture*, London : Fourth Estate.

Sokal, Alan, and Bricmont, Jean. (1998) *Intellectual Impostures : Postmodern Philosophers Abuse of Science*, London : Profile Books. 〔국역 : 이희재 옮김,『지적 사기』, 민음사, 2000.〕

Stevenson, Nick. (2002) *Understanding Media Cultures*, London : Sage.

Tzu, Sun. (1993) *The Art of War*, Ware : Wordsworth Editions. 〔국역 : 김광수 옮김,『손자병법』, 책세상, 1999.〕

Virilio, Paul, and Parent, Claude., eds. (1996) *Architecture Principe, 1966 et 1996*, Besançon : L'imprimeur.

Virilio, Paul, and Lotringer, Sylvère. (1997) *Pure War*, New York : Semiotext(e).

Virilio, Paul, and Kittler, F. (2001) "The Information Bomb," John Armitage ed., *Virilio Live : Selected Interviews*. London : Sage.

Zurbrugg, Nicholas. (2001) "Not Words But Visions!," John Armitage ed., *Virilio Live : Selected Interviews*. London. Sage.

속도와 정치

| 일러두기 |

1 번역 대본으로는 프랑스어판(*Vitesse et Politique : essai de dromologie*, Paris : Galilée)을 기준으로 하되 주로 영어판(Mark Polizzotti trans., *Speed and Politics : An Essay on Dromology*, New York : Semiotext(e), 1986)을 이용했고, 각주를 첨부하거나 교열을 하는 과정에서는 독일어판(Ronald Voulli bers., *Geschwindigkeit und Politik : Ein Essay zur Dromologie*, Berlin : Merve Verlag, 1980)과 일본어판(市田良彦 編譯,『速度と政治 : 地政學から時政學へ』, 東京 : 平凡社 2001)을 참조했다. 문단 구분은 프랑스어판을 따르되, 읽는이들의 편의를 위해 부분적으로 수정했다. 서문은 원서에는 없는 것을 존 아미티지가 한국 독자들을 위해 따로 쓴 것이다.

2 비릴리오의 '드로몰로지'(dromologie) 개념은 국내에서는 흔히 '속도학'으로 번역되고 있으나, 드로몰로지의 접두어인 그리스어 'dromos∼/δρόμος'가 '경주(장), 달리는 행위, 민첩한 움직임, 공공 도로'라는 뜻을 가지고 있음을 고려해볼 때 '질주학'으로 옮기는 것이 적절하다고 판단하였다. 따라서 이 책에서는 프랑스어 'dromomanes'는 '질주광'으로, 'dromocrate'는 '질주관'(질주정의 관료)으로 옮겼다.

3 각주에는 '지은이 주'와 '옮긴이 주'가 있다. 지은이 주는 별표(*)로, 옮긴이 주는 번호(1, 2, 3……)로 표시했다. 옮긴이 주에는 본문에 나온 인명이나 단체, 혹은 사건 중 우리에게 다소 낯선 것들에 대한 내용, 그리고 비릴리오의 이론적 배경을 이해하는 데 도움이 되는 몇 가지 참조사항들을 집어넣었다. 그리고 지은이가 정확한 출처를 밝히지 않은 여러 인용문들의 출처를 '될 수 있는 한' 적어놓았다.

4 본문의 도판과 캡션은 옮긴이가 읽는이들의 이해를 돕고자 원서에 없는 것을 따로 뽑아 실은 것이며, 캡션문의 인용 출처로 괄호 안에 표시되어 있는 책들은 모두 비릴리오의 저작들이다.

5 인명이나 지명, 그리고 작품명은 될 수 있는 한 '외래어 표기법'(1986년 1월 문교부 고시)과 이에 근거한『편수자료』(1987년 국어연구소 편)를 참조했으나, 주로 원어에 가깝게 표기하는 것을 원칙으로 삼았다.

6 단행본, 전집, 정기간행물, 미술이나 건축·영화 등의 작품에는 겹낫쇠(『 』)를, 논문이나 논설, 기고문, 단편 등에는 홑낫쇠(「 」)를, 그리고 단체명에는 단격쇠(〈 〉)를 사용했다.

7 본문이나 각주에 들어 있는 〔 〕 안에는 원문을 좀더 명확히 이해하기 위해 필요하다고 생각되는 내용, 그리고 그 출처가 자세히 표기되지 않은 참고자료에 관한 서지사항 등을 집어넣었다. 각주에서 〔 〕를 쓴 경우에는 〔 〕 안의 맨 끝에 '―옮긴이'라고 명기했다.

"난 생존자가 되긴 싫다."
―장 메르모즈*

* Jean Mermoz(1901~1936). 프랑스의 린드버그(Charles Lindbergh, 1902~1974)라고 알려져 있는 프랑스의 전설적인 비행사. 1927년 프랑스의 툴루즈에서 세네갈의 다카르까지 무착륙 비행을 시도한 이래로, 1928년 세계 최초의 야간 비행을 감행했고, 1930년 세계 최초로 대서양 동-서 노선을 횡단해 큰 명성을 얻었다. 1936년 12월 7일, 아프리카에서 출발해 대서양을 건너 브라질로 가던 중 "후방 엔진이 꺼졌다"라는 무선을 남긴 채 사라졌다.

질주정 혁명

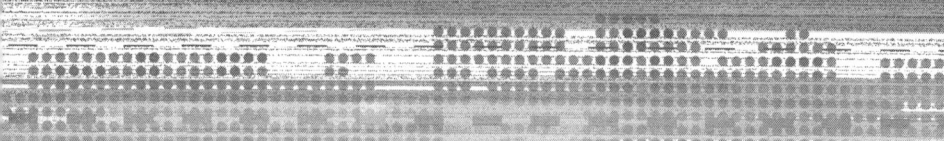

〈스파르타쿠스단〉의 봉기 (베를린. 1919년 1월 4일~11일)
19세기의 유럽 혁명가들은 거리를 통제하면 국가를 통제할 수 있다고 주장했다. 그렇지만 그들은 자신들에게서 거리뿐만 아니라 국가까지 빼앗아갈 기술적 방식이 등장하리라는 사실을 전혀 깨닫지 못했다(『인민 방어와 생태 투쟁』).

1_거리의 권리에서 국가의 권리로

> 최소 단위의 군대에게 호위를 받으며 함께 걸어간
> 여정 속에서 하나로 단합된 일군의 사람들.
> — 클라우제비츠, 1806[1]

모든 혁명에는 역설적인 순환이 존재한다. 1848년 6월, 엥겔스는 이렇게 적었다. "**파리 시민들의 삶이 강렬하게 순환하던** 그 대로(大路)에서 최초의 회합이 열렸다."[2] 그로부터 한 세기가 채 지나기도 전에, 웨버는 마치 자동차 충돌사고를 말하듯이 로자 룩셈부르크와 칼 리프크네히트의 죽음을 언급했다. "그들은 거리에 호소했으나 거리는 그들을 죽였다."[3] 대중들은 주민도, 사회도 아니다. 행인의 무리일 뿐이다. 혁명의 분견대는 [공장이라는] 생산의 장소가 아니라 거리에서 가장 이상적인 형태를 취한다. 인위적인 기계의 톱니바퀴가 되기를 잠시 멈춘 채 스스로 일종의 동력기(공격 기계), 즉 **속도의 발생장치**가 되는 때에.

---

1) Carl von Clausewitz, *Notes sur la Prusse dans sa grande catastrophe 1806*, trad. A. Niessel, Paris : Editions Champ libre, 1976.
2) 인용문의 강조체 원문은 다음과 같다. "파리 시민들의 거대한 동맥인 그 대로." Friedrich Engels, "Details über den 23. Juni," *Neue Rheinische Zeitung*, No. 26, June 26, 1848 ; *Marx-Engels Werke*, Bd. 5, Berlin/DDR : Dietz Verlag, 1971, S. 112.
3) Henri Weber, *Le Marxisme et conscience de classe*, Paris : Union Générale d'Editions, 1975.

실업자들이나 아무런 직업도 없이 동원해제된 노동자들에게 파리는 다채로운 궤적의 총체, 일련의 대로와 가로수 길로 이루어진 총체이다. 그들은 자신들의 방랑을 통제하려는 경찰의 억압을 받으며 별다른 목표나 행선지 없이 배회한다. 다양한 혁명적 집단들에게는 예컨대 **무뢰한들**(Apaches)*이나 도시 변두리의 수상한 인물들이 그런 것처럼 어떤 정해진 건물을 적당한 때에 점거하는 것보다 **거리를 점유하는 것**이 훨씬 중요하다. 베를린에서 〈국가사회주의 독일노동자당〉(이하 나치)이 맑스주의 정당을 공격하던 1931년, 요제프 괴벨스는 이렇게 말했다. "거리를 정복할 수 있는 자가 국가도 정복한다!"**

아스팔트가 정치적 영토가 될 수 있을까? 부르주아 국가, 그리고 그 국가의 권력은 거리 그 자체인가? 아니면 거리 안에 놓여 있는 것일까? 부르주아 국가의 잠재력과 그 외연은 강렬한 순환의 장소, 〔거리라는〕 이 고속운송의 경로 위에 존재하는 것일까?

베를린에서의 전투를 언급하면서 괴벨스는 이렇게 쓰기도 했다. "이상적인 투사는 …… 간혹 자신이 이해하지 못할지라도 잠결에 암송할 수 있을 만큼 법률에 복종하면서 끊임없이 **행동**하는 갈색 부대[4]

---

* '황금 투구'라 불리는 유명 인물을 지도자로 둔 일군의 폭력배들이 바뇰레가(街)에서 도시의 운송차량을 공격하고 얼마 지나지 않아 파리 언론들이 이 표현을 대중화시켰다.
** 괴벨스는 나치가 정권을 획득하기 2년 전인 1931년 『베를린에서의 투쟁』이란 저서를 출판했는데, 이 책은 '베를린의 어느 늙은 당 호위병'에게 바쳐졌다. 〔Joseph Goebbels, *Kampf um Berlin*, München : Franz Eher Nachf, 1934 — 옮긴이〕
4) Das Braune Heer. 1921년 베를린에서 조직되었던 나치의 준(準)군사조직 '나치돌격대'(Sturmtruppen, SA)의 애칭. 원래 나치가 개최하는 대중집회의 경호부대였는데, 갈색 제복을 입어서 이런 애칭이 붙었다. 히틀러가 집권한 1933년 이전부터 지나친 폭력으로 문제를 일으켰던 나머지, 1934년 6월 30일 히틀러 직속의 '나치친위대'(Schutzstaffel, SS)에 의해 숙청됐다. SS는 검은색 제복을 입었다.

의 정치적 전투원이다······ 그래서 우리가 그동안 이 열광적인 존재들을 **움직여왔던** 것이다······."

그리고 나서, 괴벨스는 처음에는 지방에서 그 다음에는 베를린에서 자신이 행했던 다양한 연설의 속기록을 과학적으로 비교하고 난 뒤, 수도 베를린에 위치한 '이 부정형(不定形)의 사회학적 집합체' (즉, 나치)[5]에게는 '대중을 위한 새로운 언어'를 개발할 필요가 있다고 확신하게 됐다.

"4백만의 인구가 거주하는 이 대도시는 선전가들의 선언을 통해 불타오르는 바람처럼 요동치고 있다. [······] 여기에서 말해진 언어는 새롭고도 현대적인 것이며, 이른바 대중적 표현이라는 낡아빠진 형태와 전혀 관계가 없다. 이것이야말로 독창적인 예술적 스타일의 시작이자, 진정으로 **활기** 넘치고 사람들을 **들썩이게 만드는** 최초의 표현 형태이다."

폭동[6]은 (원래 사냥꾼이나 침략자를 뜻했던) 군중을 뒤바꿔 놓는다. 지도자의 입장에서 보자면, 노동자 군대라는 일군의 '방황하는 병사

---

5) 괴벨스는 1924년 나치에 입당하기 전까지 하이델베르크에서 활동했다. 그가 베를린 지구당 위원장에 임명된 것은 1926년인데, 이때까지 나치는 수도 베를린에 당 조직이 없었다(나치는 바이에른에서 제일 먼저 결성됐다).
6) 프랑스어 '폭동'(émeute)과 '군중'(meute)의 어원은 라틴어 '모빌레'(mōbile)인데, 모빌레는 '재빠르게 움직이게 만든다'는 뜻과 '폭도, 무리, 군중'이라는 뜻을 모두 가지고 있다. 따라서, "폭동은 군중을 뒤바꿔 놓는다"(L'émeute reforme la meute)라는 비릴리오의 표현은 "군중은 군중을 뒤바꿔 놓는다," 즉 군중이 스스로를 변화시킨다는 뜻을 함축한다고도 볼 수 있다. 잘 알려져 있다시피 비릴리오는 맑스주의의 전통보다는 아나코-생디칼리슴의 전통에 발을 딛고 있는데, 실제로 그는 대중의 '자발성'을 강조했던 이탈리아 아우토노미아 운동가들과도 이론적 친화성을 갖고 있었다. 비릴리오가 자율주의의 전통을 옹호한 내용으로는 다음을 참조하라. Paul Virilio, *Défense populaire et luttes écologique*, Paris : Galilée, 1978. 특히 제2부를 참조.

I. 질주정 혁명 51

들' ─ 질주광(疾走狂)* ─ 을 이끈다는 것은 곧 그들을 선동한다는 것이다. 생-쥐스트의 말을 빌리자면, "그들이 한 무리의 개들처럼 공격할 수 있게 이끄는 것"이다. 이 말은 조잡한 선동, 그러니까 추돌이나 충돌 사고를 부추기는 도로표지나 교통신호 같이 다성적(多聲的)·다색적(多色的)일 뿐만 아니라, 멀리 그리고 넓게 전달되고, 입에서 입으로 전달되는 논쟁의 심포니를 통해서 이동하는 대중들의 궤적에 리듬을 부여하라는 의미이기도 하다.** 이것이야말로 거리의 시위, 도시의 무질서에 내포된 궁극적 목표이다. 독일에서 시청각 도구의 활용을 장려하는 데 제일 먼저 앞장섰던 괴벨스는 "선전은 글이 아니라 직접적인 말과 이미지로 행해져야 한다"라고 연설하기도 했다. 읽는 행위는 사색의 시간, 대중의 역학적 능률을 파괴하는 일종의 감속을 은연중 가져온다. 일단 군중이 기념비적인 유랑을 시작하기만 하면, 그들이 지나간 곳은 통행로로, 만인이 들락날락하며 뭔가를 가져오고 가져가는 일종의 통행로로 급속히 뒤바뀐다. 1975년에 함락된 사이공에서도 볼 수 있듯이, 이제 이곳은 만인이 자유롭게 '약탈을 위한 약탈'을 하는 곳이 되는 것이다.

  모든 역사에는 언급되지 않고 인식되지도 않은 혁명적 방랑, **최초의 대량 운송**인 방랑이 존재해왔다. 그렇지만 이 자체도 혁명임에는 틀

---

* '질주광'(dromomanes)은 프랑스 구체제 시기에는 탈주병을 가리키고, 정신의학에서는 배회편집증 환자를 말하기도 한다. [질주광은 '질주관'(dromocraté)과 다르다. 질주관은 '질주정'(dromocratie)의 관료나 지지자로서, 대중들의 부단한 움직임/운동이나 흐름을 일정한 질서에 맞춰 획일화·격자화하려는 자들이다. 즉, 질주관은 질주정의 파수꾼이다. 고전적인 정치 용어로 비유해보자면, 질주광은 프롤레타리아트에 해당하고 질주관은 부르주아지에 해당한다 ─ 옮긴이]
** 지오바니 리스타가 평론한 『마리네티』(파리, '오늘의 시인선'). [Giovanni Lista, *Marinetti*, "Poètes d'Aujourd'hui," n°231, Paris : Editions Seghers, 1976 ─ 옮긴이]

림없다. 따라서 "모든 혁명은 도시에서 발생한다"라는 오래된 확신은 도시에서 나온 말이다. 예컨대 1789년의 사건들 때부터 사용되어 왔던 '파리 코뮌의 독재'라는 표현은 정지 대 순환이라는 표현과 마찬가지로 도시 대 농촌이라는 고전적인 대립을 보여주는 것이 아니다.

도시의 지도를 살펴보면 확실히 알 수 있는데도, 사람들은 도시가 우선 무엇보다도 급격한 소통의 통로들(강, 도로, 해안선, 철도)이 관통하는 인간의 거주 지역이라는 점을 깨닫지 못하고 있다. 거리는 단지 일종의 덩어리가 지나다니는 도로일 뿐이라는 사실, 즉 도시 담벼락에 적힌 '속도 제한'이라는 일상의 규칙이 (속도관련 법규로만 조절될 수 있는) 일련의 이동, 운동이 끊임없이 이어진다는 점을 상기시켜 주는 도로일 뿐이라는 사실을 모두 망각한 듯하다. 도시는 운송장치의 이동 속도와 시선이 도구적으로 결합되는 중간 정착지, 어떤 궤적이 그려낸 개략적인 경로 위의 한 지점, 고대의 군사적 방벽, 도로의 분수령, 변경이나 강둑 등일 뿐이다. 내가 예전에 말했듯이, 그곳에는 오로지 **거주하기에 적당한 순환***이 존재할 뿐이다. 오늘날에는 특히 일본에서 이런 점을 분명히 볼 수 있다. 예컨대, 단순한 경찰과의 충돌이나 경찰에 대한 도발로 변질되어 버리긴 했지만, 혹독하게 단련된 일군의 투사들[일본 전공투 세대]이 영화 카메라, 테이프 녹음기 같은 시청각 기계로 무장한 채 전개했던 일련의 거대한 혁명 투쟁을 생각해보라. 그들의 행동이 보여준 동적 특성을 염두에 둔다면, 이런 방식의 투쟁이야말로 그들의 찰라적인 현존 방식을 보여준다. 그들은 거리를 찍고 녹음한

---

* Paul Virilio, "Circulation Habitable", *Architecture Principle*, no. 3, April 1966.

뒤 곧바로 그곳에서 사라졌다. 그들, 한군데 정지해서는 안 됐던 유랑인들은 한군데 모여서는 안 됐던 유랑인들과 손에 손을 맞잡고 진군해 나아갔다. 이와 유사한 방식으로, 그들은 엥겔스가 "빵 아니면 죽음을, 일자리 아니면 죽음을 달라고 요구하는 절망적인 대중들"[7]이라고 묘사했던 1848년 봉기자들의 계시와도 같은 구호를 피해 나갔다. 자신들이 살던 고장을 어쩔 수 없이 떠나야 했던 사람들이나 군대에 징집됐던 사람들처럼, 이 '노동자 군대'가 실제로 사용했던 구호도 **"우리는 계속 여기 있겠다!"**[8] 즉 "이곳에서 한 발자국도 움직이지 않겠다!"였다. 고대 아고라의 민주주의적 유토피아처럼, 19세기 사회주의자들의 유토피아는 혁명과 프롤레타리아트화의 근본적으로 인간학적인 측면, 즉 그것들이 지닌 일종의 이주〔방랑〕 현상을 은폐해버리는 거대한 도시 건축물의 발판 밑에 완전히 파묻혀 버렸다.

1788년 9월 21일, 아서 영은 자신의 유명한 기록에 이렇게 적어놓았다. "최대의 상업 도시 낭트! 〔……〕 나는 그곳에 도착한 뒤 하얀 돌로 새로 지은 극장에 갔다. 일요일이어서 그런지 사람으로 가득 차 있었다. 오, 신이시여! 나는 내 자신에게 외쳤다. 제가 이 장관을 보기 위해서 그 모든 황무지, 사막, 황야, 가시금작화 덤불, 습지를 3백 마일에 걸쳐 지나왔던 것입니까? 〔……〕 이곳에 들어가려면 구걸하던 버릇을 버리고 돈을 아낌없이 쓰는 것 같은 엄청난 변화가 있어야 한다. 당신

---

7) Engels, "Details über den 23. Juni," Ibid.
8) "Nous rest'rons!" 원래 '갱내 농성파업'(sit-down strike / sit-in)을 전개했던 탄광 노동자들의 구호였으나, 오늘날에는 널리 일반화되어 말 그대로의 의미, 즉 파업 현장이나 원래 있던 자리에서 움직이지 않겠다는 의미로 쓰인다.

성 베르나데트 예배당 (프랑스 부르고뉴 주 느베르 현, 1966년 12월 8일 건축)
원래 건축이론가였던 비릴리오는 수직·수평을 골간으로 하는 오늘날의 도시 구조가 인간의 역동성에 더 이상 부합하지 않는다고 지적하면서, '경사'(obliquité)를 골간으로 하는 구조로 도시를 재구성해야 한다고 말한 바 있다. 균형과 안정성을 강조하던 기존의 건축 사상과 대치되는 이 새로운 구조는 일체의 운동/움직임, 흐름의 순환을 방해하기보다는 오히려 촉진하기 때문에 오늘날 더 이상 움직이지 못하고 특정 공간에 붙박여 있는 현대인들을 움직이게 해준다는 것이다. 따라서 이 개념은 (거주하려면 정지해야 한다는 통념과 대조되는) '순환 중의 거주'라고도 이해될 수 있다. 비릴리오가 벙커를 모델로 설계도를 완성한 성 베르나데트 예배당은 이런 건축 사상을 실험한 최초의 건축물이다.

은 일약 거지에서 사치를 일삼는 자로 탈바꿈해야 한다. 진흙으로 만든 오두막에서 비참하게 살다가, 하룻밤 이 휘황찬란한 장관을 구경하려고 5백 리브르를 써야 하는 것이다."[9]

풍요로움, 들어보지도 못한 기계장치, 대학, 박물관, 상점으로 가득 차 있을 뿐만 아니라 영원히 휴일인 듯하고 안락함과 지식, 안정감으로 가득 찬 이 새로운 도시는 지루한 여행을 끝내기에 이상적인 장소, 대량 이주민들이 최종적으로 안착할 부두, 위험천만한 횡단 끝에 찾아온 희망처럼 보였을 것이다. 바로 그랬기 때문에, 우리는 오늘날까지 도시적인 장소와 도시 자체가 일종의 교통로거나 철도 환승지, 즉 사회적·문화적 교류의 장소일 뿐이라는 점을 인식하지 못했던 것이다. 우리는 이 교차로를 사회주의로 향하는 길이라고 잘못 생각했던 것이다.

자치도시들이 창문이 거리 쪽으로 나 있는 건물을 최고 가격으로 임대하고 그 외관에 과도한 추징금을 부과했다면, 그것은 부르주아지의 주거지가 지닌 이런 건축학적인 세부가 전통적으로 상업적 이득과 정보 획득의 가능성을 수반했기 때문이다. 네덜란드 매음굴의 진열창은 오늘날에도 예전부터 전해져 내려온 '활 모양의 창문'을 그대로 본뜨고 있다. 이 창문의 돌출부를 통해서 우리는 무엇이 들어오고 나가는지 모두 볼 수 있다. 거리에서는 '천로역정' 같은 행렬이나 행진의 운동, 순환이 펼쳐진다. 한때 뭔가 더 나은 것으로 향해 나아가는 진

---

[9] Arthur Young, *Voyages en France pendant les années 1787, 1788, 1789*, ABU : La Bibliothèque Universelle, 1792.

보, 중세 시대를 지배했던 일종의 순례에 비유됐던 여행과 완성의 운동이.* 거리는 새로운 해안선, 사회의 중요한 흐름을 측정할 수 있고 그 범람을 예측할 수 있는 항구의 거점과 같다. 도시로 향하는 관문은 요금 징수소이며, 도시의 세관은 둑이다. 이런 곳들은 대중의 유동성이나 이주하는 유목민들의 침투 능력을 검열한다. 구빈원, 병영, 감옥은 물론이고 요새화된 도시, 미국 노예들의 '콩고 평원,'10) 낡은 성채, 변두리 교외, 판자촌, 빈민가 등을 둘러싸고 있던 오래됐고, 늪이 많고, 위험한 해변은 포함과 배제의 문제보다는 순환의 문제를 해결해준다. 이런 곳은 모두 침투의 가속화를 억제하는 두 종류의 변화 속도 사이에 끼여 있기 때문에 불확실한 장소이다. 원래부터 육지나 해안의 교통로에 위치해 있었기 때문에, 결국 이런 곳은 대중들을 마치 일종의 유기체처럼 부패시켜 버릴 수밖에 없는 하수구, 괴어 있는 물, 유동성(진보)의 종말, 운동의 급작스런 부재에 비견할 만한 곳이 됐다. 발자크는 이렇게 쓴 바 있다. "파리에 존재하는 일체의 악, 일체의 불행이 피신해 있는"11) 중성적인 공간, 형체 없는 공간. 바로 이것이 '추방

---

* John Bunyan, *Pilgrim's Progress*, London, 1678~1684 ; Lewis Mumford, *La cité à travers l'histoire*, trad. Guy et Gérard Durand, collection Esprit "La Cité prochaine," Paris : Editions du Seuil, 1964, p. 353. 재인용. [*The City in History : Its Origins, Its Transformations, and Its Prospects*, New York : Harcourt, Brace & World, 1961, p. 277 — 옮긴이]

10) Congo Plains. 미국이 프랑스에게 루이지애나 주를 사들인 1803년, 프랑스 지구 뒤편에 있던 오를레앙(지금의 뉴올리언스)과 람파트 가(街) 부근의 네 구역에 조성된 광장을 지칭한다. '콩고 광장' (Congo Square)이라고도 불렸던 이 구역은 흑인 노예들을 위한 일종의 일시적 '해방구'로서, 노예들은 매주 일요일마다 이곳에서 자유롭게 종교 행사를 펼쳤다고 한다.

11) Honoré de Balzac, "Ferragus" (1842), *La Comédie Humaine*, Paris : Gallimard, 1952, p. 902.

의 장소'(ban-lieue), 즉 교외(郊外)의 기원이다. 교외는 한때 금치산자들의 구역이자 혈통과 세속적 차이로 구획된 구역, 다시 말해서 사회적 골칫거리들을 일종의 재화나 저장품, 가축(이 단어는 '술에 찌든 프롤레타리아트를 비유하는 데에, 특히 프롤레타리아트라는 야생 동물들을 짐 나르는 짐승, 즉 군마(軍馬)나 운반용 짐승으로 뒤바꿔 버리는 데 사용되곤 했다)처럼 가둬놓은 일종의 저장소이자 '선적지'였다. 더군다나 무산 대중들이 착취당하던 상황은 조프루아 생-틸레르가 정의했던 길들임의 사례를 완벽하게 보여주고 있다. "어떤 동물을 길들인다는 것은 그 동물이 인간의 거주지나 그 근처에서 살아가고 자라는 데 친숙해지도록 만드는 것이다."

'기거할 수 있는 권리'는 흔히 주장되어 왔듯이 '도시에 들어갈 수 있는 권리'가 아니다. 조직되지 않은 야생 동물의 무리처럼, 프롤레타리아트라는 무리는 일종의 재앙, 불확실성과 광포함을 한가득 가져온다. 따라서 이 무리도 인간들의 거주지 근처에, 인간들이 던지는 감시의 눈 아래에 끌어 모아져 재생산될 때에만 '길들여졌다'라고 인정받는다. 정확하게 말하자면, 인간의 거주라는 문제는 프롤레타리아트라는 가축의 문제, 그들이 성의 안마당이나 요새화된 도시의 변두리에 기거한다는 문제와는 완전히 구별된다. 이주하는 대중들이 마구간이든 울타리 안에서든 일시적으로 기거할 수밖에 없다는 것은 그들이 인간의 거주지, 간단히 말하자면 도시에서 상대적으로 떨어져 있다는 점을 함축한다. 부르주아지는 상업이나 산업이 아니라, **'고정된 처소'가 일종의 사회적·화폐적 가치라는 점을 입증할 수 있는 전략적 이식을 통해서**,* 즉 고정된 자산을 사고 파는 물적 재산[부동산]의 투기, 요새화된 도시의 성벽 안에 주재할 수 있는 권리, 수백만 명씩 몰려다니며 앞으로 이동해 나아가는 위험천만하기 이를 데 없는 무수한 순례자들·침입자들·군인들·유랑자들로부터 안전해지고 보호받을 수 있는 권리를 통해 자신들의 주도력과 계급적 특성(물론 부르주아지에게만 고유한 것은 아니다. 우리는 금융업이나 산업 부문에서 금욕이나 기사도 정신이 담당해왔던 중요한 역할을 잘 알고 있다)을 획득하리라. 1077년 캉브레의 코뮌이 획득한 '도시 자치권'[12]은 그 이래로 모든 상업 도시들에게도 조금씩 퍼져 나갔다. 우리는 지도상에서 그 도시들을 쉽게 점찍을 수 있다. 그렇게 하고 나면, 우리는 그 도시들이 필연적으로 거대한 수로나 교통로에 위치해 있다는 사실을 알게 된다. 반면에 브르타뉴나 마시프상트랄[13] 같이 접근하기가 어려운 지역에는 코뮌이 거의 또는 전혀 존재하지 않는다. 부르주아지의 권력이 코뮌의 혁명과 더불어 등장했다는 사실은 곧 '민족해방전쟁'에 비견될 수 있다. 코뮌의 혁명은 정복한 지역을 지배하겠다고 주장했던 동쪽의 군사 점령자들에게 맞서 토착민들이 그들 자신의 영토를 지켜 나아가도록 만들었기 때문이다.

---

* Mumford, Ibid. 투기가 등장하기 이전에도 토지의 존재 여부는 그 자체로 자신이 부르주아지라는 사실을 충족시켜 주는 요소라고 여겨졌다.
12) 원래 중세 도시의 지배권은 국왕의 권한이었으나, 지방의 영주가 그 권한을 행사하는 경우가 많았다. 그래서 각 도시들은 투쟁을 통해 그 권리를 쟁취한 다음, 국왕에게 '도시 특허장'(Stadtprivileg)을 받아 자치권을 얻어내곤 했다. 그렇지만 도시 특허장의 획득 여부와 그 구체적인 내용은 국왕/영주와 도시 사이의 역관계에 좌우됐기 때문에 그리 안정적이지 않았다. 현재 프랑스 북부 캉브레시스에 편입되어 있는 캉브레만 해도 907년 최초의 혁명을 일으킨 이래로 수차례의 봉기를 통해서야 1077년 도시 특허장을 획득했다. 그나마 그 특허장도 1107년과 1138년 두 차례에 걸쳐 취소됐고, 그 뒤 1127년과 1180년 두 차례의 투쟁을 통해 재획득됐다.
13) '브르타뉴'(Bretagne)는 프랑스 북서부의 해안 지대, '마시프상트랄'(Massif Central)은 프랑스 중남부에 있는 고원 산악지대이다.

도시 자치권을 보장받는다는 것은 무엇보다 먼저 요새화된 성이라는 배치에 따라, 즉 당시에 사용되던 그 어떤 전쟁기계도 두려워할 필요가 없는 난공불락의 요새를 구축함으로써 대대로 내려온 갈로-로만 지대[14]를 재조직한다는 것이었다. 그렇지만 그들은 저 멀리 외부에 존재하는 유랑하는 대중들의 기습, 계략을 언제나 두려워했다. 중세의 식민지 개척자들이 구래의 장원을 재조직하고자, 즉 장원을 해자(垓字)를 두른 성으로 변형시키고자 무차별적인 자연적 위험과 재앙에 맞서 방책과 진흙 제방을 쌓았다면, 이를 뒤이은 요새화된 성이라는 건축물은 그 전원적 성격을 잃고 순수하게 군사적이 되어버렸다. 이때부터 요새화된 성은 단 하나의 적에게만 집중했다. 전쟁인(戰爭人)이 바로 그 적이었다. 더 나아가서, 그 외형상의 유사성에도 불구하고 고대의 요새와 중세 유럽의 요새를 구분해줬던 것은 후자가 내부 공간이라는 건축학적 구성 덕택에 구덩이, 굴곡, 도랑, 높은 성벽을 활용해 **전투를 무한정 연장할 수 있게 됐다는** 점이다.* 중세의 요새화된 울타리는 인공적 장을 창출했으며, 이 장을 물리적·정신적 억압을 가할 수 있는 무대로 만들어놓았다. 마키아벨리를 좇아서 보방은 "끊임없이 이동하며 공격해 들어오는 적의 무리가 발산하는 **에너지를 한정된 형태로, 즉 이 에너지를 변형시켜 궁극적으로는 훨씬 더 적절한 형태로** 수용할 수 있는 메커니즘의 총체"로 이뤄진 지형학적 우주를 구축하는 것만으로도

---

14) La Site Gallo-Roman. 프랑스인의 조상 갈리아인들이 기원전 51년 이래로 로마의 지배 아래에서 로마 문명을 받아들인 지대. 오늘날의 북이탈리아, 프랑스, 벨기에 일대, 즉 라인, 알프스, 피레네, 대서양으로 둘러싸인 지역을 말한다.

 * Paul Virilio, *L'insécurité du territoire*, collection "Monde Ouvert", Paris : Stock, 1976, p. 77ff.

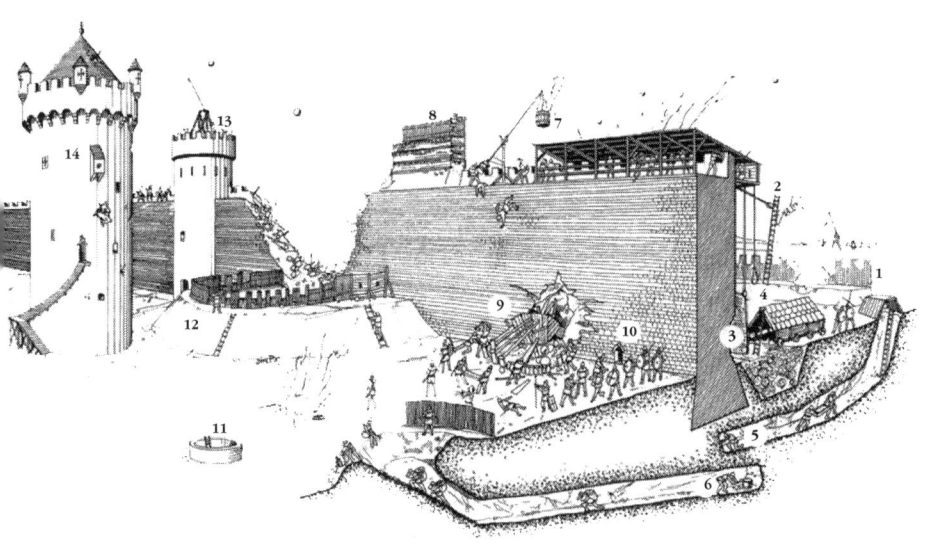

고대의 공성전 세부도
① 전방 방어진지 ② 사다리를 밀치는 갈고리 ③ 파성퇴(破城槌)가 가하는 충격을 흡수하는 장치 ④ 파성퇴를 잡아채는 갈고리 ⑤ 갱도 굴착 ⑥ 대항 갱도 ⑦ 방어용 끓는 물 ⑧ 공성용 전탑(戰塔)(이동식 사다리) ⑨ 틈새 메우기 ⑩ 기습을 하거나 적의 무기에 불을 지르기 위해 나다닐 수 있는 성벽의 비밀문 ⑪ 갱도(탈출구)로 사용할 수 있는 우물 ⑫ 성벽의 갈라진 틈새로 침입하는 적을 막기 위해 세워진 토벽(土壁) ⑬ 소형 투석기 ⑭ 최후의 보루, 아성(牙城)

고대의 전투에서는 속도를 높이는 것이 아니라 속도를 떨어뜨리는 게 곧 방어였다. 따라서 전쟁을 준비한다는 것은 장벽, 성벽, 요새를 짓는 것이었다. 도시를 영구히 안착시켜준 것이 바로 이와 같은 영구 요새로서의 요새였다(『순수 전쟁』).

대량 학살을 피하고, 적들을 분쇄할 수 있는 이런 수단들을 흔쾌히 받아들였다.

이와 똑같은 원칙에 따라 재구축된 코뮌의 요새는 적에 맞서 일종의 '계략의 장'을 배치해놓았다. 그렇지만 그 장 자체가 무엇보다 먼저 사회적 적이 됨으로써, 코뮌의 요새도 그 성격이 또 한번 변하게 된다. 일단 그 군사적 기능을 제쳐둔다면, 요새화된 장소의 성벽은 계급적 기능을 수행한다. 공위(攻圍)[15] 개념을 지녔던 성벽은 사회적 쟁투를 무한정 연장시킬 수 있었다. 코뮌의 부르주아지는 더 이상 주기적으로 발생해 전 국토를 전장 삼아 폭력이 휘몰아치던 고대의 내전처럼 피를 흘리지 않아도 되는 전쟁, 평화라는 관성의 특징을 모조리 지닌 채 연장되는 인내의 전쟁 같은 새로운 현상의 근원이 됐다. 부르주아지의 권력은 경제적이라기보다는 군사적이며, 특히 불가해할 만큼 공위 상태를 영속시킬 수 있는 능력, **"색다른 방식으로 만들어진 뛰어난 부동(不動)의 기계"** *인 요새화된 도시의 형세와 직접적으로 관련되어 있다. 마찬가지로, 이처럼 사방으로 둘러싸인 부르주아지가 쇠퇴하고 그 고유

---

15) Poliorcetica. 오늘날의 '공위'(Siege)나 '포위'(Envelopment)를 지칭하는 그리스어. 군사적으로 볼 때 공위나 포위는 적의 퇴로를 차단하고 이뤄지는 공격이라는 점에서는 동일하나, 전자가 적의 점거 지역을 포위해 외부와의 연락을 취하지 못하도록 차단하는 데에 중점을 둔다면 후자는 포위된 적 주력부대의 측면이나 상공을 통과해 그 안에 있는 적을 격멸하는 데에 중점을 둔다. 원래 외부 침입자를 막기 위해 세워진 요새화된 도시의 성벽이 도시인들을 '감금'하는 효과를 자아냈다는 본문의 의미를 살리고자 여기에서는 공위라고 옮겼다. 한편 '폴리오르세티카'에는 '공성'(工城), 즉 '성을 만든다'는 의미도 있다. 10세기경 비잔티움의 헤론이라는 인물이 포위전을 다룬 최고(最古)의 병법서 『공성을 위한 지침』(Parangelmata Poliorcetica)이 '축성 기술'을 다룬 것도 바로 이 때문이다.

* 〈응용포병 · 공병 군사학교〉(l'Ecole d'application de l'artillerie et du génie)의 영구요새 관련 강좌에서 보방이 했던 말, 1888.

의 의지를 상실하게 된다면, 지상전의 군사 기술이 쇠퇴하는 것으로 이어질 것이었다. 몽테스키외의 말처럼, "화약의 발명으로 난공불락의 장소란 존재할 수 없게 됐다."[16)]

클라우제비츠는 이탈리아의 거대 도시들, 그 다음에는 유럽 각지의 도시들에 고용된 용병들이 강력한 경제 기구들, 그것도 고용 계약이 끝난 뒤 자신들의 손아귀에 막대한 돈, 재화, 양도채권 등을 쥐어줄 수 있기에 그런 군사적 사업을 진행할 수 있었던 경제 기구들에만 봉사했다는 사실을 훌륭하게 보여준 바 있다(그리하여, 1857년 9월 25일 엥겔스에게 보내는 편지에다가 맑스는 이렇게 썼다. "금속의 특수한 가치, 그리고 금속이 돈으로서 갖는 가치는……원래 금속이 전쟁에서 지닌 중요성에 근거하고 **있는 듯하네**"[17)]). 그렇지만 클라우제비츠는 용병을 일종의 기술 개발자, (무기의) 공학자로 볼 만큼 충분히 나아가지는 않았다. 사실상, 부르주아지의 요새 내부에서 사적인 안전을 보장하거나 파괴할 수 있었던 사람들은 그렇게 할 만한 기회를 부여받았던 군사 공학자들이었다. 그리고 바로 여기에서 우리는 훗날 '카니발적 계급,' 즉 부르주아지뿐만 아니라 영구적 군사 계급까지 등장하게 되는 알려지지 않은 국면을 보게 된다. 맑스주의자들이 내리는 자본주의의 정의, "인간의 생명을 소진시키는 파괴자이자 죽은 노동의 창조자"라는 정의는 부르주아지에 대한 꽤 적절한 정의이기는 하지만, 그것은 부르주아지가 자신이 생산한 것을 생산할 수단과 파괴할 수 있는 수단을 동

---

16) Charles-Louis de Secondat, baron de Montesquieu, "Lettre CVI : Usbek à Rhédi, à Venise. De Paris, le 14 de la lune de Chalval 1717," *Les Lettres persanes*, Paris, 1721.
17) Karl Marx, *Marx-Engels Werke*, Bd. 29, Berlin/DDR : Dietz Verlag, 1971, S. 192.

시에 창안해내는 군사기술의 조언자들, 국가 군대의 기원이 됐을 뿐만 아니라 훗날 군산복합체의 기원이 될 전쟁 사업가들과 관련을 맺는 한에서만 그렇다. 도시의 경제적 향방이 쏠렸던 이 파멸의 체제에서 콘도티에리[18]들이 이득을 얻기 훨씬 전에, 코뮌의 부르주아지가 이미 파괴의 생산과 부를 모호하게 결합시켜 놓았다.

이런 치명적인 결합은 우연히 마주치게 된 다음과 같은 기반 아래에서 형성됐다. "위치〔진지〕의 전략적 중요성은 다소 의심스러운 계략보다는 영토의 지형에서 비롯된다. 지형이야말로 소통의 통로, 수많은 도로들의 교차점, 또는 계곡의 합류점에서 중요한 문제가 될 것이다." 우리가 이미 살펴봤듯이, 이런 조건들이 충족된 곳이라면 어디든지 주민의 중심지가 존재한다. 순환이 있는 곳에 도회지가 있는 것이다. 요점만 말하자면, 거대 도시들을 낳을 수 있는 조건들은 항상 이 도시들을 중요한 전략적 거점으로 만들 수 있는 조건들이다.* 따라서 지난 20세기까지 도시들에게 주어졌던 해결책은 언제나 가장 인구가 많은 중심지를 거대한 요새로 변형시킨다는 결정이었다. 국가방어 체제는 군대에게 상당히 중요한 물자(보급품, 육체노동, 숙박, 무기 등)를 보유한 민간인들을 거의 중세적인 방식으로 끊임없이 군인들과 뒤섞어 놓았다. 자본주의의 소여(所與), 자본주의가 지닌 부의 부동성이야말로 공

---

[18] Condottiere. 이탈리아 르네상스 시기의 용병대장들을 말한다. 한때 르네상스 시대의 전형적인 인간상으로 칭송되기도 했던 이들 중에는 훗날 이탈리아 최초의 자본가가 된 인물들이 많았다. 대표적인 인물들로 밀라노를 지배했던 스포르차 가(家)의 시조 무초(Muzio Attendolo Sforza, 1369~1424), 피렌체를 지배했던 메디치 가의 시조 조반니(Giovanni di Bicci de' Medici, 1360~1429) 등이 있다.

* Vauban, Ibid.

위 국가를 유지하는 데에 직접적으로 기여했다!

요새화된 도시가 부동의 기계라면, 공학자에게 주어진 특수한 임무는 그 관성과 싸우는 것이다. "요새화의 목표는 군대를 저지하거나 견제하는 것이 아니라 **조절하는 것, 그것도 군대의 움직임을 용이하게 만드는 것이다.**" 1870년경 들레어 대령은 이렇게 말했다. "모든 요새는 특정한 상태, 일종의 저항 능력을 유지하고 있어야 한다. 인간으로 치자면 **좋은 건강**이라고 불리는 그런 상태를. 평화시에 우리, 공병 사관들은 요새를 좋은 건강 상태로 유지하는 책임을 진다." 그리고 이에 덧붙여 이렇게 말한다. "방어 기술은 꾸준히 변형되어야 한다. 방어 기술도 이 세계의 일반 법칙에서 벗어나지 않는다. **정지는 죽음이다.**"**

코뮌의 요새는 도시-기계이다. 그래서 코르몽테뉴, 푸르크루아, 그리고 수많은 18세기의 공학자들은 "공위를 다룬 허구적 기록"을 쓸 때에나 "요새를 만들던 순간"에조차 마치 요새가 스스로 자신을 방어라도 할 수 있다는 듯이 요새의 방어라는 임무를 맡은 군대에 관해서는 한마디도 언급하지 않았다. 19세기 당시 빌레브와의 어느 장군은 다음과 같이 요새의 기술적 우위를 언급해놓았다. "금세기가 시작된 이래 유럽인들이 행한 3백 차례의 공위 공격 가운데, 요새가 먼저 함락된 경우는 오직 열 번밖에 없었다." 따라서 군대는 요새화된 장소라는 일반적인 개념에 의존하는 듯하다. 카르노는 요새의 노동 분업을 찬양하기도 했다. "일단 용맹성과 산업이 만나게 되면—이 둘은 서로 떨

** Vauban, Ibid. 이와 같은 군사적 언급도 도시 요새라는 도식과 상응한다. 도시는 애초부터 건강과 '쓰레기' 배출이 문제로 제기됐던 곳이다. [영국 의회는 이미 14세기 이전부터 오염 문제로 골머리를 앓고 있었다—독일어판 옮긴이]

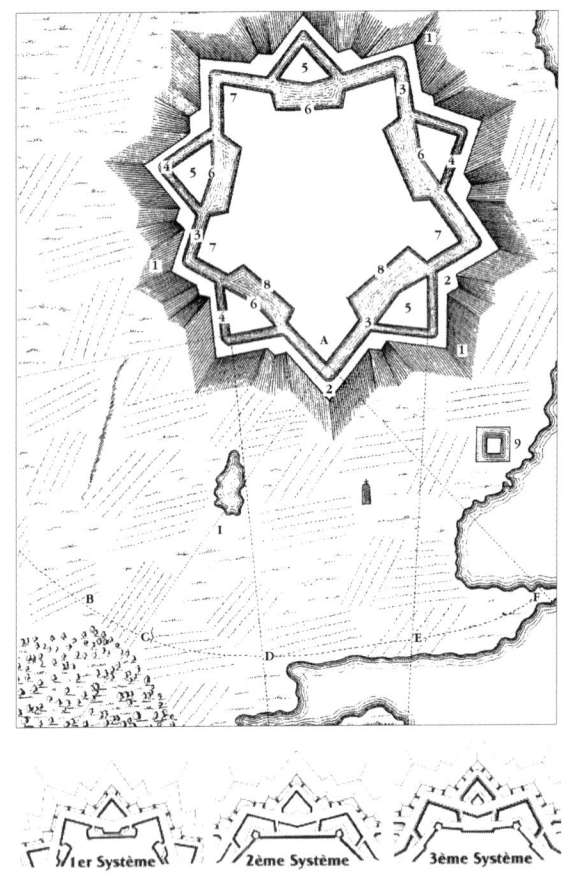

보방의 요새 체계(보방, 『포위 공격과 방어에 있어서 지켜야 할 지침에 관한 비망록』, 1699)
① 경사진 제방 ② 엄호로(掩濠路) ③ 제1도랑(해자(垓字)) ④ 반월보(半月堡)의 도랑(제2도랑) ⑤ 반월보 (반달 모양의 제방) ⑥ 반월보의 통로 ⑦ 보루 ⑧ 요새의 외벽 ⑨ 사각형 보루(임시 보루)

전방 방어진지와 외벽(혹은 해자와 외벽) 사이에 아무것도 없었던 고대의 요새와는 달리, 보방의 요새는 그 사이에 다양한 요소들을 배치해 적의 침입 능력을 저지하는 데 총력을 기울였다. 보방의 체계는 각 보루 뒤편에 흙이나 벽돌로 내벽을 세우고, 내벽과 (요새 내의) 거주지 사이에 참호와 병행호를 파놓는 등 점점 더 복잡해졌다.

어져 있으면 아무것도 아니다—서로가 서로를 증식시킨다는 점이 증명되어 왔다." 그렇지만 보방 이래로 요새화된 장소에 방어자가 존재하느냐의 여부는 우연의 문제가 될 수 없었다. 1866년 12월 28일에 포고된 법령은 요새의 수비대가 불변의 고정된 임무, 즉 매일 반복되는 일상의 임무를 수행해야 했던 것처럼, 요새화된 도시의 사령관도 평화시에나 전쟁시에나 항상 도시 내에 거주해야 한다고 지정할 것이었다.

마지노선의 점유자들은 자신들의 입장에서 마지노선을 '공장'이라고 부르는 습관이 몸에 배게 됐다. 옛 코뮌의 도시들이 소멸된 지 한참이 지난 뒤, 그리고 거대하게 요새화된 장소들이 그대로 남아 있던 20세기에도 군사 계급은 한때 자신들을 고용했던 부르주아지와 함께할 수 있는 일을 끊임없이 찾아 나아갔고, 이 둘은 서서히 '매판(買辦)[19]이 되어갔다. 전쟁 사업을 둘러싼 이해관계는 영구적인 전략적 도식 속에서 자본주의의 이해관계와 결합된 채 존속된다. 1793년, 바레르는 신생 공화국(파리의 코뮌)을 **공위 상태에 놓인 거대 도시**와 비교하면서, **프랑스 전체가 거대한 수용소에 불과하다**고 말한 적이 있다. 부르주아 혁명이 일궈낸 정치적 승리는 이처럼 병참화된 제방, 도시 내의 숙소 한 가운데에서 움직이지 않는 채 존재하는 코뮌적 도시-기계의

---

19) Compradore. 난징조약 이후 중국에 상주하는 외국 상관·영사관 등과 계약을 맺고 외국 상인들과 중국 상인들과의 거래를 중개했던 중국인. 원래 명나라 시대부터 조정이나 관청의 필수품을 민간에서 조달 납품하는 어용상인(御用商人)이었던 이들은 길드를 조직해 상거래를 독점하며 막대한 부를 축적했다. 매판 출신의 실업가 중에는 제국주의자들이나 군벌정권(軍閥政權)과 밀착해 자국의 이익에 위배되는 행위를 하는 자가 많았으므로, 흔히 "식민지나 후진국 등에서 외국 자본과 결탁해 자국민의 이익을 억압하는 토착 자본"이라는 뜻으로 쓰이기도 한다.

공위 상태를 국가의 영토 전역에 확산시킨 데 있다. 1795년, 이런 상황 속에서 카르노의 새로운 군대는 교외에서 밀려들어오는 대중들의 공격[20]을 될 수 있는 한 멀리 밀어내라는 임무를, 파리의 생앙투안 지구를 포위하라는 임무를, 당황해 어쩔 줄 몰라하던 노동자들의 무기를 윽박질러 빼앗은 다음 "자신들도 한때 인민이었다는 사실을 까맣게 잊고 있던"(바뵈프) 2만 명의 병사들에게 지급하라는 임무를 맡았다.

따라서 국가의 정치적 권력은 부차적인 권력, "한 계급이 다른 계급을 억압하기 위해 조직한 권력"일 뿐이다. 좀더 구체적으로 말하자면, 부르주아 혁명이 동튼 이래로 정치 담론들이 사회적 질서를 교통(사람, 상품)의 통제로, 혁명과 반란을 교통 정체·불법 주차·다중 충돌·추돌로 혼동하며 옛 코뮌의 공위를 의식적으로 수차례 반복해왔던 한, 국가의 정치적 권력은 **폴리스, 치안, 다른 말로 하자면 교통로 감시**였다. 이런 점에서 보자면, 1977년 프랑스 지방정부 선거의 결과는 좋은 본보기가 될 것이다. 이 선거는 프랑스를 둘로 나누려 했던 바레르의 오랜 계획을 프랑스의 영토에 다시 한번 새기려 했기 때문이다. 자본의 중요한 거점인 중심부에서는 우파가 승리를 거뒀던 반면에, 거대한 수용소에 불과했던 그밖의 모든 도시 근교와 지방은 좌파에게 표를 던졌다. 자신들의 지역이, 생산 활동이 갈수록 쇠퇴해가는 오지가 되어가고 있다는 사실을 깨달았기 때문이다. 또 한편으로, 이때의 선거는 대중의 이동 능력을 대중의 공격 능력, 천로역정의 울트레이아[21]로 혼동하고 있는 야당의 담론이 반동적인 부르주아적 공위의 도식에 얼

---

20) 1795년 봄. 두 차례에 걸쳐 파리에서 일어난 민중들의 식량 봉기를 말하는 듯하다.

마나 지배될 수 있는지를 보여주기도 했다. 그러나 이 사실 이외에도, 아주 최근까지 모든 이데올로기가 수용했던 이 정치적·치안적 도식은 도시적·전세계적 계획에 모두 영향을 끼쳐왔다. '거대한 부동의 기계'에서 국가-기계로, 결국 행성-기계로 나아갔던 경로가 별 어려움 없이 성취됐던 것이다. 전자적 메가폴리스의 등장으로 시대에 뒤떨어진 것이 된 도시가 휴지(休止)라는 것을 모르게 된다면, 정지는 곧 죽음이었던 까닭에 자신의 관성과 맞서 싸웠던 옛 요새의 희미한 실루엣을 확실히 판별해내지 못한다면, '진보의 정치'나 '변화의 정치'라는 말들은 별 의미가 없는 말들이다.

전세계 곳곳의 도시나 교통로나 철도의 변두리에 이식되어 있는 사회적 숙소·도시-기숙사·통행의 체류지, [도시의] 중심지로 들어가는 모든 입구 바로 앞에 정부가 강제로 설치해놓아 [그곳에 들어갈 수 있는] 선택받은 사람들의 수를 줄여 나아가고 바로 근처에 경찰 본부가 세워지는 세관——이 모든 기구들은 요새 동력기의 다양한 부분들, 그러니까 그 측면 보루, 장벽, 기둥, 참호, 정문으로 들어갈 수 있고 밖으로 나올 수 있는 출구, 즉 도시 방어책이라는 유기적 조직체를 통해 대중들을 통제하려는 기초적인 모든 장치들을 재편성해놓은 것에 불과하다.

---

21) Ultreia. '더 멀리, 더 앞으로'라는 뜻의 라틴어 '울테리우스'(ulterius)에서 파생된 말. 황금과 화산암의 도시이자 성 야곱의 유골이 안치되어 있다고 알려진 산티아고(스페인 북부의 도시)를 찾아 나선 순례자들이 부르던 노래의 총칭이기도 하다. 순례자들에게는 '저곳'을 뜻하는 라틴어 '울트라'(Ultra)와 '영'(靈)을 뜻하는 라틴어 '에이아'(eia)를 합친 말로 받아들여져 '환영의 영'을 뜻하기도 한다. 지금까지 알려진 최고(最古)의 울트레이아는 11~12세기에 편찬됐다고 알려져 있는 『성배의 서(書)』(*Codex Calixtinud*)——『성 야곱의 서』(*Liber Sancti Jacobi*)——이다.

독일 점령기의 프랑스에서 우리는 근교(가령, 드랑시[22])의 유사-사회적 숙소가 마치 옛 구빈원처럼 얼마나 쉽게 또 다른 여행, 또 다른 강제 이송의 '머나먼 저편'을 향해가는 주축으로 변형될 수 있었는지 볼 수 있었다. 어떤 이데올로기를 제시하든지 간에 모든 전체주의적 정체(政體)는 정치적 순환이라는 인식되지 않은 질서(그리고 경쟁자)에 직면해 〔그 순환을〕 완화시키는 군대와 경찰의 역할을 전면에 등장시킨다. 우리는 대중의 순환을 지배할 수 있는 국가의 능력이 발전함에 따라 전체주의가 등장하게 된다고 말할 수도 있다. 바로 이런 점 때문에, 국가라는 거대한 행정적 신체의 역사는 애초부터 쉽게 더러워질 수 있는 것이었다.

1604년의 칙령과 결부된 상투적 사고방식으로 '요새의 통치'를 가져왔던 인물, 명백한 혁명에도 불구하고 20세기까지 지속적으로 존속할 수 있었던 이 통치 방법의 근대적 형태를 만든 인물은 도로와 운하의 탁월한 거장이기도 했던 설리였다. 토크빌이 지적했듯이, 이 요새화의 병참 장교는 매우 모호한 방식으로 국가의 문관(文官)과 무관(武官)의 임무를 동시에 수행했다. 루이 14세 밑에 있었다면 메스린은 공병대의 일부이면서 자발적인 공학자들(파리 위생공학 시설을 책임지기도 했던 저 유명한 타라드 같은 하사관 출신이나 민간 공공사업 관리 출신의 노동 감찰관들)을 대체했을 지뢰설치병, 공작병, 해병으로 이뤄진 상설 중대를 창출하라는 임무를 받았을 것이다. 따라서 1789년의 부

---

22) Drancy. 파리 북동쪽 센-생드니(Seine-Saint-Denis) 지역에 있는 산업 지대로서, 제2차 세계대전 당시 이곳에 나치 강제수용소가 설치됐다.

르주아 혁명 전야에 육군 공병대는 신으로부터 국가적인 임무를 부여받았다. 도시의 성벽을 구축/파괴할 임무뿐만 아니라, 병참용 제방을 영토의 전역으로 확장하라는 임무를 말이다(바레르의 '국가라는 거대한 수용소').

따라서, 우리는 17세기 이래로 공학자들이 특별히 인기를 끌게 되었다는 사실, 훗날 19세기의 철학과 소설이 그들을 진정으로 숭배하게 될 만큼 인기를 끌게 되었다는 사실을 의아하게 여길 필요가 없다. 공학자는 "문명의 사제"(생-시몽)로서 찬양됐다. 우리가 얼마 뒤에 보게 되는 것처럼 이 이미지는 일종의 도착적 이미지, 즉 진법(陣法) 전문가들을 "기하학적인 구획에 따라 야영지와 요새화된 장소를 결정하는 기예"를 가르치는 일종의 사제, 또는 교회인(敎會人)으로 보게 만들었던 이미지 다음으로 자연스럽게 보였다(그렇지만 라자르 대령도 지적했듯이, 이 기술은 더 이상 특별한 군사적 기술의 문제가 되지 않았다. 오히려 자연 전체에 걸쳐 대지에 투사되는 도형기하학을 지배하는 문제가 되어버렸다).*

지나치게 많았던 구체제의 사령관들, 그 전통적인 군대를 거의 매일 번갈아 지휘했던 원수들과 장성들 같은 관료들 속에서 군사 계급이 탄생한 것은 아니다. 맘대로 처분할 수 있는 상당한 예산을 갖고 있다

---

* Pierre Lazard, *Vauban 1633~1707*, Paris : Librairie Félix Alcan, 1934. 웨이강은 서문에 이렇게 적었다. "저자는 보방의 글 속에서 '요새화된 농촌'이라는 표현을 집어냈다. 그는 현명하게도 이 표현을 '요새화된 지역'에 비유했다. 모름지기 천재란 뭔가를 미리 보여주는 존재가 아니었던가? 특히 이 뛰어난 군인이 제시해놓은 공학을 연구하면서, **라자르 대령은 보방을 형식주의자라는 비난에서 끄집어냈다. 라자르 대령은 요새화를 지형에 알맞게 응용하는 것이야말로 보방의 진정한 체계라는 점을 지적했고 그 지적을 입증했다.** 보방의 체계는 우리의 영토를 방어하는 데 있어서 지난 수년 동안 제시된 그 어떤 체계보다도 훨씬 더 훌륭하다."

할지라도, 이런 조건 아래에서는 군대가 통일된 사고나 전략적 상상력을 보여줄 만한 위험이 거의 없다. 사유의 연속성이 필요한 군사적 행동이 있다면 그것은 오로지 도시의 요새라는 병참학적 계획뿐이다. 그리고 이 부르주아 혁명이 처음으로 '국가의 방위'라는 말을 붙여줬던 전투 계획과 영토 구획의 혼합이 탄생하게 된 것도 바로 이 모호한 병참학적 임무에서이다.

보방은 이 방면의 선구자였다. 비트루비우스를 열심히 읽었고 로마의 식민지 모델에 사로잡힌 독자였던 그는 전쟁의 기초가 지정학적이고 보편적이라고 생각했다. 그리고 인류의 지리적 배치는 우연이 아니라 매우 광대한 공간을, 영구적으로 존재할 제국을 관리할 수 있을 만큼 유기적인 구조를 지닌 기술에 기반을 둬야 한다고 생각했다. 낡은 교통로를 보수하는 것은 제쳐두고서라도, 이 새로운 군사적 사유는 경제의 전망, 발생론적 중요성, 식량 등을 둘러싼 문제를 구체화했다. 1782년 **사상 최초로 알려진 플로차트**(flowcharts)를 출판한 인물도 공학자이자 요새화 책임자였던 샤를 드 푸르크루아였다. "그가 스케치한 폴레오메트릭 투시도 또는 그가 숙고한 다이어그램은 동일한 척도로 각 도시들을 비교할 수 있게 하고자 몇 개 도시의 등급을 한 개의 지도나 차트에 포개놓은 것이다."[23] 이것은 과학적인 방법에 따라 프랑스를 그려놓은 카시니 부자(父子)의 현대적 지도에 상응하는 최초의 '이원적' 지도였다.

---

23) 흔히 '극점(極點)측정 투시도'(tableau poléométrique)라고 불리는 이 플로차트는 저마다 비례가 상이한 정사각형들을 각 정사각형의 한 꼭지점(극점)을 기준으로 포개놓아 인구통계학적 수치들을 서로 비교할 수 있게 만들어 놓은 것이다.

(재앙이나 파멸의 동의어로 여겨졌던) 우연을 제거한다는 기능주의적 계획에 의해 드러난 이런 군사적 사유는 구체제가 종말을 맞던 시기에 들어와 부르주아적 정치 계급의 사유, 즉 합리주의에 입각한 명명법을 좋아하고, 지칠 줄 모르고 전체주의적인 필사(筆寫)를 일삼으며(백과전서파), 도시의 입구(교통로와 거리 사이에 존재하는 투과성 막)에 자리를 잡아 삼투(滲透)하기를 즐겼던 그런 사유와 완전히 혼동되기 시작했다.

우리가 잘 알고 있듯이, 파리 사람들이 만든 자치도시의 최초 수장(首長)은 한자 동맹의 지도자였다.* 시청은 부둣가가 내려다보이는 곳에 위치해 있었으며, 돛단배는 이곳이 항해 도시라는 사실을 알려주는 전형적인 이동 수단이었다. 예컨대, 1749년 무렵 길로트[24]라는 경찰관이 쓴 글은 이와 똑같은 문제를 그대로 다시 보여준다. 그는 이렇게 썼다. "만약 우리가 통행을 엄격히 규제해 도시와 시골 사이에 인간의 시간과 공간을 신중하게 배분한다면, 그러니까 길[행로]이나 신호 체계뿐만 아니라 시간에도 주의를 기울이고, 주변 환경을 규격화해 도

---

* 한자 동맹에 속해 있던 파리 사람들은 "강의 사용 여부를 취급하는 물의 상인"이라고 불리곤 했다(옛 프랑스 헌법 제18권을 참조하라).
24) 본문에 인용된 프랑스 경찰 길로트는 그냥 'M. Guillaute'라고만 알려져 있다. 그의 경찰 개혁안은 『1749년 왕에게 제출된 프랑스 경찰 개혁안에 관한 비망록』(*Mémoire sur la réformation de la police de France soumis au roi en 1749*, Paris : Hermann, 1974)에 수록되어 있는데, 그의 개혁안에는 모든 프랑스인들의 이름과 인상착의가 기록된 거대한 회전 바퀴를 만들어 시민들에 관한 정보를 한곳에 집중시킨다는 계획도 있었다. 훗날 '서점 관찰일지'(Le Journal de la librairie)라는 기록을 남겨 유명해진 경찰 수사관 데므리(Joseph D'Hémery, 1722~1806)가 이 계획을 직접 실행했다. 데므리가 1748년부터 1753년까지 기록한 이 보고서에는 파리를 중심으로 당대의 모든 서점상, 작가, 중개인, 책의 내용, 판매 내역 등이 총망라되어 있다.

시 전체가 한눈에 들여다보이게, 즉 경찰의 눈에 길들여지게 만든다면 공공 질서가 자리잡을 것"이기 때문에 "더 이상의 반란도, 체포도, 소요도 없을 것이다."

* * *

다소 때늦긴 했지만, 오늘날 대다수의 사람들은 일단 혁명을 실어 나르는 '최초의 공공 운송〔수단〕'이 사라지게 되면 사회주의도 군대(국가의 방어)와 경찰(치안, 유죄 증명, 수용소)만을 제외하고는 곧바로 그 내용을 모조리 잃어버리게 될 것이라는 점을 깨달아가고 있다.

이제 사실을 직시해야 할 때가 온 듯하다. 혁명은 운동이지만, 운동이 혁명인 것은 아니다. 정치는 일종의 기어 변속일 뿐이며, 혁명은 일종의 과속일 뿐이다. 이와 마찬가지로 "〔정치적 수단과는〕 다른 수단을 통한 정치의 **연속**"으로서의 전쟁은 다른 운송장치를 통해 최대 속도로 진행되는 치안이다. 루이 14세가 이끈 포병대의 대포가 정확하게 구현한 이 최후의 수단은 속도의 변화 절차를 잘 보여주고 있다. 한 문의 대포는 두 종류의 치환 속도, 즉 포탄〔의 궤적〕을 견인-작도하는 상대적으로 빠른 속도와 그 최후의 논리적 귀결인 폭발을 가져오는 빛과 같은 발사 속도가 종합된 일종의 혼성 운송장치이다. 이와 마찬가지로 도시를 붕괴시킬 내전의 가속화가 정지되면, 즉 그 자체로 아무것도 아닌 것이 되어버리게 되면 '정치적 사회주의'는 그 **정치적 본성**(폴리스)에 따라 실패하기 마련이다.

어떤 이들은 최근 도시에서 행진, 도보 시위, 심지어는 티옹빌에서 1977년 4월에 일어났던 것 같은 '실직자들의 집회'가 늘어나는 것까지 비판적으로 바라본다. 이런 사람들은 마치 도박과도 같았던 68년 5월의 장엄한 최후 직후에도 이런 퍼포먼스들이 지닌 지적이고도 사회적인 유효성을 전혀 보지 못하고 있다. 그래도 이와 같은 도시의 크로스컨트리 경주, 장애물 경기는 1976년 여름 『프라우다』가 다시 드러낸 바 있는 서구 혁명 문화의 전범과도 같은 명확한 목표를 갖고 있다. "가두 행진은 권력과의 전투를 앞둔 노동자들이 갖출 수 있는 최고의 준비이다."

군주라는 육체적 인물이 곧 국가를 연상시키던 구체제 하에서도 왕이 거주하는 장소가 불확실해질 때면 이미 분란, 반란의 장면들이 생겨난 바 있다. 파리의 서민들은 왕궁으로 침투해 들어갔다. 그리고 군주를 눈으로 보고 난 후에야 걱정을 가라앉힌 채 흩어졌다. 마찬가지로 농촌이나 도시의 근교에서 몰려온 프롤레타리아 대중들에게도 파리의 심장부를 관통했다는 단순한 사실, 파리의 골목과 화려한 대로를 자신들의 발아래 뒀다는 단순한 사실이야말로 대중들과 부르주아 국가의 잘 확립된 권력 사이에서 벌어지는 예측 가능한 실제의 사회적·정치적 저항을 줄일 수 있는 구체적인 방법이다. 사실상 군주/국가의 인물을 찾아 방황했던 구체제에서의 대중운동은 우리가 '프랑스 혁명'이라고 임의대로 부르고 있는 새롭게 조직된 교통 흐름의 형상을 미리 보여준 것이다. 이것은 사회가 합리적으로 수행한 사회적 유괴였을 뿐이다. 즉 1793년의 '대중 봉기'는 **대중을 제거**하는 일이었다.

혁명가들의 선전문구가 유포한 담론은 부르주아지가 모여 있는 요새의 종교적 담론과 유사하다. 움직이는 대중들을 멀리 떼어놓고 단

넘시킬 것, 새롭게 등장할 혁명 국가는 이 도시나 이 거리가 아니라 저 멀리 저 너머에, 보편적이고 무한한 습격 안에 존재한다고 말할 것 등등. "영토의 팽창 같이 수세기 동안 이뤄진 팽창이……지극히 한정된 영토에 이 공화국을 가둬왔던 일반적인 편견에서 벗어났다는 사실을 깨달아라!"(1792년 11월 27일)라고 그레고르는 말했다. 부르주아지는 곧바로 새로운 소유와 물권을 확보하고, 사적 소유권에 이의를 제기하는 모든 사람들을 죽음으로 위협했다(1793년 3월 18일). 공화국이 '**신병들**'에게 영토라며 제공해줬던 것은 유럽의 도로였다. 이미 로마의 법은 "발길이 머무는 곳, 그곳이 바로 조국이다"(ubi pedes, ibi patria)라고 천명한 바 있다. 프랑스 혁명과 더불어 비로소 **모든 교통로는 국가의 것이 됐다**!

* * *

파리 상퀼로트들[25]의 운동은 1793년의 '대중 봉기'보다 먼저 일어났다. 훗날 히틀러의 '갈색 부대,' 즉 나치돌격대의 불길한 모험이 독일을 총력전[26]으로 몰고가게 될 대중동원보다 먼저 일어났듯이 말이다.

---

25) Sans-culottes. '반바지'(culotte)를 입지 않은 사람들, 즉 긴 바지를 입은 노동자들이라는 뜻으로서, 프랑스 혁명 당시의 의식적인 민중 세력들을 지칭한다. 이들은 바스티유 감옥 습격, 베르사유 행진, 1792년 8월 10일의 민중봉기 등을 통해 혁명의 추진력이 됐으나, 혁명정부의 등장 이후 분열되어 사라졌다.
26) La guerre totale. 제1차 세계대전 당시 독일군의 참모장이었던 루덴도르프(Erich Friedrich Wilhelm Ludendorff, 1865~1937) 장군의 저서 『총력전』(*Der Totale Krieg*, 1935)을 통해 널리 알려진 개념. 전쟁 목적을 달성하기 위해 국가가 가진 모든 분야의 능력을 총동원해 수행하는 전쟁을 일컫는다.

이들처럼, 상퀼로트들은 혁명 전에 파리의 도로로 내보내진 질주광, '공포의 밀사'였다. 1793년 3월 21일의 법령은 이들의 특정한 역할을 법률적으로 공인했다. 이 **전투적 정치 광신자들은 공포의 병참학적 행위자이자 '경찰'의 일원일 뿐이었다.** '수상쩍은 인물들'에 대한 고발, 이웃과 건물 감시, 시민의 공과 확인이나 체포에 대한 평결은 물론이거니와 상품의 비축, 거래, 유통, 물가 통제 등이 이들이 맡은 역할이었다. 이들은 5월에 자국 군대로 흡수되어 각 현의 도로들을 따라 지옥과도 같은 부대로 보내질 것이었다. 일 년 뒤, 이들의 지도부는 사형될 것이었다. '장검(長劍)의 밤'[27]이라 불리는 1934년 6월 30일, 갈색 부대의 최고 사령관이 사형됐듯이.

혁명은 낡은 사회적 공격을 다른 길로 나아가게 하는 것에 불과하다. 공병대의 훌륭한 일원이었던 카르노는 자신의 함대를 코뮌의 요새와 멀리 떨어진 '군사 지역'을 향해 보냈다. 이때까지만 해도 그는 파리의 대중적 요새에서 즐겨 자신의 분견대를 뽑았다. 혁명력 2년[1793년] 이 군인은 자신이 정복하고자 했던 거리를 떠나 불합리한 항해를, 살인적일 정도로 기나긴 '강요된 행진'을 시작해야만 했다. 카르노는 이렇게 썼다. "이 새로운 군대는 '라 마르세예즈'(La Marseillaise)의 곡조에 맞춰 **영구적인 공격**을 감행하라는 **중압을 받으며 적들을 분쇄**할 대중의 군대이다." 이 국가(國歌)는 행진의 기계를 조절해주는 거리의 노래일 뿐이다. 포미에 드 라 시부티는 자신의 회고록에 이렇게 적어

---

27) La nuit des long couteaux. 갈색 부대(나치돌격대)가 그 조직의 수장이었던 룀(Ernst Röhm, 1887~1934)의 사조직이 되는 것을 두려워한 히틀러가 룀을 비롯해 갈색 부대의 지도부를 숙청한 사건을 말한다.

놓았다. "일찍이 노래를 이렇게 많이 부른 적은 없었다. 〔……〕 **이 노래 자체가 강력한 혁명 도구였다. 대중들을 흥분시키려면 '라 마르세예즈'를 부르기만 하면 됐다.**"

수학자였던 카르노와 의사였던 포미에는 실수한 것이 아니다. 이 혁명의 노래는 대중들을 전장으로 향하라고, 셰익스피어가 '죽음을 죽이는 죽음'[28)]으로 묘사한 바 있는 그런 돌격을 개시하라고 밀어붙이는 동적(動的)인 활력이다. 그리고 적 포병을 향해 돌진해야 되기 때문에, 보병들이 할 수 있는 유일한 공격 방법은 포탄을 향해 뛰어들어 대포를 쏘는 적들을 그곳에서 죽이는 것이기 때문에 사실상 돌격이 전부이다. 그렇지만 포병에게 접근하기까지 극도로 시간의 제약을 받는다. 적 포병이 재장전하는 시간 내에 접근해야 하기 때문이다. 따라서 보병은 적의 포탄이 발사되자마자 적의 포진을 향해 달려가야만 한다. 그의 목숨은 달리는 속도에 달려 있다. 너무 느리다면 그는 정면으로 날아오는 포탄에 맞아 말 그대로 산산조각 나서 죽게 되므로. 결국 이 새로운 전쟁은 인간이 자신을 내던지는 그 경로를 향해 날아오는 치명적인 발사체(發射體)에 맞서 그가 획득할 수 있는 시간의 문제가 되어 버린다.

속도는 단어 그 자체의 순수한 의미에서의 시간이다. 그 시간은

---

28) 'La Mort tuant la Mort.' 영어판·독어판·일본어판 옮긴이들도 이 구절을 '죽음을 죽이는 죽음'(Death killing Death/ Tod, der den Tod tötet/ 死を殺す死)이라고 옮겼는데, (적어도) 셰익스피어의 작품에는 이런 표현이 없다. 본문의 맥락에서 가장 가까운 표현을 굳이 찾는다면 『율리우스 시저』(*Julius Caesar*, 1623)의 제2막 2장에 나오는 시저의 대사 "비겁한 자는 죽음 앞에서 수십 번씩 죽지만/ 용맹한 자는 오직 한 번밖에 죽음을 맞보지 않는다"(32~33행)가 있겠다.

죽음에서 직접적으로 떨어져 나온 인간의 시간이 되기 때문이다. 역사 이래로 돌격대, 다른 말로 **신속한 군대**가 저지른 대량 살상의 소름끼치는 표상(창기병(槍騎兵)과 나치 친위대 등이 사용했던 검은 제복과 깃발, 죽은 자의 머리)에서 떨어져 나온 시간. 그러나 이런 점을 제외한다면, 우리는 전적으로 시간을 향한 영구적인 돌격이 되어버린 이 혁명을 어떻게 생각해야 하는 것일까? 카르노의 인민군이 보여준 끊임없는 공격은 "당신 앞에 닥치기 전에 도망가라"라는 오래된 방법이 전도된 것이다. 이제는 도망친다고 해서 구원받을 수 없다. 안전은 "자신의 죽음을 향해 달려나갈 때"에, 그리고 "자신의 죽음을 죽일 때에" 찾아온다. **안전은 돌격 속에 있다.** 새로운 탄도 운반체들이 도주를 무용한 것으로 만들기 때문이다. 이 운반체들은 병사보다 더 빠르게 더 멀리 나아가며, 병사를 따라잡고 병사를 앞지른다. 전장에 놓인 사람은 이 엔진의 속도가 그려내는 궤적 속으로 자살하듯이 돌입하는 것 이외에는 별달리 안전을 확보할 방법이 없을 듯하다. 말 그대로 "양쪽의 포화 사이에!" 들어가게 만드는 이 새로운 군사 법칙이 그를 무자비하게 떠밀어 넣는 곳, 바로 그곳이 이 궤적 안이다. **이제부터는 최대한의 도달 속도를 지닌 대중들에게만 안전이 찾아올 것이었다.** 나폴레옹 1세가 이와 같은 사실을 분명하게 언급한 바 있다. "부대의 전투력은 역학적인 힘과 같아서 그 속도와 부대의 크기를 곱한 것으로 군대의 위력을 평가해야만 한다."[29]

프랑스 혁명가들을 칭송했던 헤겔은 1807년 1월 자신의 친구에게

---

29) 데이빗 G. 챈들러 편집, 원태재 옮김, 『나폴레옹의 전쟁 금언』, 책세상, 1998, 86쪽.

이렇게 써보냈다. "프랑스인들은 모두 죽음을 똑바로 쳐다보는 방법을 배워왔다네." 특히 그는 구제도를 "프랑스 혁명가들이 곧 제거했던 관례, 즉 **걸음걸이를 방해**할 정도로 너무 꽉 조이는 신발을 아이들에게 신기곤 했던 관례"[30)]에 견주기도 했다. 의도하지 않은 역학적 은유, 이 새로운 전장의 변증법은 철학적 · 정치적 용어로 표현되기 마련이다. 실제로, 프랑스 군인들은 제대로 장비를 갖추지 못했기 때문에 자신의 죽음을 똑바로 쳐다봤다. 스스로 자신을 내던진 곳, 즉 입을 딱 벌린 듯 칠흑같이 어두운 대포의 포구를. "독일에서는 거인들을 볼 수 있으리라 기대했는데〔알고 보니〕난쟁이 부대였다"[31)]라고 말했던 괴테는 이 '난쟁이 군대'에게는 '7리그[32)]의 군화'가 필요했을 것이라고 덧붙였다. 그러나 이렇게 말한 것도 이해할 만하다. 〔괴테는〕**그들의 진군 속도를 근거로** 그 부대의 크기를 추측했던 것이었기 때문이다. 독일인들은 크나 큰 보폭을 지닌 거인들을 상상했다. 그들은 새로운 요소를 염두에 두지 못했던 것이다. **혁명 대중들이 보여주었던 동적 활력의 과도한 발산을.**

이러한 담론은 돌격이나 침공, 심지어는 폭발력 등이 획득한 빠른 속도를 거리의 정복이나 교통로 자체의 '해방'으로 상징화된 혁명의 '역학'에 주로 비유한 것이었다. 의미심장하게도, 전체주의적 전투는 모두 이 과정을 되풀이해왔다. 부르주아지의 적수였던, 그도 아니면

---

30) Georg Wilhelm Friedrich Hegel, "Briefe, 23 Januar, 1807," *Briefe von und an Hegel*, Hrsg. Johannes Hoffmeister, Samtliche Werke, Bd. 1, Hamburg : Meiner, 1952.
31) Johann Wolfgang von Goethe, "Belagerung von Mainz," Hrsg. Erich Trunz, *Werke*, Bd. 10, Hamburger Ausgabe, Müchen : C. H. Beck, 1981, S. 387ff.
32) League. 고대 프랑스의 단위. '1리그'는 약 4km의 거리이다.

갈색 부대의 질주광들을 **동원**하기 위해서는 부르주아지의 적이 되어야 한다고 주장했던 독일의 나치는 이웃해 있는 영토들을 향해 나 있는 교통로를 모두 뒤덮기 전에 이미 모든 도시들을, 모든 거리들을, 즉 독일을 접수했다. 자신들의 지도자들이 내뱉은 **역동적인 포고**에 따라 '움직이게 된' 독일 대중을 더 이상 멈추게 할 수 없을 정도로. 그렇지만, 거리를 정복하고 갈색 부대를 숙청하고 난 뒤에 나치라는 동력기는 평범한 운전사로, 하층이나 중간 계급의 관리자로, 1920년대부터 자신들에게 보조금을 지급한 비대한 자본주의로, 제3제국 국방군[33]으로, 군대의 제1선 부대를 저 멀리 "탱크가 있는 곳"까지 밀고 나아갈 롬멜과 구데리안의 운송장치로 되돌아 가게 될 것이었다.

나치의 전격전[34]과 더불어, 국경에 놓여 있던 시대에 뒤떨어진 낡은 성벽이 사라지고 신속하게 움직일 수 있는 통로가 그 자리를 대체했다. 이제 독일은 더 이상 그 유명한 군화(독일군의 상징)가 딛고 서 있는 곳이 아니었다. 오히려 독일의 탱크가 자국을 남기고 지나간 곳, '강철 전선(戰線)'이라는 동력기의 동력이 놓여 있는 곳이 곧 독일이었다. 라첼이 19세기 후반에 적었듯이, "전쟁은 다른 나라의 영토에까지 자국의 영토를 확장하는 것이다."[35] **오늘날 전선(戰線)이란 고대의 초석**

---

33) Reichswehr. 제1차 세계대전 당시 동부 전선의 사령관이었던 제크트(Hans von Seeckt, 1866~1936)가 1919년 6월 28일의 베르사유 조약 뒤에 창설한 군대. 베르사유 조약에 따라 병력이 10만 명으로 제한됐지만, 제크트의 주도 아래 전 병력이 간부 교육을 받아 훗날 독일군의 확장에 필요한 기반이 됐다.
34) Blitzkrieg. 공군의 지원 아래 전차가 주축이 된 기계화 부대가 적의 제1선을 급속히 돌파해 적을 양단(兩斷)한 다음, 후속 투입된 보병 부대가 양단된 적 부대를 신속하게 각개 격파하는 전법. 독일군의 1939년 폴란드 침공 당시 처음 사용됐다.
35) Friedrich Ratzel, *Politische Geographie*, Müchen/Leipzig : Verlag R. Oldenbourg, 1897, S. 93.

숭배[36]를 되살린 듯한 전쟁의 등압선(等壓線)일 뿐이다. 그렇지만 총력전의 질주관들이 보기에, 한때 자신들이 그토록 탐을 냈던 도시는 더 이상 그때의 그 도시가 아니었다. [1939년] 9월, 먼 옛날부터 '무방비 도시'로 알려져 있던 바르샤바는 독일군의 공습(空襲)으로 파괴되어 버렸다.

---

36) Les rites de fondation. 특정 장소나 도시, 건물(특히 사원)의 시작이 된 초석(礎石)에 예(禮)를 올림으로써 눈에 보이지 않는 혼란의 힘을 제어하고, 그 초석이 놓인 공간의 번영을 염원하던 의식. 로마의 건국자 로물루스가 신탁을 얻어 도시를 세울 권리를 얻은 뒤 자신에게 부여된 팔라틴 언덕을 쟁기로 갈면서 앞으로 건설할 도시의 성곽, 해자, 성문의 위치를 정한 것을 기념한 것에서 유래됐다고 한다. 인도의 경전인 베다에도 이런 초석 숭배 사상이 기록되어 있다.

2_교통로의 권리에서 국가의 권리로

파괴 기계의 발명과 더불어 공격 자체도 변했다.
— 에라르 드 바르-르-뒤[1]

나치 정부는 권력을 잡자마자 독일의 프롤레타리아트에게 스포츠와 트랜스포츠[2]를 제공했다. 그에 따라 더 이상의 폭동도, 더 이상의 진압도 필요 없어졌다. 거리를 비워놓는 데에는 모든 이들에게 교통로를 주겠다고 약속하는 것만으로 충분했다. 폴크스바겐의 '정치적' 목표가 바로 이것이었다. 아직 단 한 대도 사용이 가능치 않았던 폴크스바겐을 사도록 히틀러가 17만 명의 시민들을 설득했다는 점에서, 폴크스바겐이야말로 진정한 플레비사이트[3]였다. 곧바로 지역과 소유 자동차

---

1) Jean Errard de Bar-le-Duc, *La Fortification démonstrée et réduicte en art*, Paris, 1594.
2) 이 구절의 원문은 "스포츠와 운송/이동[수단]"(sports et transports)이다. '트랜스포츠'를 발음 그대로 옮긴 데에는 앞단어와 운율을 맞추려는 의도도 있었지만, 이 단어의 라틴어 어원 '트란스포르타레'(trānsportāre)에 '황홀하게 만들다', '기분을 고양시키다'란 뜻도 있기 때문이다. 트랜스포츠를 운송/이동이라고 옮겨버리면 이런 뉘앙스가 사라질 뿐만 아니라, 비릴리오가 자동차를 '거리의 유혹'과 연결시키는 의도도 살아나지 않는다.
3) Plebiscite. 직접민주주의의 한 형태로 '국민투표제'(referendum)와 유사하다. 그러나 후자가 특정 법안(헌법 개정 등)의 승인이나 거부를 국민 투표로 결정하는 것이라면, 전자는 중요한 정치적 사건(영토의 변경·병합 등)을 국민 투표로 결정한다는 차이가 있다. 1934년의 히틀러 총통 취임이 플레비사이트를 통해 결정됐다.

기쁨을 통해 힘을(Kraft durch Freude, 베를린, 1934년)
1933년 독일 부강책의 일환으로 '독일제국 아우토반법'을 통과시켜 아우토반 건설에 주력했던 히틀러는 대통령을 겸임하게 된 1934년 '자동차 대중화' 정책을 통해 폴크스바겐 제작을 명령했다. 폴크스바겐의 원형 모델은 1934년에 발표됐으나 완성된 것은 4년 뒤인 1938년이었다. 그러나 히틀러가 '카데프'(KDF, '기쁨을 통해 힘을'의 머리글자)라는 이름을 붙인 이 차는 곧바로 상용화되지 못했다. 최초의 폴크스바겐이 만들어진 직후 히틀러는 "오토바이 값으로 자동차를!"이라는 선전과 함께 폴크스바겐 우표를 발행해 이 우표를 9백 마르크 어치 사 모은 사람에게 폴크스바겐 한 대를 준다며 대중들의 마음을 사로잡은 뒤(판매 예약만 33만대였다), 얼마 안 있어 폴크스바겐 우표의 판매대금을 전쟁 준비에 쏟아 부었고 폴크스바겐도 군용차로 개조해버렸기 때문이었다. 폴크스바겐이 대중화된 것은 종전 뒤인 '라인강의 기적' 시기 때였다

의 차종에 따라 NSKK(National Socialistisches Kraftfahr Korps, 나치 자동차군단)가 조직됐다. 곧 50만 명의 운전사들이 모였는데, 이들은 다양한 지형에서 운전을 하거나 운전을 하면서 총을 쏘는 등의 훈련을 받았다. 이런 훈련을 마친 뒤 복귀한 이 '스포츠' 클럽의 구성원들은 차량을 이용해 범죄를 저지르고 다녔던 보노와 알 카포네의 기술을 진작에 보여줬다.

1941년 브레히트가 『아르투로 우이의 출세』[4]에 나오는 깡패를 히틀러의 분신으로 만들며 만족스러워 했던 것이 사실이라면, 이 유사성은 단순한 패러디를 넘어선다. 파시스트들의 비극 또는 1911년 보노가 보여줬던 무정부주의적 모험과 마찬가지로, 권력을 향해 미국 이주민들이 벌인 경쟁은 운송 혁명과 뗄레야 뗄 수 없는 관계에 있다. 그리고 무솔리니나 히틀러와 마찬가지로, 미국의 유명한 갱들도 모두 자신들이 거지로, 이방인으로 떠돌던 거리에서 시작했다. 저 유명한 짐 콜로시모는 거리 청소원으로 시작했으며, 자신의 수많은 동포들이 그랬듯이 선거 대행인, 즉 선거운동원으로 자연스럽게 정치 사업에 발을 들여놓게 되었다.

훗날 지방도시들은 나치 돌격대 소속 '갈색 부대'의 영향력 아래에 놓이게 되었다. 무장된 자동차를 이용한 납치, 저격, 거리 위에서의

---

4) *Der Aufhaltsame aufstieg des Arturo Ui*. 독일의 극작가 브레히트(Bertolt Brecht, 1898~1956)의 1941년 작품. 1930년대의 시카고를 무대로 갱스터 우이가 시카고 야채 시장의 상권을 장악하는 과정을 보여줌으로써 히틀러의 정권장악 과정을 풍자한 일종의 반전 우화라고 할 수 있다. 지난 2002년 9월 10일, 9·11사건 1주기를 맞이해 할리우드의 개성파 연기자 알 파치노가 우이 역을 맡아 뉴욕 페이스 대학의 마이클 쉬멜 센터에서 공연한 뒤로, 우이에게는 '부시 같은 인물'이라는 또 다른 이미지가 겹쳐졌다고 한다.

전투, 광란의 추격전과 더불어 나타났던 1920년대의 자동차 숭배는 유럽이나 아시아 지역에서 이주해온 대중들이 도시의 부, 그리고 도시 자체에 가한 질주정적 습격의 기술적 에피소드였기 때문이다. 미국이라는 국가 자체를 향한 습격은 이런 습격들보다 늦게 등장했다. 그렇지만 공화당이 알 카포네를 전국적 차원에서 후원해주지 않았던가? 게다가 그는 자신이 자원 입대한 미국 군대에서 [질주정적 습격을 할 수 있는] '훈련'을 받지 않았던가? 더군다나 알려지지 않은 몇몇 갱스터 부대는 이탈리아 해방기에 벌어졌던 마지막 전투에서 주목을 받게 될 것이었으며, 훗날 그 부대원들은 "훌륭한 미국 시민"으로 알려지게 될 것이었다.

또 다른 차원에서 우리는 미국 정부가 1930년대의 경제적 위기에서 어떻게 살아남았고, "거리의 유혹"에 빠진 대중들을 어떤 방식으로 치유했는지 이해할 수 있다. 여기에서도 갱스터-질주광의 경험은 매우 유용했다. 이들은 천재적인 솜씨를 발휘해서 폭동을 직접적으로 진압하지 않아도 되도록 만들었으며, 정치 담론의 본질을 고스란히 드러냄으로써 그 담론을 제거했다. 즉, (1914년 이래로 포드가) 대량 생산한 자동차의 운송 능력은 소비자의 욕구를 모조리 변형시키고, (이 점을 꼭 기억해야 하는데) 애초 4백 킬로미터밖에 안 되는 도로를 가지고 있었던 영토를 완전히 개조해놓음으로써 일종의 사회적 습격, 시민들의 생활 방식을 바꿔놓기에 충분하고 실제로 그럴 수 있는 혁명이 될 수 있었다.

1937년 의사였던 헬무트 클로츠는 이렇게 적었다. "나치의 자동차 군단은 엄격한 제한 아래 독일 군대를 곧바로 동력화하는 데 쓰일 수 있는 조직이다."[5] 그는 동력화가 장거리를 정복할 수 있는 데에만 도움이 된다고 생각했는지 모르겠다. 그러나 사실상 그는 동력화가 단거리에서 **돌격대의 힘을 엄청나게 증가시킬 수 있는 능력을 갖고 있다는** 점도 인식하고 있었다.

세느 강 기슭에 늘어서 있는 미국 자동차의 천박한 미적 감각, 끊임없이 변하는 지나치게 도발적인 차체와 장식은 영구적인 사회 혁명(**미국적 생활방식의 진척**)을 그대로 보여준다. 그러나 이와 동시에 거대한 자동차 몸체는 무력해졌다. 그 자체의 도로 장악력도 불완전해졌고 강력한 동력기에도 재갈이 물렸다. 우리는 속도제한 법규뿐만 아니라 정부의 행위, 즉 대중의 동력화가 창출하는 "놀랄 만한 습격 능력"을 제한하려는 교통로의 정치적 통제를 논하고 있는 것이다. 운전자에게 강요된 이 좌절감(그는 알코올뿐만 아니라 갑작스레 '빠른' 속도마저 빼앗겨버렸다), 즉 운송장치에 가해진 금지도 새로운 차원에 들어선 이 국가가 부과한 것이다.

1949년 바네버 부시는 『현대의 무기와 자유인』에서 이렇게 말했던 적이 있다. "자동차를 운전하거나 고칠 수 있고, 마치 '햄'〔아마추어 무선사〕처럼 자체적으로 라디오 수신기를 제작하여 전세계와 커뮤니케이션할 수 있는 수백만 명의 젊은이들(장거리 경주와 순환의 전문가들), 재주 있고 능력 있는 이 새로운 세대의 공학자, 전기학자가 존재하고 있다." 다시 말해서 "골목골목마다 자리잡고 있는 모든 차고, 모든 라디오 클럽은 일종의 훈련소, 즉 시련이 닥쳤을 때에 복잡한 전쟁

---

5) Helmut Klotz, *Der neue deutsche Krieg*, Selbstverlag, Paris, 1937, S. 84.

도구들을 다룰 수 있는 능력으로 곧장 전환될 수 있는 능력을 훈련하는 장소이다."[6]

이렇듯 무지한 대중들의 운동 능력을 끊임없이 착취해 일종의 **사회적 해결책**으로 사용하는 행위가 산업화된 국가들에서만 일어나는 것은 아니다. 자동차 문제가 등장하기 이전에는 민간 산업들이 대규모 군대에 필요한 신발 때문에 골머리를 썩였다. 1792년의 경우, 맨발의 부대원들에게 모두 8만 켤레의 신발이 필요했으나 보급부대는 2백 켤레밖에 제공하지 못했다.* 그럼에도 불구하고 이미 우리가 살펴본 것처럼 "교전하지 않을 때조차 도보는 전략적 도구"였기 때문에 맨 처음에는 이런 종류의 습격〔도보를 통한 습격〕이 시간에 맞서 전개됐다. 게다가 이런 습격은 물자가 모자라는 상황에서도 이론적으로 실현될 수 있었다.

일반적으로, 〔기존 질서의〕 반대파들은 노동자들의 '운송 시간'을 둘러싸고 투쟁을 벌인다. 바로 이 지점에서 '시간 절약'이 다시 한번 문제가 되며, 그렇기 때문에 우리는 사회적 '변신'의 기원으로 되돌아가게 된다. 우리는 여기에서 1848년의 사람들에게 그토록 소중했던 '세 개의 8시간 혁명'(8시간의 노동, 8시간의 수면, 8시간의 여가)을 마주 대하게 된다. 특히 이런 요구가 맨 처음 제기될 때부터 온건파에서 극단주의자들에 이르기까지 모든 집단, 모든 혁명운동 사이에 **통일성**

---

6) Vannevar Bush, *Modern Arms and Free Men : A Discussion of the Role of Science in Preserving Democracy*, New York : Simon and Schuster, 1949, p.134.

* 한편, 이때 당시의 군수산업은 이미 5천 명의 노동자들로 이루어진 생산 집단을 고용하고 있었다.

을 창출하는 독특한 가치를 지니고 있었다는 것은 주목할 만하다. 노동자들이 수행한 이 '시간 전쟁'은 "약점이라곤 전혀 없이 장점만을 두루 갖춘 혁명적 요구"**였기 때문이다. 따라서 소비에트 공화국은 1917년 가을, 독일 공화국은 1918년에 이 요구를 받아들이기로 결정했다.

전쟁[제1차 세계대전]이 끝나갈 무렵, 프랑스 공화국은 5월 1일이 피로 물들까봐 두려워하고 있었다. 실제로 1919년의 이 날에는 또다시 대규모 행진이 조직됐고, 정부는 이들의 구호가 오로지 '8시간'이라는 점을 알고 있었다.[7] 그렇지만, 사회당 지도부는 권력의 임무를 잘 수행하지 않았던가? 그들 가운데 한 명이 무기성(武器省)을 이끌지 않았던가? 따라서 '8시간'을 인정한다는 것은 "최후의 봉인을 보존하는 것, 즉 **전쟁의 시기에 존재해왔던 신성한 동맹을 평화의 시기에도 유지하는 것**"이었다.

1919년 5월 1일, 프롤레타리아트는 또 한번 동원됐다. 그들은 참호라는 방벽을 떠나자마자, 시가지라는 방벽에서 또다시 '죽음을 똑바로 마주 대했다'. 처음 며칠 동안 포옹을 나눈 뒤 시민들로서는 정상으로 되돌아간다는 것, 가까스로 다시 확보한 이동의 자유를 다시 정치적 쟁투에 써야만 했던 일군의 순례 수도자들에게 또다시 처음처럼 불신과 경멸을 보낸다는 것 자체가 자신들의 습격 부대에 대한 '후방 국

** André-François Poncet et Emile Mireaux, "La France et les huit heures", *Société d'études et d'infomations économiques*, Librairie Marcel Rivière, 1922.
7) 좀더 자세한 내용으로는 다음을 참조하라. 편집부 엮음, 『노동시간의 역사 : 8시간 노동제의 실현』, 형성사, 1984. 특히 제3장 참조.

민들의 배은망덕'처럼 여겨졌다. 1936년, 그동안 신비스러운 것으로 남아 있던 '8시간 여가'의 진정한 본성이 밝혀졌다. 여가는 유급 휴가를 의미했으며, 유급 휴가는 야영지·유스호스텔·막사, 그러니까 각지의 모든 캠프, 영토라는 거대한 수용소를 향해 떠나는 여행을 의미했다(이른바 다행증[多幸症][8]에 빠져 있던 인민전선의 어느 유명한 노래가 기묘하게 강조해줬듯이, 이 여행은 '마지막 여행'을 의미하기도 했다. 운송혁명은 행복의 혁명이 아니었다). 그렇지만 곧바로 스페인 내전이 선언됐고, 프랑스의 불간섭 정책은 마지막 여행이라는 이 저승을 거부하려 했으나 그 안에서 꿈쩍도 할 수 없었던 인민전선의 무덤이 되지 않았던가?

* * *

정치적 부르주아지의 인물들이 교묘하게 조작하여 남용하는 질주정의 담론은 오래 전부터 그들의 혁명적인 의도를 우리에게 경고해주고 있었다.

 1789년의 사건들은 **종속**에 맞서는 반란, 고대의 봉건적 농노제로 상징되던 **부동성의 억압**에 맞서는 반란을 주장했다(그러나 특정 지역에서는 농노제가 계속 유지되었다). 즉, 이 사건들은 임의적인 유폐나 한

---

8) Euphoria. 근거 없는 병적인 행복감에 젖는 증세로서 기질적 정신 장애의 일종이다. 뇌 질환에 걸렸을 때 흔히 볼 수 있으며, 가벼운 의식 장애나 운동성 불안을 수반하기도 한다. 마치 어린아이처럼 행동한다거나 농담과 장난을 심하게 하고, 시시한 재담 따위를 늘어놓는 증세를 보인다.

제국 경찰을 사열하는 히틀러(뉘른베르크, 1939년 9월)
속도는 사냥꾼이나 전사에게 언제나 우월함과 특권을 가져다 줬다. 질주와 추적은 모든 전투의 핵심이다. 그러므로 역사상의 모든 사회에서 속도의 위계를 찾아볼 수 있는 것이다. 왜냐하면 육지를 취득하고 영토를 지킨다는 것은 그 영토를 보호하고 방어하기 위해서 그곳을 재빨리 훑어볼 수 있는 최상의 수단을 갖고 있어야 한다는 것이기 때문이다(『벙커의 고고학』).

I. 질주정 혁명 91

곳에 거주해야 한다는 의무에 맞서는 반란이었던 것이다. 그러나 몽테뉴에게 그토록 소중했던 "오고 갈 자유의 획득"[9]이, 일종의 책략을 통하여 **이동의 의무**가 되리라고는 그때까지 그 누구도 의심하지 못했다. 1793년의 '대중 봉기'는 혁명 초기에 생겨난 **운동의 자유**를 살짝 뒤바꾸어 최초로 **운동의 독재**를 낳았다. 최초로 등장한 이 근대 국가의 권력은 사실상 운동의 축적으로서 폭력의 축적을 뛰어넘은 듯하다. 간단히 말해서, 1789년 7월 14일의 바스티유 점령은 사실상 파리 시민들의 입장에서 보자면 **푸코주의자 식의** 오류였다. **이 유명했던 감금의 상징물은 이미 텅 빈 요새였을 뿐**이었으며, 깜짝 놀란 반란자들은 저 끔찍한 담벼락 뒤에 '해방' 시켜줄 사람들이 이미 단 한 명도 남아 있지 않다는 것을 깨달을 수밖에 없었다.

이 혁명의 전략적 도식은 두 종류의 지배 계급에게 그들만의 프롤레타리아트를 제공해주었다. 인민의 군대라는 '행진 중의 국가'에 소속된 채 '교통로의 영토'로 보내졌던 군사 프롤레타리아트, 그리고 국가의 영토라는 **거대한 수용소** 안에 봉쇄되어 있었으며, 흔히 '노동자 군대'로 불리던 산업 프롤레타리아트를 말이다. 그러므로 우리는 그런 방식으로 동원된 프롤레타리아트의 토대가 지니는 두 가지 기능(그도 아니라면 직능)을 분명하게 구분할 수 있을 것이다. 1793년 2월 국민공회가 발표한 법령에서 프롤레타리아트화라는 표현이 이미 근본적으로 설정되었기 때문이다. 이 법령에 따르면 "젊은이들은 전쟁터로 보내질

---

9) Michel de Montaigne, "Livre III, Chapitre XIII : De l'experience", *Les Essais*, Paris, 1595.

것"이며, 동시에 "결혼한 남성들, 여성들, 어린아이들은 매뉴팩처에서 강제로 노동"해야 했다(무기, 의류, 천막, 붕대의 생산). 즉, 병참 비축물을 생산해야 했던 것이다. 이후 군사 계급이 이동 대중의 **파괴 행위**를 자본화하고 군사 프롤레타리아트의 습격 능력이 **파괴를 생산**하고 있는 동안, 새롭게 등장한 상업 부르주아지는 산업 프롤레타리아트가 수행한 **생산 운동**[활동]의 '성과'를 자본화함으로써 부를 늘려 나아갔다(지롱드당의 부르주아지, 군수품 공급업자들, 페르고[10]와 연결된 스위스 은행 등등).

역사는 울타리로 둘러싸인 부르주아지의 타락이 필연적으로 생산 대중의 쇠퇴를 가져오고, 군사적 프롤레타리아트화를 수단으로 사용하는 국가를 등장시킬 수밖에 없었다는 점을 보여주고 있다. 예컨대, 이런 과정을 통해서 맑스주의 국가는 애초부터 **발동 기능의 독재**로, 정교하게 프로그래밍되어 있을 뿐만 아니라 어떤 형태의 **대중 운동**도 모조리 착취하는 전체주의로 등장하게 됐다.

매우 드문 목격자들의 말에 따르면, 프놈펜이 함락되자마자 캄보디아는 '거대한 수용소'가 되어버렸다. 그리고 그들은 '굴라크[11]'의 창안자'라며 맑스와 소비에트 공화국을 비난했다. 그렇지만, 사실상 이는 군사적 프롤레타리아트화의 분출이었을 뿐이다. 실제로 크메르루주 자신들의 표현에 따르자면, 그들은 스스로 자국 내의 시민들, 수백

---

10) Perregaux. 1791년 스위스의 기계공 보티(Jean-François Bautte, 1772~1845)가 제네바에서 창립한 시계 제작업체. 1880년 독일 해병대에 세계 최초의 손목시계를 납품해 유명해졌다. 1856년 '지라르-페르고'(Girard-Perregaux)로 회사 이름을 바꿨다.
11) Gulag. 1930~55년 구(舊)소련에 존재했던 강제수용소로서, 정식 명칭은 '교정(矯正) 노동수용소 관리본부'(Glavnoye Upravleniye Ispravitelno-Trudovykh Lagerey)이다.

만 명에 달하던 여성들, 남성들, 어린아이들을 '전쟁 포로'로 간주했다. 캄보디아의 이 새로운 지도부는 키우삼판이 25년 전 소르본에 남겨놓고 왔던 회고록을 (어느 편지에선가) 응용했던 것이다. 따라서 우리는 이 불행한 나라를 유린했던 바이러스가 어느 곳에서 들어왔는지 알 수 있다. 캄보디아 혁명의 유토피아적 도식은 부르주아 혁명의 반정립(反定立)이었을 뿐이다.

대도시의 주민들은 잔혹하게 쫓겨나거나, 대량 학살된 뒤 교외에 버려졌다. 인근 지방은 남김없이 파괴된 뒤 농경지로 뒤바뀌어 버렸으며, 도시와 시골 사이에는 더 이상 어떤 교류도 가능하지 않았다. 오늘날에는 보병 대대, 크메르루주의 지도부, 몇몇 외교 사절단들만이 이렇듯 주민이 사라진 도시들에 거주할 뿐이다. 이것은 혁명이라기보다는 코뮌 요새들에 가해졌던 포위가 불러온 비극적 종말이었다. 그 습격자들은 이 사실을 은폐했을 뿐이다.

우리는 '해방된' 베트남에서 또 다른 형태로 이뤄진 프롤레타리아트의 동원을 발견할 수 있다. 사이공이 함락된 직후, 혁명군의 주요 관심사는 거대한 남부 도시들에 거주하고 있던 창녀나 게으른 암시장 거래인 같이 '가치 없는' 요소들을 사용해 병참(전략 도로, 철도, 다리)을 재건하는 것이었다. 그렇지만, 동시에 이들은 새로운 제복을 챙겨 입은 젊은이들에게 해방의 자유로움을 '흉내' 내는 법도 가르쳤다. 그래서 이들은 신체의 구속과 훈육으로 환원되는 권력의 단순성을 가르친 것이기도 하다. 어마어마한 동적 군중이 참가하는 거대한 전체주의적 행사들을 통해서 밝혀졌듯이, 프롤레타리아트 독재는 운동(행위)의 독재였을 뿐이다. 파시즘 시기와 마찬가지로, 동구권 국가들의 명예로운 장소들에서는 언제나 스파르타식의 체육제전이 벌어지곤 했다. 이처럼 수많은 동적 군중이 동시에 똑같은 동작을 행하는 의식들은 한때 군대 기동의 '방진'(方陣)과 마찬가지로 수천 명의 개인들을 기하학적 앙상블로 통합시킨다. 군중들의 이런 역동성은 자동적으로 특정 구호나 당 지도자들의 거대한 초상화를 만들어내는 만화경 같은 장식이 되어버림으로써, 혁명군을 곧장 마오나 스탈린의 신체 일부가 되도록 만들어버린다.

그러나 이보다 더욱 더 흥미로운 것은, 자신들의 사회 체제에서 피비린내 나는 억압이나 잔혹한 처벌을 제거해주리라고 여겼기 때문에 중국인들과 마찬가지로 베트남인들이 그토록 내놓고 자랑스러워했던 재활 수용소이다. 아무런 **재판도 없이** 사람들이 보내지곤 했던 이 수용소들은, 바로 그 의학적 호칭을 통해서 다음과 같은 점을 우리에게 경고해주고 있다. 즉, 재활은 병약하거나 불구가 된 신체를 기계적으로 프로그래밍하는 것과 관련되어 있다는 점을. 이 수용소들은 이런 신체를 **고친다**고 주장한다. 이데올로기적 범법자나 반대자는 더 이상 정적으로 간주되지 않는다. 그런 인물에게는 러시아인들이나 미국인들이 자국의 지식인들에게 행했던 특혜와도 같은 정신 치료가 허용되지 않는다. 이의를 제기하는 생각이나 다른 의견을 중요하게 여길 가능성조차 완전히 제거됨으로써, 이제 유물론은 절대적인 형태에 도달한다.

반체제 인사는 하나의 신체일 뿐이며, 그의 반대 의견은 가령 게으름이나 음탕함 같이 태도상의 범죄인 것이다. 따라서 표면적으로는 사상 범죄가 더 이상 존재할 수 없게 된다. 오로지 몸짓의 범죄가 존재할 뿐이다. 고백[자백]도 필요 없다.* [정신에] 협조를 하지 않은 신체가 유죄이므로, 그들을 당 **노선**으로 되돌아가도록 만들어야만 한다. 그것도 전체 인구가 기동하고 있는 속도로. 왜냐하면 무기를 다루는 고전적인 행위는 물론이고 거리나 수용소나 공장에서, 그도 아니면 단체 스포츠나 무용, 대지나 자연을 경비하는 임무 등에서 이뤄지는 휴식과 훈련에 이르기까지, 이들에게는 모든 것이 공개적으로 육체를 훈련시킬 수 있는 기회일 테니.

---

* 고백은 필요 없다. 중세 시대에는 고문을 받고 있는 신체, '진실을 알고 있는' 자, 자기도 모르게 진실을 토해낼 수밖에 없는 자를 심문했다. 19세기에는 고문이 없어졌다. 그러나 인본주의 때문에 그렇게 된 것이 아니라, 그 어떤 행위(인간의 모든 운동)일지라도 외부에 흔적을, 부지불식간에 각인을 남겨놓는다는 점을 사람들이 깨달았기 때문에 그렇게 된 것이었다. 이때부터 사람들은 **과학적으로 증거 자체가 말을 하게 만들었다**. 다시 말해서, 일련의 물질적 흔적을 일관된 담론/방향 안에 배치함으로써, 혐의가 '고백'을 대체하도록 만들었던 것이다. 재판이 옛날부터 연극적 대화의 형태로 전해져 내려온 까닭에, 앵글로 색슨족은 동일한 물질적 증거에서 그저 각 요소들의 순서를 바꾸는 것만으로도 서로를 무효로 만들 만큼 상이하지만 그 각각은 타당한 담론들을 도출해낼 수 있다는 점을 입증했다. 어떤 면에서, 정신분석학은 외부에 존재하는 흔적들의 물질성을 범죄의 내적 징후로 대체함으로써 확립됐다. 정신의학적 고백은 무심코 흘러나온 주제에서 획득된다. 그것도 강제적으로 입술을 통해. 그러나 정신분석학의 도식에 따라 재구성되어야만 하는 일관되지 않은 흔적과 소재의 형태로 흘러나온다. 정신분석학의 고백은 주체의 의지와 상관없이 계속해서 흘러나올 뿐만 아니라, 주체가 저지른 범죄의 순간이나 오직 주체만 알고 있을 상황에 아무런 관심도 두지 않는다. 오히려 피고인의 태생에서 마지막 최종 진단에 이르는 전체에 관심을 둘 뿐이다. 만약 이 분석 과정에서 누군가가 계속 고백을 경청하고 있다면, 분명히 이런 고백은 더 이상 고백을 하는 자가 저지른 범죄 이야기가 아니다. 특히 이런 고백은 도시계획 구획상의 강력범죄〔다발〕지역을 지도에 그리는 작업으로, 또는 최근 경찰이 시험하고 있는 '범죄통계장치'(Criminostat, 컴퓨터를 사용해 통계학적 분석 범위를 시각화하는 것)로 마무리된다. 우리는 자료들을 정리하는 과정에 내재한 결함과 불확실함을 이런 수준에서 없애버릴 수 있다고 상상할 수도 있을 것이다. 왜냐하면 컴퓨터의 도움을 받아 고발의 담론을 완벽하게 일관된 것으로 만들거나, 적어도 주체와 객체의 이름을 연관시켜서 완벽한 일관성에 근접할 수 있을 테니. 바로 이 지점에서 우리는 자신이 저지른 범죄를 컴퓨터보다도 잘 모르고 있을 뿐만 아니라, 더 이상 '진실'을 알고 있는 자가 아니기 때문에 고백할 것이 아무것도 없게 된 피고인의 고백 없이도, 모든 일을 잘 수행할 수 있으리라 상상하게 된다. 오늘날의 프랑스에서는 사회복지 체계에서도 이런 사고방식이 널리 통용되고 있다.

마오쩌둥의 어록 '붉은 보서'를 읽고 있는 어린아이들(문화대혁명 시기의 북경, 1968년)

절대적 속도의 본성은 절대적 권력, 절대적이고도 즉각적인 통제, 다시 말해서 거의 전지전능한 권력이 되려는 것이다. 따라서 오늘날 우리는 신의 세 가지 속성, 즉 편재성, 동시성, 즉각성을 획득한 셈이다. 이것은 더 이상 민주주의를 둘러싼 문제가 아니다. 이것은 폭정이다(『최악의 정치』).

I. 질주정 혁명   97

중국의 문화혁명 동안, 우리는 마치 로봇처럼 '붉은 소책자'〔'붉은 보서'(紅色寶書)라고 불렸던 마오쩌둥의 어록〕를 휘두르고 있는 수백만 명의 인민들 앞에서 마오와 저우언라이가 당혹스러운 표정을 짓던 모습을 종종 볼 수 있었다. 백여 년 전의 파리 코뮌(클루제레는 파리 코뮌을 '경찰 국가'라고 불렀다)이나 캉클롭[12]을 동반한 캄보디아 혁명처럼, 시인들이 그토록 염원했던 이 문명의 혁명이 결국 베이징의 벽보로 시작된 대대적인 탄핵 운동을 통해 급격히 늘어난 이 기계체조를 하는 듯한 집단으로 전락해버렸던 것은 아닐까? 그리고 사회주의는 '첩보'의 전 사회화로 뒤바뀌어 버렸던 것이 아닐까? 정치 혁명이 모든 전사들에게 감찰 기능(권력)을 재분배해주는 것으로 끝난 것도 이해할 만한 일이다. 마치 이 전사들이 구체제 아래에서 확립된 사회적 투명성, 사회적 신체〔사회〕에 순응하지 않는 태도나 운동은 물론이고 영토적 신체〔대지〕에까지 미치는 감시(대지에 대한 감시, 즉 도시에 대한 통제를 되살려줄 뿐만 아니라 기존 권력이 보기에는 미래의 해결책인 듯했던 생태계에 대한 감찰)에 매여 움쭉달싹하지 못했던 군사적 교통로 감시의 수행자라도 된다는 듯이 말이다.

자신이 걸치고 있던 너절한 게릴라 복장을 피노체트 식의 군복으로 갈아입은 카스트로나 육군 원수의 옷차림을 했던 브레즈네프와 같

---

12) Kang-Chhlop. 크메르루주 산하의 비정규군. 1975년 4월 17일 프놈펜을 점령한 직후 크메르루주는 캄보디아 전역을 7개 구역으로 나눈 뒤, 크메르루주 사령관 직속의 '정규군'(thoap sruoch) 이외에도 각 구역마다 군부대를 창설했다. 이 7개의 구역은 30여 개의 지대와 1백여 개의 지구로 세분됐는데, '지역군'(thoap damban)이 이곳들을 통제했다. 캉클롭은 정규군이나 지역군이 없던 농촌의 미분류 지구들을 통제하기 위해 창설된 무장조직으로서, 주로 첩보 훈련(클롭은 캄보디아어로 '스파이'를 뜻하기도 한다)을 받은 십대들로 구성되어 있었다.

이, 지나치게 차려 입은 채 사회주의 정권의 상석에 앉아 있던 군사 지도자들의 존재는 우리에게 다음의 사실을 알려준다. 궁극적으로 생산적 행위를 자본화했던 자, 진정한 운동의 독재자는 바로 그들이었다는 점을. 1789년 **행진 중의 국가**라는 정치 사상을 탄생시킨 것은 이름 모를 철학자들이나 이데올로그들이 아니라 바로 그들인 것이다. 이렇듯 새롭게 등장한 일군의 군사적 프롤레타리아트는 산업이라는 대포의 승리와 기계화전의 확산을 수반하며 19세기 중반부를 향해 날아가는 **발사체**가 됐다. 1914년, 트로츠키는 이렇게 적었다. "육중한 포탄이 노동자 계급에게 다음과 같은 생각을 서서히 주입시켰다. 장애물을 피해 갈 수는 없을지라도 장애물을 돌파할 수는 있다고. **그때부터, 정적이었던 노동자 계급의 심리적 양상은 역동적인 양상을 띨 수밖에 없었다.**"[13]

〔혁명에 필요한〕활력의 원천을 정복하는 것이 중요하다는 사실이 드러났을 때, 레닌 다음으로 마오가 인민들을 '역사의 동력'이라고 불렀다. 이 정치적 은유는 역사의 한 자리를 차지할 만큼 병참학적 진보를 바짝 뒤쫓았다. 역사학과 마찬가지로, 군사학은 사라져가는 신체의 동학을 끊임없이 직시한다. 이와 반대로 신체는 역사의 운송장치로서, 그 운송장치의 역동적인 벡터로서 등장할 수 있다. 나폴레옹 3세가 주장한 것처럼 말이다. "전쟁인에게는 기억하는 능력이 바로 과학〔군사학〕그 자체이다."

---

13) Leon Trotsky, *Der Krieg und die Internationale*, Berlin, 1914, S. 60.

질주학적 진보

세계를 나누는 또 다른 방식(길레이, 『위험한 푸딩 나누기』, 1805)

영국의 풍자화가 길레이(James Gillray, 1756~1815)가 그린 『위험한 푸딩 나누기』(The Plum-Pudding in Danger, or State Epicures Taking an Petit Souper)는 프랑스 혁명 당시 대불 동맹을 주도했던 영국의 수상 피트(William Pitt, Jr., 1759~1806)와 나폴레옹의 모습을 담고 있다(그래서 이 그림은 『피트와 보나파르트』(Pitt and Bonaparte)라고도 불린다). 반(反)프랑스 기질을 갖고 있던 길레이는 비록 나폴레옹의 모습을 희화화하긴 했지만, 당시의 세력 판도를 정확히 관측했다. "바다는 영국이, 대륙은 프랑스가."

3_공간의 권리에서 국가의 권리로

> 물이 될 운명의 존재는 미망(迷妄)의 존재이다. 그 존재는 매순간 죽으며, 그 실체의 무엇인가는 끊임없이 무너지기 마련이다. ─ 바슐라르[1]

19세기의 어느 영국 풍자만화를 보면 보나파르트와 피트가 지구 모양의 커다란 푸딩을 각자의 기병도(騎兵刀)로 한 덩어리씩 자르는 것을 볼 수 있는데, 영국인이 바다를 빼앗는 동안에 프랑스인은 대륙을 가져간다. 바로 이것이 세계를 나누는 또 다른 방식이다. 이 두 적수는 똑같은 지형에서, 그것도 전장이라는 경계 내에서 서로 다투기보다는 두 종류의 인간성 사이에서 벌어지는 근본적으로 육체적인 투쟁, 즉 대지에서 살아가는 인간성과 바다에서 살아가는 인간성 사이에서 벌어지는 투쟁에 기꺼이 뛰어들려 한다. 이들은 더 이상 대지가 아닌 영토, 그 누구도 발을 내딛을 수 없는 고국을 창안한다. 이제는 더 이상 국토가 아닌 고국을. 바다는 장애물이 없는 곳이며, 데모스〔'인민'

---

1) Gaston Bachelard, *L'eau et les rêves, Essai Sur L'imagination De La Matiere*, Paris : Librairie José Corti, 1942, p.8. 바슐라르(Gaston Bachelard, 1884~1962)가 물의 유동하는 이미지를 죽음의 이미지와 결부시키며 한 말. 국역본에는 본문에 인용된 구절의 첫 번째 문장이 빠져 있다. 이가림 옮김, 『물과 꿈』, 문예출판사, 1980, 13~14쪽.

(dêmos/δημος)]와 자유(운동의 자유)의 요소가 합류하는 지점이다. 공군사령관 괴링이 나치의 데모스를 '날아다니는 민족'(die fliegende nation)으로 만들어줄 수 있으리라고 꿈꿔왔던 요소인 '하늘에 대한 권리'와 마찬가지로 '바다에 대한 권리'도 서구의 창조물인 듯하다. "독일 국민은 모두 나는 법을 배워야만 한다. 〔……〕 인간의 피부 아래에는 날개가 잠든 채 붙어 있다."* 군사적 패배가 다가오고 있음을 예감한 히틀러는 최초의 로켓이 날아가는 모습을 보면서 도른베르거에게 이렇게 말했다. "내가 자네의 작업을 믿었더라면 전쟁을 할 필요가 없었을 텐데……." 즉 적어도 굳이 전투를 벌일 필요는 없었을 텐데!

우리가 알고 있듯이, 대지라는 전장의 공간적·시간적 한계 안으로 뛰어들어가 끊임없이 자신들을 소진시켰던 대륙의 적을 싸우지 않고도 패배시킬 곳은 훗날 영국이 관리하게 될 곳〔바다〕이었다. 히틀러는 나폴레옹 1세가 그랬듯이, 전투에 가담하지 않는다는 특성〔접근 불필요성〕으로, 그러니까 적군을 발견하자마자 공격해야 하며 적군과 아군 사이의 거리를 좁혀야만 한다는 해로운 원칙을 내던져버림으로써 늘 승리를 이끌어낼 현존함대(fleeting in being)**에게 패배할 것이었다. **현존함대는 보이지 않는 선단의 운용술을 철두철미하게 활용하는 병참**

---

* Fritz Thiede und Eugen Schmahl, *Die fliegende nation*, Berlin : Union Deutsche Verlaganstalt, 1933.
** "허버트 제독이 현존함대라고 부른 이 함대는 17세기 말 이래로 적군을 압박하는 행위에서 나타난 특징, 즉 '존재'(l'être)에서 '존재하고 있음'(l'étant)으로의 이행이라는 특징을 보여준다. 이것은 곧 해군조직의 종말, 단거리에서 수행되는 전쟁의 종말을 뜻한다. 이제 전선(戰線)에 배가 얼마나 있는가, 그 배의 화력은 어떠한가 등은 부차적이 됐다." Paul Virilio, *L'insécurité du territoire*, Paris : Stock, 1976.

중세의 해전도 (벨기에와 네덜란드의 해전, 1658년)

'현존함대'라는 표현은 아우크스부르크 전쟁(1689~97) 당시인 1690년, 프랑스에 맞서 총 56척으로 이루어진 영국-네덜란드 연합 함대를 지휘하던 영국의 제독 허버트(Arthur Herbert, Earl of Torrington, 1647~1716)가 프랑스 대(大)선단의 압도적인 화력을 보고 템스강까지 퇴각하는 계획을 세우면서 처음 사용했다. 당시 영국 정부는 명예혁명으로 퇴진한 제임스 2세를 추종하는 '재커바이트파'(Jacobites)가 프랑스의 도움을 받아 봉기를 일으킬 가능성에 촉각을 세우고 있었는데, 이런 고국의 정부를 자극하지 않으려 허버트 제독은 '방어'(in defense) 대신에 '현존'(in being)이라는 표현을 써서 전황을 보고했다. 즉, 프랑스 해군이 눈치채지 못하게 자신의 함대를 퇴각시키면 프랑스 해군은 그의 함대가 자신들이 모르는 어딘가에 '현존'할 것이라고 생각할 것이기에 섣불리 공격하지 못할 것이라는 주장이었다. 그렇지만 영국 정부는 공격 명령을 철회하지 않았고, 할 수 없이 프랑스 함대를 공격했던 허버트 제독은 전황이 급격히 불리해지자 애초의 계획대로 퇴각을 실시했다. 이 퇴각 작전으로 전력을 거의 그대로 보존했을 뿐만 아니라, 자신의 예상대로 영국-네덜란드 함대의 반격을 두려워한 프랑스 해군의 추가 공격을 저지하는 데 성공했지만, 허버트 제독은 명령 불복종으로 군사법정에 서게 됐고 퇴각의 책임을 물어 해임된 뒤 두 번 다시 공직에 오르지 못했다. 그렇지만 허버트 제독의 사후 일군의 군사전략가들, 특히 미국의 제독이자 전략가였던 마한(Alfred Thayer Mahan, 1840~1914) 등에 의해 그의 '현존함대' 개념을 재평가하는 작업이 활발히 이뤄졌다.

학이다. 현존함대는 적군이 바라는 바, 곧 승리를 더 이상 확실히 '결정' 할 수 없도록 전세계 모든 곳을 안전하지 않게 만듦으로써 적의 권력의지를 분쇄하는 함대, 언제 어디에서든 공격을 개시할 수 있는 보이지 않는 함대가 바다에 항상 존재한다는 것을 뜻한다. 따라서 현존함대란 무엇보다도 직접적인 대결이나 유혈참사를 통해서가 아니라 함대의 불균등한 속성, 기왕에 선택한 요소들 내에서 활용 가능한 운동 방식의 수, 그 역학적 능률을 끊임없이 평가하고 검증해서 나오는 새로운 폭력의 관념이다.

나폴레옹 1세가 군대의 위력을 역학적 용어로 판단했다면, 유럽 대륙의 일인자 가운데 하나였던 작센의 모리스 백작은 **폭력이란 오직 운동[기동]으로만 환원될 수 있다**고 이해했다. 그는 이렇게 말했다. "나는 전투를 그다지 좋아하지 않는다. 나는 능력 있는 장군이라면 **일부러 전투를 벌이지 않고서도 평생 동안 전쟁을 수행할 수 있다고 확신한다.**"[2] 그렇지만 서유럽이라는 한정되고 불균등한 대지에서라면, 결국 그 누구라도 대규모 군대들 간의 직접적인 충돌 없이 "적군을 무찌른다"고 주장할 수 없다. 프로이센 식의 간결하고도 유혈 낭자한 주전론[3]을 창안하도록 만든 독일에 대한 유폐가 바로 영토적 압박의 가장 좋은 역사적 사례라 하겠다. 이와 달리 진(陣)을 갖춘 함대는 해양이라는 어마어마한 방벽에서 거의 무기한 전투를 회피할 수 있었다. 함대가 계속 존재하긴 하지만 적군의 사정거리에서 벗어나 있는 한, 적군은 **가망 없는**

---

2) Hermann-Maurice, comte de Saxe, *Mes Rêveries, ouvrage posthume de Maurice Comte de Saxe*, Amsterdam et Leipzig : Chez Arkstée Merkus, 1757 ; Liddell Hart, *The Remaking of Modern Armies*, London : John Murray, 1927, pp. 95~96. 재인용.

전투에 일부러 뛰어들지 않을 것이기 때문이다.

가망 없는 전투에 휘둘리기보다는, 장기간 적군의 절망감을 자극해대고 끊임없이 도덕적·물질적 고통을 가해서 적군을 줄여나가며 **서서히 제거하기**. 이것이야말로 유혈참사에 의지하지 않고서도 특정 집단이 절망 속에서 항복하도록 만드는 우회 전략의 임무이다. 옛날 속담이 말하듯이, "공포는 가장 잔인한 자객이다. 공포는 결코 죽이는 법이 없다. 단지 도저히 살아갈 수 없도록 만들 뿐이다." 결국, 생-쥐스트가 말했던 유럽의 새로운 사상인 행복[4]은 대륙인들에게는 다만 바다에서 연유한 심리적 압박, 실체의 상실에 저항하는 방법으로서 만들어진 발명품이었을 것이다.

1914년 연합국의 봉쇄는 독일 민간인들이 그 최초의 효과를 몸소 느끼게 하는 데 2년이나 걸렸지만, 그 효과는 대지에서의 전투가 끝난 뒤까지 충분히 지속되어 독일이 곧 겪게 될 경제적 어려움의 간접적

---

3) La théorie prussienne. 전쟁에서 사람들의 '공포'(Schrecklichkeit)를 활용한다는 이론. 흔히 클라우제비츠(Carl von Clausewitz, 1780~1831)의 『전쟁론』(*Vom Kriege*, 1832)에 나타난 사상, 특히 '주력회전'(Hauptschlacht)이 가져오는 심리적 효과를 논의한 제1부 4편 11장의 언급("주력회전은 가장 유혈 낭자한 해법이다. 〔……〕 주력회전은 단순한 상호 살상이 아니며, 그 효과는 적 전투원을 죽이기보다는 적의 용기를 죽이는 데 있다. 주력회전의 대가는 피이며, 주력회전의 성격은 그 명칭처럼 학살[Hinschlachten]이다")이 이 사상의 원류라고 해석되어 왔다. 『무장한 국민』(*Volk in Waffen*, 1883)과 『전쟁 지휘』(*Kriegführung*, 1895) 등을 썼던 독일군 육군사령관 골츠(Wilhelm Leopold Colmar, Freiherr von der Goltz, 1843~1916)가 이런 해석을 유행시킨 장본인 가운데 하나인데, 그는 뒤의 책에서 "무자비하고 무시무시해 보이는 냉혹함이야말로 전쟁에서 위대한 일을 성취하는 사람들에게 필요한 속성이다"라고 주장했다. 실제로 제1차 세계대전 당시 독일은 사상 최초의 무제한 잠수함전, 화생방전, 체펠린 비행선을 활용한 무차별 공습 등을 통해서 연합국을 공포의 도가니로 몰아 넣었다.
4) "Le bonheur est une idée neuve en Europe." 프랑스 혁명력 제2년에 국민공회 의장으로 선출된 생-쥐스트가 1793년 3월 5일 방토즈법("혁명의 적들이 소유한 재산을 몰수해 가난한 애국자들에게 분배한다")을 채택하기 이틀 전 국민공회 연단에서 행했던 연설의 한 구절. 이 연설은 '행복해질 권리'(un droit au bonheur)를 처음 언급한 연설로 받아들여지고 있다.

원인이 됐다. 나치즘이라는 성마른 정치학을 불러오고, 파시스트들에게 독일 국민들을 길들일 수 있는 기반을 제공해줬던 것이 바로 이처럼 오래 지속된 절망이었다. 이와 똑같은 식으로, 오늘날 우리가 서유럽에서 목도하고 있는 급속한 물질적·도덕적 붕괴는 저 멀리 떨어진 채 우리의 대륙에 새로운 경제적·생리적 위기를 불러왔던 미국의 지정학적 선회가 장기적으로 이어져 생겨난 결과이다.

상인 계층의 지지를 받았던 이와 같은 우회 전략은 먼 옛날 코뮌의 공위가 지녔던 효력을 또 다른 범위에서 재생산했다. 고대의 '포위 상태'처럼, 이 전략은 사람들이 이제는 '시민'이 아니라 '대륙인'이 되어버린 인구 전체에 맞서 "무한정 적대감을 연장"하도록 만들었다.

국가의 새로운 군사력에 의해 쓸모 없어지거나 소멸되어 버린 옛날의 요새화된 장소를 기술적으로 뛰어넘은 것이라는 점에서 이 전략은 자본주의의 부흥을 재현하고 있는 셈이다. 바로 이것이 대륙의 군사 계급이 내세운 터무니없는 경제적 요구에 대한 답변, 그리고 대지의 교통 흐름을 지배하겠다는 그들의 주장에 대한 답변이었다.

마지막으로 판단해보건대, 경제적 자유주의는 에라르가 남긴 금언을 완벽하게 보여주는 사례이다. "파괴 기계의 발명과 더불어 공격 자체도 변했다." 그때 이래로, 느닷없이 지상전이라는 개념에 맞서게 된 부르주아지의 저항은 스스로 수륙 양용이 됨으로써 해상과 식민지에 총력전을 적용한 자본주의, 곧 대양을 '거대한 병참학적 막사'로 만들어버린 채 말 그대로 '거대한 부동의 기계'에서 '동적인 기계'로 도약한 자본주의, 그리고 그 뒤편에서 프롤레타리아트, 이 기계의 진정한 엔진이자 전시(戰時)에 이 기계의 가속장치가 될 배 젓는 프롤레타리아트에게 마구를 뒤집어 씌워 해양의 운송장치를 작동하도록 만든 자본주의의 지도 원리가 되어버렸다.

* * *

이제부터는 한 도시에서 다른 도시로, 한 해안에서 다른 해안으로 대륙이나 대양을 가로질러 가는 것이 더 이상 문제되지 않는다. 현존함대는 질주정의 새로운 사상을, 즉 시공간상의 목적지가 없는 이동이라는 관념을 창출한다. 현존함대는 기본적으로 거리상의 사라짐〔소멸〕, 더 이상 지각변동에 위협을 받지 않는 사라짐이라는 사상을 강요하며, 피안을 향한 중단 없는 경쟁을 실현한다. 어쨌든 엔진의 종말은 불회귀점(不回歸點)이 될 수밖에 없다. 흔히, 떠다니는 기계는 선체와 하물이 송두리째 침몰될 운명을 지닌다. 그도 아니면 추격자를 피하려 표착물(漂着物)이나 연료를 거짓으로 흘려 보내 부숴져 버렸다고 지레짐작하도록 만드는 잠수함이나, 최종적인 폭발로 대미(大尾)를 장식하는 마지막 순간에 액체 형태의 깔대기 같은 소용돌이 속으로 배들을 빨아들이는 (즉, 배들이 마치 불회귀점을 향해 질주하듯이 빨려들어가는) 바다의 거대한 장례식을 연출하며 바다로 가라앉는 옛 전투선처럼 난파된 척이라도 해야 한다.

『고든 핌』[5]이나 『모비딕』은 핵 순양함을 예견한 이야기이다. 전략

---

5) *The Narrative of Arthur Gordon Pym of Nantucket*. 미국의 작가 포(Edgar Allan Poe, 1809~1849)의 1838년 작품. 모험을 동경하는 소년 핌이 포경선 〈그램퍼스호〉를 타고 남극으로 가면서 겪게 되는 끔찍한 악몽을 그리고 있다.

"초국가적 핵 잠수함 함대는 핵과의 싸움에서 이기기 위해 우리가 맞이해야 할 '보안관'이다"(가이지, 『침묵의 함대』, 1988)

현존함대라는 개념은 핵미사일을 탑재한 핵 잠수함의 등장으로 새로운 전기를 맞았다. 기존에는 소극적 방어 개념에 가까웠던 현존함대의 개념이 적극적 방어, 더 나아가 적극적 공격 개념으로까지 나아간 것이다. 미국과 일본이 공동으로 개발한 핵 잠수함 '시배트'(Sea-Bat)호를 탈취한 일본의 가이에다 함장이 이 잠수함을 야마토라는 독립 국가라고 선포하는 과정을 그린 가와구치 가이지(かわぐち かいじ, 1948~)의 만화 『침묵의 함대』(沈黙の艦隊, 총 32권/1988~97)가 이런 핵 잠수함의 위력을 '극한'으로 보여준다. 핵미사일을 탑재했을 뿐만 아니라 스텔스 기능까지 갖춘 핵 잠수함의 존재는 "우리는 강대국의 이익에 따라 좌우되는 UN과 달리 독자적인 군사행동을 할 것이다"라는 가이에다 함장의 선언을 가능케 해준다.

잠수함은 특정한 장소로 갈 필요가 없다. 바다를 통제하면서 눈에 띄지만 않으면 족한 것이다. 그렇지만, 전략잠수함이 시시각각 겪을 운명은 이미 분명하다. 더군다나 현존함대가 바다에 대한 권리를 주장할 수 있는 기본적인 소여(所與)가 되자마자, 모든 종류의 탐험가들·발견자들·침입자들은 끊임없이 미지의 땅을 찾으면서 경로를 발견하는데, 다른 말로 하자면 출발도 도착도 수반하지 않기에 완전무결하고 중단 없는 순환적 항해를 실현하는 데 집착하게 됐다. 이 돌아올 수 없는 환상선(環狀線)은 이미 유럽 중상주의의 왕복 항로나 삼각 항로가 닦아놓은 것이었다.

따라서 새로운 범주의 정치적 권리가 대양에서 창출됐다. 처음부터 "합리적이라기보다는 감응적이고 시적인 실재"라고 불렸던 '바다에 대한 권리'가. 지중해의 도시들(재화도 부족하고 지표면도 별로 없는데 인구는 많아서 항해의 데모스를 창출해 "바다를 경영"하려 꿈꿨던 섬나라들)이 마지못해 고대의 대지적 법률에 복종한 것처럼 보이는 것은 사실이다. **장애물이 없는 바다**는 일체의 사회적·종교적·도덕적 구속, 일체의 정치적·경제적 고난, 심지어 지구의 중력이나 대지의 갑갑함에서 기인하는 물리 법칙까지도 상쇄해줬다. 그렇지만, 바다에 대한 권리는 매우 급속히 일체의 구속에서 벗어난 범죄와 폭력에 대한 권리가 되어버렸다. 머지 않아 '바다의 제국'이 장애물 없는 바다를 대신하게 될 것이었다. 어느 17세기 연대기 기록자는 그 결실을 해안, "자신들이 가짜 불빛 신호로 난파시킨 배들의 생존자들을 학살하고 약탈하는 끔찍하기 이를 데 없는 난파선 약탈자들의 산업"이 성행하던 해안에서도 볼 수 있었다. 이 기록자는 공해(公海)에서도 '**바다에서의 활동**

에 수반되는 난폭함……상업 독점이라는 미명 아래 **바다를 배타적으로 지배**하려 했던 극악무도한 폭정……베네치아, 스페인, 리스본을 뒤이어 네덜란드가 행사했던 정복의 권리"밖에 볼 수 없었으리라. 더 나아가 그는 이렇게 적어놓았다. "끔찍한 것은 이 막강한 항해 조직들이 국가의 작품이 아니라, 국가의 제재에도 아랑곳없이 이 국민국가들의 중상주의 공학자들이 자신들의 권리라고 주장하며 자발적으로 만들어낸 산물이라는 점이다."

결론적으로, 라피트 같은 악덕 상인 겸 해적이 맑스의 선언문을 발간하는 데 자금을 대준 것은 결코 놀라운 일이 아니다. 어떤 초국적 국가〔공산주의 국가〕가 '주어진 발전 과정상의 산물'로서 사회로부터 등장할 것이라는 맑스의 예견은 근대 최초의 산업국가가 등장하게 되는 '해양 운송업자'들의 자연발생적인 제국이 건설되는 과정과 매우 흡사한 것이었다. 모든 곳에 존재하는 동시에 그 어느 곳에도 존재하지 않는 이 국가는 오직 경제적 이해에만 복무하며, 적들의 재화를 집어삼키고 파괴하는 데 온 힘을 기울인다. 이 전체주의적 독재국가의 주민들은 육지에서 떠나려 "배의 닻줄을 끊어버린 채 표류"하고 있다. 이들은 산업 프롤레타리아트를 정의한 맑스의 말에 정확히 들어맞는 최초의 인물들이다. "노동자들에게는 조국이 없다. 〔……〕 우리는 노동자들을 대지에 묶어놓는 탯줄을 끊어야만 한다."[6)]

영국에서는 19세기까지, 왕의 명령으로 항구들을 폐쇄한 뒤 뱃사람들을 끌어모으는 식으로 선원을 뽑았다. 해양 전투의 산업화로 점점 더 많은 인원이 필요하게 된 17세기 프랑스에서는 "대규모의 단일 군대에 등록하고 입대해 전쟁, 무역, 토지개발에 봉사"해야 한다는 포고가 내려져 해안가 주민들의 숫자가 파악되고 관리되기 시작했다. 바로 이것이 계급 제도이다. 국가가 주도한 이 최초의 군사적 프롤레타리아트화는 프랑스 혁명보다 조금 앞서 일어났는데, 아마 이때가 대중들이 최초로 공공운송에 접근했던 때일 것이다. (당시로서는 드물게도) 이 새로운 프롤레타리아트의 '국적'을 둘러싼 관심도 존재했다. [군사적 프롤레타리아트화라는] 총력전에 강제로 끌려들어온 자들은 자신의 혈통을 정당화해야 했다. 외국인일 경우에는 5년 이내에 귀화해야만 했다. 여기에서 도망치려던 자들은 엄격하게 처벌됐으며, 국가는 국가야말로 징발된 노동자들의 "여성들과 어린아이들을 보호하는 자"라고 선언하며 가족을 사회적으로 통제했다. 그렇지만 여기에서 또다시 프롤레타리아트는 전쟁이 확대되어 갈수록 자신들이 재판관들과 경찰들의 억압에 묶여 있다는 사실을 깨닫게 됐다. 프롤레타리아트는 운이 좋아야만 징병될 수 있었을 뿐, 대부분 재판관들이 정부의 압력으로 '제조'해놓은 일군의 억류자들이나 갤리선 노예들과 자신들이 뒤섞여 있다는 사실을 곧 깨닫게 됐다. 17세기에 이 해양 프롤레타리아트는 말 그대로 죄수들, '대지[지상]의 저주받은 자들'이었다. 맑스와 엥겔스가 프루동 추종자들을 향해 새롭게 내놓은 반론은, 강력한 해양 제국을

---

6) Karl Marx und Friedrich Engels, "Manifest der Kommunistischen Partei", *Marx-Engels Werke*, Bd. 4, Berlin/DDR : Dietz Verlag, 1974. 뒤의 문장은 맑스의 말이 아니라 엥겔스의 말이다. 물론 맑스도 '탯줄을 끊는다'라는 표현을 즐겨 썼지만(특히, 『자본』 제1권), 비릴리오가 인용한 구절에 가장 가까운 표현은 엥겔스가 「주택 문제에 관하여」에서 쓴 표현이다. "프롤레타리아트라는 근대의 혁명적 계급을 창출하기 위해서는 과거의 노동자들을 토지에 묶어두고 있는 탯줄을 반드시 끊어야만 했다." Friedrich Engels, "Zur Wohnungsfrage", *Der Volksstaat*, Leipzig, 1872, Nr. 51 ; *Marx-Engels Werke*, Bd. 18, Berlin/DDR : Dietz Verlag, 1973, S. 213.

건설하지 못한 채 자신이 지배하던 식민지에서 철수했던 프랑스의 무능력을 개탄한 콜베르의 비난과 상당히 비슷하다. "마르세유를 계속 흉내내는 한, 그 어떤 상사(商社)도 안 된다. 〔……〕 그들은 작은 별장에서의 유흥을 잃으니 차라리 이 세상 최고의 기회를 포기하려 할 것이다. 게다가 그들은 대규모 선박들도 원하지 않는다. 고작 아무나 가질 수 있는 소규모의 돛단배를 원할 뿐이다."* 당시에 그들이 이해하고 있었던 것처럼, **바다에 대한 권리**를 창출한다는 것은 〔프랑스〕 남부에서 찾아볼 수 있는 단순함과 독립성이 만들어준 행복, 즉 대지에서의 행복을 추구하는 자신들의 기질과 전혀 양립할 수 없었다. 이와 마찬가지로, 사회적 유토피아는 계급 적대를 통해서가 아니라 대지에 대한 혐오를 통해서 올 것이었다. 그리고 우리는 맑스가 묻혀 있는 해양 제국의 계획과 유토피아적 계획을 무한히 비교할 수 있을 것이었다.**

그렇지만 해양이라는 방벽의 불가시성 안에 자신의 폭력을 옮겨놓은 이 제국, 또 다른 형태의 타임머신인 역사에 견줄 만한 이 떠다니

---

* 루이 16세 치하의 행정 서한. 〔프랑스 연대기 기록자였던 드팽(Georges Bernard Depping, 1784~1853)이 편집한 행정 서한집을 가리키는 것 같다. *Correspondance administrative sous le règne de Louis XIV (entre le cabinet du roi, les secrétaires d'etat, le Chancelier de France et les intendants et gouverneurs des provinces, etc.)*, 4 Tom., Paris : Imprimerie impériale, 1850~1855. 앞서 비릴리오가 인용한 '어느 17세기 연대기 기록자' 도 드팽을 말하는 듯하다. 드팽은 독일 태생으로, 1803년 파리로 건너온 뒤, 1812년부터 스위스를 시작으로 유럽 전역을 여행했다는 기록만 남아 있는데, 그의 저서로는 『파리 여행』(*Voyage de Paris à Neufchâtel en Suisse, fait dans l'automne de 1812*, 1813) 등이 있다—옮긴이〕

** "유물론은 대영제국의 진정한 아들이다." Marx, *Contribution à l'histoire du matérialisme français*. 〔"프랑스 유물론에 관한 기고"는 『신성가족』 제6장 3절의 4번째 단락 '프랑스 혁명에 맞서는 비판적 전투'를 말한다. Karl Marx und Friedrich Engels, *Die heilige Familie oder Kritik der kritischen Kritik gegen Bruno Bauer und Konsorten, Marx-Engels Werke*, Bd. 2, Berlin/DDR : Dietz Verlag, 1972, S. 136—옮긴이〕

는 국가의 시간적 측면을 고려해보는 것이 훨씬 더 흥미로워 보인다. 사실상 [수위(水位) 등을 알려주는] 지표도 없이 현존함대가 이 세상에서 무사히 승리(과단성)을 얻으려면 해안선은 아닐지언정 적어도 시간, 다른 말로 하자면 이 행성의 역학 내에는 자리잡고 있어야 한다. 이 간단한 이유로, 영국인들은 오랫동안 세계 최고의 시계 제작자로 남게 될 것이다. 바다를 지배한다는 것은 시간을 지배한다는 것이므로. 흔히 말하듯이 "밤을 타서 움직이는 것"도 필요할 테니 말이다.[7]

따라서 근대적 인민 전쟁의 공식이 항해자들의 나라에서, 영국의 영향을 받은 섬나라 사람들(루이 15세 치하의 코르시카에서 살던 파올리)을 통해서 만들어진 것도 자연스러운 일이었으리라. 프랑스 제국에 맞섰던 스페인을 상기하라. 실제로, 인민 전쟁은 더 이상 주어진 영토 내에서 벌어지지 않는다. 오히려 인민 전쟁은 사회 내부에 군대를 퍼뜨려놓으려 한다(이 새로운 병사는 '물 만난 물고기' 같을 것인데, 이렇듯 액체(물)의 요소에 비유되는 것은 전혀 우연이 아니다). 인민 전쟁은 마치 해양 전투처럼 역동적인 신체들의 충돌로 진행된다. 이 전쟁은 "바다에서의 활동에 수반되는 난폭함," 절대적인 폭력, 도덕과 기존 법칙의 사라짐과 관련 있다. 인민 전쟁은 총력전이다.

---

7) 1425년경 서구에서도 나침반이 발명되기 이전에는 외양(外洋)을 항해할 때마다 북극성을 기준으로 삼아야 했다. 물론 북극성을 활용하는 항해법은 짙은 안개가 끼거나 폭우가 몰아치는 밤에는 별반 소용이 없었다. 그렇지만 나침반의 등장으로 모든 문제가 해결된 것은 아니었다. 초창기의 나침반은 특정 위도에서 오작동을 일으켰기 때문이다. 이 문제를 해결한 것이 영국의 의사였던 길버트(William Gilbert, 1544~1603)였다. 게다가 1735년 정확한 항해에 필요한 선상 시계(최초의 '크로노미터')를 만든 해리슨(John Harrison, 1693~1776)도 영국인이었다. 이때야 비로소 안전하게 항해를 하는 것이 수월해졌고, 이들의 발명품에 힘입어 영국은 20세기 중반까지 해상 왕국을 건설할 수 있다.

우리는 서구 역사에서 (무거운 엔진을 쉽사리 들어올리고, 이동시키고, 미끄러져 나아가게 할 수 있는) 해양적 요소의 자연적 활력이 불가피하게 기계적 활력으로 옮겨가는 순간,* 마치 원래의 환경 밖으로 기어나와 양서류가 되어가는 진화가 끝나지 않은 생물체처럼 기계적 운송의 몸체가 바다를 떠나가는 순간에 충분히 관심을 기울이지 않고 있다. 내용 없는 순수 관념으로서의 속도는 아프로디테처럼 바다에서 나온 것이다. 속도의 아름다움이라는 새로운 아름다움으로 이 세계가 풍성해졌다고 외치며 경주용 차를 사모트라케의 니케[8)]와 대립시켰을 때, 마리네티는 자신이 사실상 동일한 미적 감각을 언급하고 있다는 사실을 잊고 있었던 셈이다. 운송 기관에 대한 미적 감각을. 고대의 전함과 이 여신을 짝지어준 것, 파시스트 마리네티와 경주용 차를 짝지어준 것, 즉 자신이 조정간을 통제해 "이 대지를 가로지르겠다는 이상"[9)]은

---

* Filippo Tommaso Emilio Marinetti, *Manifestes du futurisme, Navigation Tactile*; Lista, *Marinnetti*. 재인용. ["촉각적 항해"(Navigation tactile)는 마리네티가 1921년 1월 11일, 파리의 어느 강연에서 밝힌 자신의 촉각론을 4쪽 분량으로 정리해 밀라노에서 발표한 성명서「촉각주의」(Il Tattilismo)를 지칭하는 듯하다. 한마디로 말하자면 촉각주의는 촉각의 잠재력을 완전히 꽃피우자는 주장이었는데, 마리네티는 바다를 재현해주는 촉각으로서 미끄러움, 금속성, 시원함을 예로 들었다. 비릴리오는 무거운 물체를 뜨게·해주는 부양력(浮揚力)을 지닌 바다의 속성에 마리네티가 금속성까지 포함시킨 점을 염두에 둔 듯하다. 마리네티는 바다를 '유연한 강철'(flessibile acciaio)이라고도 불렀다—옮긴이]

8) 1909년 2월 20일, 마리네티가『르 피가로』(Le Figaro)에 발표한 최초의「미래주의 선언문」(Manifeste du futurisme) 네번째 항목을 말한다. 원문은 다음과 같다. "우리는 이 세계의 장엄함이 새로운 아름다움, 즉 속도의 아름다움으로 풍부해져 왔다고 선언한다. 격렬한 숨을 내뿜는 독사(毒蛇)를 닮은 거대한 배기관으로 엔진 덮개가 장식된 경주용 차……산탄(散彈)을 쏘아내듯 포효하는 자동차는 사모트라케의 니케보다 훨씬 아름답다." '사모트라케의 니케'는 기원전 190년경 헬레니즘 시대의 대리석 조각으로서, 하늘에서 뱃머리에 내려와 서 있는 날개가 달린 '니케'(Nike, 승리의 여신)를 표현하고 있다.

9)「미래주의 선언문」의 다섯번째 항목. 원문은 다음과 같다. "우리는 자신만의 궤도로 자신을 내던져 이 대지를 가로지르겠다는 이상의 막대기, 그 이상의 조정간을 움켜쥐고 있는 자를 찬양하련다."

생명계의 진화론보다 훨씬 더 확실하게 실현될 기계적 진화론에서 태어난 것이다. 바다에 대한 권리는 근대 국가의 도로에 대한 권리를 창출하며, 근대 국가는 그 도로를 통해서 전체주의 국가가 된다.

이제는 더 이상 '**외부 집단**'을 희생시킴으로써 **경제를 비약**시킬 수 없다고, 즉 앞으로는 **부의 이식**이 아니라 신용과 상업적 계약을 바탕으로 경제가 이뤄질 것이기 때문에 전쟁은 **경제적으로 무익하다**고 『거대한 환상』에서 말했을 때, 노먼 에인절은 바로 이런 사실이 '정복자'를 근본적으로 억누를 것이라고 생각한 나머지 착각을 한 것이었다. 그의 논설은 논리 정연함이 부족하다. 사실상, 부의 성격이 이렇게 변했다는 것은 세계 경제의 속도가 변했다는 것, 즉 세계 경제가 이동성〔움직임〕의 단위에서 시간의 단위로 변했다는 것이다. 다시 말해서, **시간의 전쟁**으로 말이다.

영국은 현존함대와 더불어 운송 영역에서의 기술 혁신에, 좀더 정확히 말하자면 고속 엔진의 제작에 온 노력을 기울였다. 영국이 세계 최초의 거대 산업국가가 될 수 있었던 것이나 "모든 면에서 우월하다는 감정과 혼동되기도 하는 기술적으로도 우월하다는 근본적인 감정"을 자아내며 모든 나라들의 본보기가 될 수 있었던 것은 경제적 우위뿐만 아니라 바로 이런 지향점도 갖고 있었기 때문이다. 사실상 '산업혁명'이란 것은 존재하지 않았다. 오직 '질주정 혁명'이 있었을 뿐이다. 민주정〔'인민' (dêmos/δημος)의 지배〕도 존재하지 않는다. 질주정〔'질주' (dromos/δρομος)의 지배〕이 있을 뿐이다. 전략〔'장군' (stratêgos/στρατηγός)의 명령〕도 존재하지 않는다. 오직 질주학〔'질주'의 명령〕이 있을 뿐이다. 부의 실재성이 무너지기 시작하던 때, 가장 막강한 국민

독일 비행선 힌덴부르크호의 폭발(뉴욕, 1937년 5월 6일)
"오늘날의 문명은 한 가지 두드러진 특징으로 선행했던 문명들과 구분된다. 속도라는 특징이 그 것이다." 역사가 마르크 블로흐는 1930년대에 이렇게 적어놓았다. 이런 상황은 오늘날의 문명에 두번째 특징을 가져왔다. 사건이라는 특징을. 범선이나 증기선을 발명한다는 것은 곧 난파를 발명한다는 것이다. 마찬가지로 열차의 발명은 탈선의 발명이며, 자가용의 발명은 고속도로상에서 벌어지는 연쇄 충돌의 발명이고, 공기보다 무거운 물체(비행기나 기구)를 날게 만든다는 것은 추락의 발명이다(『미지수』).

들과 국민국가가 멸망하기 시작하던 때는 바로 서구의 기계적 진화론이 바다를 떠났던 그 때였다. 이상적인 미국적 생활방식이 종말을 맞이했다는 말에 논평을 달고 있는 카터의 최근 성명서도 이런 주제를 다루고 있다.[10] 진보를 파괴한 것은 질주학적 진보의 본성인 **속도**이다. 총력적 평화, **궁핍이라는 평화***를 창출하는 것도 시간을 둘러싸고 영구적으로 벌어지는 전쟁이다. 콩코드의 등장으로 이어지는 초음속여객기(SST)의 개발이 이런 파멸의 체계를 잘 보여준다(오직 속도의 법칙에만 복종하는 이런 기계들을 계속 생산하기 위해서 선진국들이 서로 협력해야 할 만큼 파국적인 것이었다). 현존함대가 처음 등장했을 때처럼, 독점을 유지하려면 새로운 엔진이 등장할 때마다 곧장 더 빠른 엔진으로 이전의 엔진을 대체해야 할 필요가 있다. 그렇지만 속도의 문턱은 점점 더 넘기 힘들어지고, 더 빠른 엔진일수록 만들기가 더욱더 어려워지고 있다. 심지어는 사용하기도 전에 시대에 뒤떨어진 폐물이 되기도

---

10) 1977년 1월 20일, 미국의 제39대 대통령이 된 카터(Jimmy Carter, 1924~)의 취임 연설문을 말한다. 이때는 워터게이트 사건의 여파로 대부분의 미국인들이 정부를 불신하던 상황이었을 뿐만 아니라 결혼율의 하락, 사생아, 낙태, 범죄, 마약복용의 급증 등으로 미국적 생활방식이 의문시되던 때이자 소득 불평등, 실업률 급증, 스태그플레이션 등으로 미래에 대한 비관이 팽배했던 때이기도 했다(1977년은 비릴리오가 『속도와 정치』를 출간한 해이기도 하다). 남부의 땅콩농장 경영주에서 일약 대통령으로 선출되어 '아메리칸 드림'의 본보기로 여겨졌던 카터는 이 취임 연설문에서 "우리는 시대의 변화를 받아들여야 하지만, 변하지 않는 원칙들은 고수해야 한다"라며 "아메리칸 드림은 계속 되어야 한다"라고 말했다.
* 전쟁이라는 평화, 궁핍이라는 평화(브리앙). "오늘날에는 그 누구라도 1939년의 국제 정세 [제2차 세계대전]가 재개되는 것을 보고 싶어하지 않을 것이다. 그런 일이 발생하면 사실상 체제가 완전히 파괴될 것이기 때문이다." 전시 경제에서 평시 경제로의 이행을 다룬 〈국제연맹〉(La Société des Nations)의 보고서, 1943년 5월. 〔'궁핍이라는 평화'는 장기간의 소모전으로 전쟁 당사국들의 경제가 피폐해진 나머지 이뤄지는 평화를 얘기한다. 흔히 16~17세기의 종교 전쟁(특히, 30년 전쟁)의 종결을 지칭하는 말이기도 하다. 브리앙(Aristide Briand, 1862~1932)은 프랑스의 정치인으로서, 외무장관 재직 당시인 1928년 8월 27일 전쟁을 외교 정책의 수단으로 삼지 않겠다는 '파리 조약'을 성사시켰다.—옮긴이〕

한다. 말 그대로, 작동하기도 전에 생산이 중단되는 것이다. 이렇게 '속도에 의해서' 이 산업 폐기물의 이윤 체계가 추월당하는 셈이다!

그러므로 부, 자본 축적, 생산 양식이 그것들을 둘러싼 방벽에서 자유로워진다는 것은 자유 기업이나 사회화에 도달한다는 것이 아니라 **자신들의 '운송 능력'** (puissance véhiculaire), 최대의 역학적 능률에 도달한다는 것이다. 질주학적 진보의 본질 속으로 사라져버리는 것은 다름 아닌 부라는 '무익함'이다.

인구가 적은데도 불구하고 서구인들은 우월하고 지배적인 것처럼 여겨져왔다. 그들이 **훨씬 더 빠르다**고 여겨졌기 때문이다. 식민지를 둘러싼 대량 학살과 인종 말살에서도 서구인은 **'생존자'** (survivant)였다. 그도 그럴 것이, 서구인은 **'매우 활발한'** (sur-vif) 자였기 때문이다. 프랑스어 '비프'(vif)에는 적어도 세 가지 뜻이 있다. 폭력(갑작스런 무력 행사, 느닷없는 격렬함 등)의 비유인 **재빠름**과 **신속함**〔속도〕, 그리고 **생명** 그 자체(살아 있다, 생명이 붙어 있다!).

질주정 형태의 진보가 실현되자, 인류는 더 이상 다양하게 존재할 수 없게 된다. 인류가 단지 **희망적인 사람들**(언젠가 다가올 미래에 희망을 만날 수 있고 지금부터 속도를 축적할 수 있도록 허용된 사람들, 그래서 가능성, 즉 계획·의사결정·무한함에 다가갈 수 있는 사람들 : **속도는 서구의 희망이다**)과 열등한 기술적 운송장치 때문에 유한한 세계에서 근근히 살아갈 수밖에 없는 **절망적인 사람들**만으로 구분되는 경향이 생긴 것이다. 따라서 이동-권력, 다른 말로 하자면 경향이나 흐름의 연구가 지식-권력이라는 연관 논리를 제거하게 됐다. 프랑스 군사학교가 더 이상 지리학을 가르치지 않게 되고, 경찰이 '범죄통계장치'[*]의 실험을 개시했던 지난 5년 동안 이 과정은 뚜렷해졌다.

중국처럼 어마어마한 영토를 가진 제국들은 '근대화'를 시도하려고 했으나, 19세기 이래로 이 내용 없는 순수하고도 새로운 질서, 도저히 막아낼 길 없는 질서에 복종할 수밖에 없었다. 그리고 오늘날, 중국과 베트남의 인민군은 (느린) '동물적 가치'로 상징되는, 좀더 정확히 말하자면 핵 재앙에도 견뎌낼 '생존력의 가치'로 상징되는 인민들의 부대와 (신속한) 기계화 부대를 구분하는 어려운 재편 과정을 겪고 있다. 전자의 경우, 우리는 1932년[1932년 1월 29일에 시작되어 5월 5일에 끝난 상해사변(上海事變)] 상해의 중국 인민들이 진작에 이런 역할을 했다는 점을 상기할 수 있을 것이다. 사실상, 이들이야말로 도시 중심부를 초토화하려던 일본의 대규모 공습 실험을 견뎌낸 세계 최초의 인물들이었다. 일찍이 모의 경계경보, 훈련, 도시 방공호 체계 등, 정치 지도자들이 생각하기에 독일 시민들의 심리 형성에 지대한 영향을 끼칠 것이었던 '안보 계획'을 면밀히 검토했을 때 독일의 군사령부도 [공습이 끼칠] '사회적 여파'를 점검했던 것이었다. 운명이 기이하게 꼬인 나머지, 오늘날에는 중국이 이런 국가사회주의 식의 동원에서 가장 많은 영감을 받게 됐다.

시간의 전쟁을 통해서, 최후의 혁명적 희망은 인민들의 사회적 초월에서 제로-시간[11]의 초월로 뒤바뀌었다.

---

* 고백은 필요없게 됐다. 경찰들이 각 관할구역에서 수집한 정보는 모두 로니-수-브와에 위치한 국가보안경찰청 본부의 중앙컴퓨터 범죄통계장치(막연한 통계의 시각화)로 들어간다.
11) Zero-Hour. 공격(작전)개시 시각. 초읽기(3, 2, 1……)의 마지막 수(0)에서 유래된 표현으로서 'H-시간(H-Hour)으로도 불린다. 따라서 '제로-시간의 초월'이란 특정 시간(속도)에 구애받지 않고 공격할 수 있는 상태를 말한다.

그러므로, 무장한 인민들에게서 순수한 기계적·군사적 요소를 추출해낸다는 것은 중국의 지도자들에게 있어서 중요한 정치적 결정이었다. 그도 그럴 것이 인민과 군대가 생물학적으로 그토록 밀접히 연결되어 있던 곳, 그것도 인민의 도구와 군대의 도구가 서로 구분될 수 없을 정도로 연결되어 있었던 곳은 [중국말고는] 그 어디에도 존재하지 않았기 때문이다. 따라서 이 혁명적 일체성은 또 다른 사실, 즉 **자신들의 역학적 능률에 따라 움직이는 숙련된 부대**가 계급 투쟁을 대신하게 됐다는 사실(해군 대신 공군, 경찰이나 정치 대신 지상군 등)이 발견되자마자 곧바로 잔혹하게 분쇄되어 버렸다. 라틴아메리카에서는 이미 옛날부터 이런 상황이 희화화되고 있었다.

4_현실적 전쟁

> 만세! 더 이상 불결한 육지에 닿지 않게 됐다!
> — 마리네티, 1905.[1]

1914년, 유럽의 최고사령관들은 여전히 클라우제비츠나 나폴레옹 1세를 신봉했다. 그들은 신속한 돌파, 단기간의 과감한 전투를 통한 지상전에 전력을 기울였다. 이런 형태의 교전이 지닌 장점은 군사적 영토 배치가 제기하는 문제들을 피해갈 수 있다는 점이었다. 왜냐하면 이런 교전에서는 병참학적 노력이 별로 중요하지 않았을 뿐만 아니라, 특히 계속될 필요가 없었기 때문이다. 어떤 의미에서 이것은 지형 없는 전쟁, 그도 아니면 최소한 지형과 별 관계없는 전쟁이었다!

우리는 여전히 자신들의 종말이 임박했다고 느끼던 유럽의 군주제 세력들이 최후의 생존 신호를 보냈던 빈 회의의 심리 상태에 머물러 있다. 『전쟁론』에서 클라우제비츠가 그랬듯이, 이들은 절대적 전쟁

---

1) Filippo Tommaso Emilio Marinetti, "A l'Automobile", *Poesia*, August 1905. 원래 프랑스어로 쓰어진 이 시는 「페가소스에게 바치는 디튀람보스」(Dithyrambes à mon Pégase, 1908년)라는 제목으로 바뀌었다가, 그 이후 「경주용 자동차에게」(A l'Automobile de course/All'Automobile da corsa)라는 제목으로 바뀌어 1912년, 1919년, 1921년 연달아 발표될 만큼, 마리네티가 애착을 가졌던 시이다.

과 총력전을 구분하려 필사적으로 노력했다.[2] 총력전은 어디에나 존재한다. 총력전이 최초로 수행된 곳은 바다이다. 당연한 말이지만, 해양이라는 방벽에는 전 지구적 차원에서 벌어지는 운송 장치의 운동을 가로막는 영구적인 장애물이 존재하지 않았기 때문이다. 그렇지만 이런 형태의 전체주의적 교전은 항구적인 하부구조가 도처에 갖춰져 있기만 하다면, 육지에서도 실현될 수 있다. 보방이 말했듯이, 우리는 이 세계에 존재하는 모든 거주 지역에서 전쟁을 수행할 수 있어야 한다.

"어느 곳에나, 하늘의 법과 영광이 이끄는 곳으로."[3] 의미심장하게도 영국의 공병대는 이 좌우명을 편재(遍在), 즉 '어느 곳에나'로 줄였다. 이 말은 군사 공학자들이 지구를 재편했다는 사실, 미래 전장의 하부구조로 사용하기 위해서 대지를 단일한 방벽처럼 서로 '연결해놓았다'〔교통 가능하도록 만들어놓았다〕는 사실을 뜻한다.* 루카치가 독일 사회주의를 논하면서 언급한 것처럼, **이것**은 "작업장으로서의 풍경이

---

2) 정확히 말하자면 클라우제비츠가 『전쟁론』에서 구분한 것은 '절대적 전쟁'(Absoluter Krieg)과 '현실적 전쟁'(Wirklicher Krieg)이다(제3부 8편 2장). 그가 말하는 '절대적 전쟁'이란 '전쟁의 순수 개념'에 근거한 전쟁, 즉 "〔전쟁 당사자인〕 양자 중 어느 한 편이 완전히 타도되기 전까지 군사적 행동에는 정지가 있을 수 없으며 종료될 수도 없다"는 전쟁 이념에 부합하는 전쟁이다. 그에 반해 '현실적 전쟁'이란 전쟁의 이런 이론적 개념과는 달리, 전쟁의 동력인 적대감정이 갖가지 요인들("인간 정신의 모순, 불명확성, 소심함……지배적 관념, 감정, 상황의 결과) 때문에 중지되거나 완화되어 종결되는 전쟁을 말한다. 클라우제비츠가 이런 구분을 한 이유는 전쟁 이론(절대적 전쟁)과 실제 전쟁(현실적 전쟁)의 괴리를 지적하기 위해서였다.
3) Ubique quo fas et gloria ducunt. 1832년 영국의 국왕 윌리엄 4세가 당시 영국의 식민지였던 캐나다의 〈왕립 포병대〉(Le Régiment royal de l'artillerie canadienne)에게 하사한 좌우명. 제1차 세계대전 종전 뒤인 1926년 8월 5일, 당시 국왕이었던 조지 5세는 각 부대의 공로를 평가하면서 모국을 포함해 캐나다 이외의 영국 자치령 부대들도 이 좌우명을 사용할 수 있다는 칙령을 내렸다.
* 이것이야말로 해군의 공학자들과 자유주의적 자본주의가 만들어놓은 전체주의적 제국에게 공병대가 보낸 기술적 대답이었다.

설계된 풍경으로, 즉 제국적 공간으로" 변형된 세계이다. 레셉스가 프랑스 아카데미에 들어왔을 때, 르낭은 레셉스가 수에즈 운하를 새로운 보스포루스[4] 해협으로 만든 탓에 "평화를 찾으려다 전쟁을 만든 꼴"이라며 그를 비난했다.[5] 그 뒤 거의 한 세기는 르낭의 예언과 한치도 어긋나지 않았다. 수에즈 지협을 뚫겠다는 것은 일군의 생시몽주의자들[6]이 죽은 뒤에도 과학기술 전문가들의 오랜 꿈이었다. 그리고 군사전문가들은 이 계획의 실현이야말로 완벽한 국제적 커뮤니케이션의 확실성을 보여주는 새로운 지표, 전세계적 차원의 전략을 도출하는 데 있어 중요한 가속화의 지점이라고 생각했다. '전세계의 지도를 재작성'함으로써, 이들은 새로운 수직적 트러스트뿐만 아니라 동양으로 '전쟁을 운송' 할 수 있는 길을 열어놓았다. 19세기의 거대한 지정학적 혁명과 더불어, 사회 기구들과 경제 기구들은 활동 공간을 이동가능한 공간으로 만드는 혁명에 전적으로 의존하기 시작했으며, 전쟁이라는 현상은 스스로 교전의 근거를 창출해 이것을 확장시키는 식으로 직접 커나아가기 시작했다. 그러므로, 이들은 예나 지금이나 수에즈나 파마나

---

4) Bosporus. 유럽과 아시아 지역을 가르고 있는 해협으로서, 흑해와 마르마라해를 잇는 관문이기도 하다. 그 지정학적 특성 때문에 크림 전쟁(1853~56)의 주요 격전지가 됐다.
5) 1884년 4월 23일, 프랑스 아카데미의 회원으로 선출된 레셉스에게 르낭이 했던 말이다. 르낭은 이런 말도 했다고 알려져 있다. "그러니까 선생님께서는 미래에 발생할 대규모 전투의 장소를 설계하신 거로군요". 르낭의 예언대로, 1888년 수에즈 운하의 중립화와 국제화를 표방한 국제 조약이 콘스탄티노플에서 조인된 뒤에도 수에즈 운하는 유럽 열강들의 각축장이 됐다.
6) 프랑스의 생시몽주의자였던 앙팡탱(Barthélemy Prosper Enfantin, 1796~1864)을 비롯해, 그가 1847년에 창립한 〈수에즈 운하 연구협회〉(société d'études pour le canal de Suez)의 회원들을 지칭한다. 이들의 계획은 수에즈 운하가 건설될 경우 독일과 프랑스에게 유럽 경제의 주도권을 뺏길 것이라고 생각한 영국 자본가들과 정치인들의 격렬한 반대와 방해공작으로 곧 무산됐다.

를 위해 죽어가고 있는 셈이다.

그렇지만 촌스럽고 사방이 폐쇄되어 있던 프랑스는 1914년까지도 군사적 운송의 편재성을 별로 개발하려 들지 않았다. 그래서 교전을 수행할 때마다 자신들의 무거운 이동 엔진과 함께 곧 땅 속으로 움푹 가라앉을 수밖에 없었다. 전쟁은 더 이상 단기간의 매력적인 산보, 여행 같은 산책이 아니었다. 1916년 2월부터 12월까지 베르됭에서 약 1년을 버텨낸 이후로 교전 당사자들은 서로를 땅에 묻으며, 전례를 찾아볼 수 없었던 전투를 알게 됐다. 즉, **군대는 더 이상 그냥 왔다가 갈 수 없게 됐다.**

이런 점에서 프랑스의 반응은 중요하다. 애초에 프랑스는 정치적 거리를 유지하고 싶어했으며, 국내의 질서를 보장해주리라 여겼던 코뮌 식의 도식으로 돌아가 있었다. 국가는 하나의 경계선을 통해 두 쪽으로 쪼개졌다. 민주주의적 정부, 경제 활동과 상업 활동, (페미니스트들의 투쟁을 의심스럽게 만들) 여성 보급대로 이뤄진 새로운 모권 사회가 있는 '민간인들'의 프랑스가 후방에 있었다. 그리고 전방에는 방벽을 강화하는 '군대의' 프랑스가 있었다. 페리는 이렇게 말했다. "최고 사령관은 더 이상 전쟁의 수장이 아니다. 그는 **영토의 행정관이다.**"* 민

---

* Abel Ferry, *La guerre vue d'en bas et d'en haut* (Lettres, notes, discours et rapports), Paris : Grasset Editeur, 1920. 군 복무 중이던 1918년 9월 15일 전사한 보주 현(縣)의 하원의원 페리는 "프랑스군의 동원령이 완전히 끝나자마자 곧바로, 이해 집단들의 요구에 신경쓰지 말고" 자신의 작업을 발표해 달라는 부탁을 아내에게 남겼다. 그의 작업은 "전쟁 발발 뒤 처음 몇 달 동안 의회 통제의 필연성을 설교했던 각료 회의, 그리고 전쟁터에서 얻은 이중의 교훈"을 담고 있었다. 이후의 인용문들도 모두 이 책에서 따왔다. [페리(1881~1918)는 프랑스의 정치인으로서, 1914년 6월 14일 비비아니(René Viviani, 1863~1925) 내각의 외무부 부장관에 임명됐다. 제1차 세계대전 당시 내각에 제출한 전황 보고서의 작성자로 유명하다—옮긴이]

간인들의 힘이 전투를 구체화할 수 있는 영토, 국내로 확산되거나 국내에서 벌어져서는 안 되지만 "폭력을 무제한적으로 사용할 수 있는" 전쟁, 즉 절대적인 전쟁에 군사 프롤레타리아트를 가둬둘 수 있는 영토. 바로 이것이 소모전이다. 최고사령관에게는 현대판 데키마시온[7], 즉 전쟁 초기에 병력이나 물품을 어마어마하게 소모하는 것이야말로 장군의 경력에 있어서 최고의 상이었다. 이것은 군사령관의 위대한 활약, 그의 인격, 심지어 (전쟁학자들의 전문용어를 빌리자면) 그가 사용하는 병법의 정통성, 그러니까 클라우제비츠가 말했던 것처럼 유혈 참사에 직면해서도 퇴각하지 않도록 해주는 '선의의 부재', '무제한적인 무력 사용'을 보여주는 표식으로 간주됐다. 그렇지만 여기서 또다시, 자신의 동시대인들처럼 문명화된 국가의 사회적 상황이 결국 다른 국가들의 전쟁보다 자신들의 전쟁을 훨씬 덜 잔혹하고 덜 파괴적인 전쟁으로 만들어 주리라고 생각했던 이 프로이센의 장군은 자신이 시대에 뒤떨어졌다는 점을 금방 깨닫게 된다.

교전이 발발한 지 겨우 몇 달도 안 되어서, 군대의 노후화를 이성적으로 평가하라는 최신의 병참 업무를 맡게 된 페리는 산업화된 이 전쟁, 유례를 찾아볼 수 없을 정도로 너무나 간단하고도 완벽하게 없어져 버리는 전투 병력들을 제때에 보충할 수 있을 만큼 신속히 전개되는 이 새로운 전쟁이 가져온 피해를 평가하는 것이 얼마나 어려운 일인지 알게 됐다. 이 자발적인 소모전은 사상 최초로 벌어진 사라짐

---

[7] Decimation. 열 명에 한 명씩 제비를 뽑아 죽였던 고대 로마의 군사 형벌로서, 폭동에 가담하거나 반란을 일으킨 부대 또는 병사를 처벌하는 수단이었다.

총력전의 희생자들(제1차 세계대전 당시의 서부 전선, 1917년)
"제한 없이, 특정한 목표 없이" 전개되는 통제 불가능한 총력전은 오랜 시간 동안, 게다가 예상할 수 있을 법한 뚜렷한 결말도 없이 모든 영역에 걸쳐 진행된다. 따라서 [전쟁이 끝난 뒤에도 그 관성으로 인해] 평화와 전쟁이 동일시되며, 평화와 전쟁은 둘 다 멸망의 체계가 되어버린다(『영토의 불안정성』)

의 전쟁이자 소비의 전쟁이었다. 인간, 물품, 도시, 풍경의 사라짐. 그리고 탄약, 물품, 인력의 무절제한 소비. 격조 높은 전투 계획과 공격 명령은 시간이 지날수록 새로운 고려사항에 자리를 내줘야 했다. 참호에서 소비되는 수류탄, 생산 프로그램, 보급의 균형과 평가가 그것이었다. 예컨대 1917년에 개시된 어느 공격에서 프랑스군은 75종의 포탄 6백 94만 7천 발을 소비했다. 이 분량은 당시 비축 물자의 28퍼센트에 해당하는 양이었다. 그런데도 이들의 표현에 따르면 이것은 "포병대의 하루 소비량"에 불과했다. 그 이래로 최고사령관의 사견(私見)은 형편에 따라 **손쉽게 수행**되는 전쟁, 불가능에 부딪혀 움쭉달싹 못하게 되는 상황을 막아주는 이른바 '현실적 전쟁' 속에서 사라져버렸다. 프랑스의 전쟁성과 무기성은 분리됐는데, 총력전의 기술관료인 부시와 슈페어를 예견한 저 유명한 인물 루쇠르가 무기성을 이끌었다.

    소모전은 새로운 분기점이었다. 그동안 부르주아 사회는 절대적인 폭력을 군사 지역이라는 고립된 장소에 가둬둘 수 있다고 믿어왔다. 그렇지만 공간이 없어진 전쟁은 인간의 시간 안으로 스며들어왔다. 즉, 소모전은 시간의 전쟁이기도 했다. 혁명력 2년의 군대처럼, 1914년의 동원 대중들은 '울트레이아!'〔앞으로!〕를 외치며 전투에 내던져졌다. 그러나 결국 이 전투는 일련의 개별 행동, 하사관들의 전쟁, 매일 매달 똑같은 장소에서 서로를 뒤이어 죽음을 향해 치닫는 짧은 쇄도로 뒤바뀌어 버리거나, 그도 아니면 땅에 붙박인 채 폭격에 맞아 산산조각 날 종말을 기다리는 부동의 사람들을 위한 '오랜 휴가' 같은 전쟁으로 변해버렸다. '군사 지역'의 프롤레타리아트 거주지가 '도시 지역'의 시궁창을 대체했다. 아무도 살지 않던 땅이 교외〔'추방의 장소〕로, 더 이상 운동을 기약할 수 없는 중성화된 공간으로 변해버린 것이다. 국가라는 요새의 입장에서 보자면 운동의 상실은 단기적으로는 **좋은 상태〔건강〕의 상실**, 장기적으로는 곧 죽음이었다. 엥겔스가 라살레에게 예견했듯이, 돌격을 거부하는 병사들이 반란을 일으키고 불복종하기 시작하면 이것은 곧 무질서한 도시 봉기, 도시 대중들의 정체로 이어지고, '완전한 내전'으로 변해버릴 것이었다. 이것은 '프롤레타리아트의 격렬한 힘'(트로츠키)[8] 내부를 향한 회귀였다. 1917년, 프랑스의 국가적 전쟁은 대중들의 눈앞에서 옛날의 혁명적 위신을 잃어버렸다. 단지 더 이상 '앞으로' 나아갈 수 없었기 때문이다. 국가적 전쟁은 더 이상 습격자의 우월한 속도를 따라잡을 수 없었고 죽음에 맞선 경주, 전쟁의 엔진에 맞선 경주에서도 이길 수 없었다.

대중들, 잔뜩 겁에 질린 무장 군중들의 여행은 자신들을 박수로 떠나보내는 도시 시민들 앞에서 박자를 맞춰 노래 부르며 행진하던 거리를 지나 철도로 이어진다. 그리고 나면 이 군대의 가축〔병사들〕은 재빨리 수레〔군용열차〕에 올라탄다. 그리고 만사가 매우 신속하게 끝난다. 드 프와의 지휘관[9]은 이렇게 적고 있다. "나는 장엄한 열정으로 돌격하던 우리 보병들이 예상치 못한 기관총 공격으로 느닷없이 쓰러져가는 것을 누차 봐왔다. 몇 분도 안 되어 전장은 시체로 뒤덮였다."

---

8) 『테러리즘과 공산주의』(*Terrorismus und Kommunismus*, 1919)라는 책을 통해 러시아 혁명의 폭력성을 비난했던 카우츠키(Karl Kautsky, 1854~1938)에 대응하여 트로츠키는 러시아 혁명을 옹호했는데, 이때 그가 즐겨 썼던 표현이 바로 '프롤레타리아트의 격렬한 힘'이다. 즉, 프롤레타리아트의 격렬한 힘을 두려워해서는 안 된다는 말이었다. "프롤레타리아트라는 분화구에서 혁명이라는 용암이 분출하기 시작할 것이다." Leon Trotsky, *Our Revolution : Essays on Working-Class and International Revolution, 1904~1917*, New York : Henry Holt and Co., New York, 1918.

훌륭한 지휘관에게는 부대의 **정주**를 제거할 수 있는 비범한 재주가 있는 법이다. 따라서 그는 "어떤 종류의 지형도 돌파할 수 있는 장갑차"를 구상한 뒤 1915년 11월 25일부터 이 새로운 전쟁기계의 대량 제작에 착수한다. 1916년 1월 31일경 그들[영국]은 4백 대의 탱크를 제작하게 되는데, 전장에 처음 모습을 드러내자마자 이것들이 불러일으킨 심리적 영향은 엄청났다. 얼마 지나지 않아서 장군들은 이 '자동 동력으로 움직이는 성채'를 될 수 있는 한 많이 만들어달라고 아우성치게 됐다. 이것들은 프리드리히 대왕의 금언, "승리한다는 것은 전진한다는 것이다!"라는 금언에 사로잡힌 군사 철학을 완벽하게 구현한 새로운 기계였다. 그래서 보아용 공격에서 쓰러지기 전에, 페리는 이렇게 쓸 수 있었다. "전례가 없을 정도로 프랑스군의 사기가 하늘을 찌르게 됐다. 지난 달, 파르네[파리 북서쪽 멘-에-르와르에 있는 마을]에서 휴가를 보낸 병사들은 휴가가 너무 길다고 느낄 정도였다. **그들은 마치 행복을 찾아가듯이 전선으로 돌아갔다.** [……] 그들의 마음은 벌써 뫼즈[프랑스 로렌 주의 현]나 라인에 가 있었다. **드디어 내 꿈을 맘대로 펼칠 수 있겠구나!**"

속도는 서구의 희망이다. 군대의 사기를 지탱해주는 것은 다름 아닌 속도이다. "전쟁을 손쉽게 수행"할 수 있도록 해주는 것은 운송이

---

9) 제1차 세계대전 당시 서부전선에 배치되었던 영국군 제14군단을 지휘한 람바트(Frederick Rudolf Lambart, 1865~1946) 장군 아니면 파리에서 남서쪽으로 약 116km 떨어져 있는 도시 빌-드-프아에서 람바트 장군을 만났던 스윈턴(Sir Ernest Dunlop Swinton, 1868~1951) 중장을 말하는 듯하다. 당시 스윈턴 중장은 영국 정부의 전쟁 통신원으로 서부전선에 파견되어 있을 때였는데, 람바트 장군과 얘기하던 중 세계 최초의 장갑차를 구상하게 됐다고 한다. 이어지는 내용으로 보건대, 스윈턴 중장이 좀더 가까운 듯하다.

공간의 전쟁에서 시간의 전쟁으로(제1차 세계대전 당시 서부 전선에서 처음 선보인 탱크, 1916년)
 '총력전'이 새로운 파괴 수단의 절대적인 속성, 그리고 그에 따른 〔공간의〕 축퇴(縮退)로 인해 더 이상 공간적으로 팽창할 수 없는 총체적 불가능성에 직면하게 될 때, 바로 그 때부터 총력전은 시간 속에서 무한히 팽창한다. 따라서 위대한 습격, 즉 공간의 정복을 둘러싼 전쟁, 국가 권력이나 식민지 권력이 팽창해 나아가던 시대의 전쟁을 뒤이어 쉽게 지각되지 않는 '시간의 전쟁'이 등장하게 된다(『부정의 지평』).

며, 어떤 지형도 돌파할 수 있는 장갑차는 장벽을 제거해준다. 장갑차의 등장과 더불어, 육지는 더 이상 존재하지 않게 된다. 장갑차를 '모든 지형'을 다닐 수 있는 운송장치라고 부르기보다는 차라리 '**지형에-상관없는**'(sans-terrain) 운송장치라고 부르는 것이 더 낫다. 장갑차는 제방을 기어올라가고, 나무 사이를 질주하고, 진창을 휘저어 나가고, 앞길에 놓여 있는 숲과 돌덩이를 헤집어 나가고, 관문을 부숴버린다. 장갑차는 도로나 철도가 그려 놓은 낡은 궤적에서 벗어난다. 장갑차는 속도에, 폭력에 완전히 새로운 기하학을 제공해준다. 라디오 송수신기가 등장하기 전까지 장갑차는 이미 단순히 동력으로 움직이는 차라기보다는 발사장치이자 발사체가 됐다. 장갑차는 발사체(포탄)를 쏘거나 스스로 발사체가 된다. 따라서 장갑차의 등장과 더불어 죽음은 또다시 죽음을 죽이게 됐다. 장갑차는 독일군의 무시무시한 기관총에 당당히 맞설 수 있게 해줬기 때문이다. 드 프와의 지휘관은 자동 동력으로 움직이는 이 요새로 뒤덮일 전투에 대해서 말 그대로 예언자적인 식견을 가지고 있었다. 거리를 떠난 이래로, 군사 프롤레타리아트는 도로와의 접촉점을 잃어버렸다. 그렇지만 이제부터는 그 어떤 곳도 충분히 가능한 공격의 궤적이 될 수 있다. 전장은 이제 장애물도 없을 뿐더러 신속한 엔진으로, 즉 '육지의 전함'으로 아무데나 질주할 수 있는 해양의 방벽처럼 되어버렸다.

공간이 결여된 소모전은 시간 안에서 펼쳐진다. 살아남으려면 지속해야 하는 것이다. 지형에 대한 전방위적 공격, 그도 아니면 차라리 지형에 상관없는 공격은 그 어떤 궤적(진로의 궤적)도 무한히 그러나 가며 육지를 완전히 붕괴시켜 사라져버리게 만드는 전쟁을 선보였다.

사람들은 갑자기 새로운 '육지에 대한 권리'를 마주하게 됐다. 바다에 대한 권리가 전체주의적인 것처럼, 육지에 대한 권리는 새롭게 등장할 또 다른 현상을 대중들에게 넌지시 보여줬다. 공격용 자동차들의 쇄도는 1914년 당시 파리의 포장도로를 미친 듯이 휩쓸었던 승합용 자동차들의 쇄도를, "전쟁의 낡은 요소가 종말을 맞이할 최후의 낭만적 전투"(장 드 피에르퓨)였던 마른 전투(Le bataille de marne. 제1차 세계대전 중인 1914년 9월 6~12일 파리의 북동쪽 마른강을 사이에 두고 벌어진 전투)까지 연장한 것이었다. 군사 수송(운송)의 속도는 더 이상 "실존적 시간의 현기증 나는 흐름을 지칭하는 은유"가 아니다. 공격 엔진의 속도 측정기는 그 엔진에 올라 탄 사람들에게는 말 그대로 '실존의 수량기,' 그 생명의 잔여량을 측정하는 수단이다.

영국군의 최고사령관[10]이 이와 같은 질주학적 진보의 주요 시점에 취했던 태도를 지적해두는 것도 흥미로운 일이다. 최초의 대륙 공격(몽스 전투(1914년 8월 23~26일). 프랑스군과 독일군이 최초로 부딪힌 교전)을 시작으로, 이 해양 민족은 쉽게 끝나지 않을 대륙에서의 전투에 발목이 붙잡힐지도 모른다는 사실을 전혀 개의치 않은 채 또다시 (바다라는) 넓은 공간으로 나왔다. 사람들이 말했듯이, "그는 몸으로 부딪히는 전투보다는 기계로 하는 전투를 더 좋아했다"(사람들은 기계가 아니라 엔진이라고 말했어야 했다). 영국군은 바다에 50만 명, 병기고와 군수공장에 3백만 명을 투입했다. 지휘관의 명령이 뒤죽박죽인 상태

---

10) 제1차 세계대전의 발발 직후 〈영국원정군〉(The British Expeditionary Force, B.E.F.) 총사령관으로 서부전선에 투입된 프렌치(John Denton Pinkstone French, 1852~1925) 장군을 말하는 듯하다.

에서 불완전하기 그지없는 의지만으로 참전했던 것이라면, 영국군이 처음에 솜[11] 북쪽의 육지 전투에서 '육지의 전함'을 진수시키고 싶어 했다는 사실도 이해할 만한 일이다. 이들이 끝까지 애착을 버리지 않게 될 지형에 구애받지 않는 이 공격 기계는 1942년 사막에서 그 모습을 또 한번 드러낼 것이었다.

---

11) Somme. 파리 북서부의 피카르디 주에 있는 현으로서 영국해협을 마주보고 있다. 제1차 세계대전 당시인 1916년 6월 24일부터 11월 13일까지 이곳에서 연합군과 독일군의 대규모 전투가 벌어졌는데(제1차 솜전투), 이 전투에서 영국군은 7월 1일 하루에만 1만 9천 명의 전사자를 낳는 등 총 42만 명의 병력 손실을 입었다. 영국군이 최초로 장갑차를 선보인 전투이기도 하다.

질주정 사회

완전무결한 육체의 향연이라는 꿈(제11회 올림픽, 베를린, 독일, 1936년 8월 1일~16일)
나치 정권은 모든 독일인들에 대해 속속들이 기록해둘 수 있도록 무상 의료보험을 개시한 뒤, 국민들을 마치 엑스레이로 찍듯이 샅샅이 조사하는 일에 착수했다. 병든 자들은 죽여버리거나, 이미 법의학으로 변해버린 의학연구에 (일종의 실험동물로) 넘겨줬다. 마치 예방 차원에서 병든 가축을 처치해버리는 듯한 박멸이 실행됐던 것이다. 총력전의 개시 첫날, 치료 불가능하다고 판명된 수백만 명의 인간(유태인, 집시, 슬라브인 등)을 죽이라는 법령에 히틀러가 확신을 갖고 서명할 수 있었던 것도 이 때문이다(『무엇이 올 것인가』).

5_무능한 육체

> 위험, 그러나 편안하기 그지없는!
> — 괴링 장군

헤르만 괴링은 제1차 세계대전에 조종사로 참전했다. 그도 그럴 것이 류머티즘 증세가 있었던 그에게 보병으로서 장거리 행진을 해야 한다는 것은 힘겨운 일이었기 때문이다.

다양한 전투, 특히 17세기 이후의 전투를 통해서 군대 질병에 대한 자각이 점점 자라나기 시작했다. 그에 따라 정형외과가 촉망받는 산업으로 발전했다. 살아 있는 육체의 기관에 전쟁기계가 가한 손상을 또 다른 기계, 즉 인공 보철물(補綴物)로 복구시킬 수 있다는 것도 깨닫게 됐다. 프랑스는 불구자들을 군복무에서 제외시켰지만, 독일은 그렇게 하지 않았다. 1914년 당시 독일에는 군복무 면제자가 거의 없거나 전혀 없었다. 독일은 육체적 불구자들이 저마다 지닌 특수한 장애 상태를 감안해 그들도 모두 활용한다는 결정을 내렸기 때문이다. 예컨대 귀가 먼 사람은 포병대에, 등이 굽은 사람은 자동차 부대에 배치하는 식이었다. 역설적이게도, 군부가 대중들에게 가한 운동의 독재는 **무능한 육체를 활성화**했다. 이렇듯 [독일군이] 외과의 인공 보철물과 기술적 운송장치를 너무나 완벽하게 융합해 사용한 나머지, 결국 프랑스 군사령부도 "전투를 한 번도 치러보지 못했던 젊은이들, 그것도 그중의 1/4은 말라리아에 걸려 있던 젊은이들"(르노델의 보고서)에게 탱크를 지급할 수밖에 없었다.

1921년, 마리네티는 장갑차를 이렇게 은유화했다──초인은 [장기나 조직을] 이식 받은 자, 추진력을 지녔기에 대담해질 수밖에 없는 **비인간**, 자신의 역동적 행위로 시간과 공간을 절멸시킬 수 있는 기계화된 육신의 어마어마한 힘 속으로 사라져버리는 동물적 신체이다.[1] 그동안 마리네티의 저작을 이런저런 종류의 예술적·정치적 범주에 짜맞추는 일은 허망한 시도였다. 사실상 미래주의는 단 하나의 예술에 근거하고 있다. 전쟁의 예술[병법], 그리고 전쟁의 정수(精髓)인 속도의 예술[기예]이 그것이다. 미래주의는 1920년대의 질주학적 진화에 관한 가장 눈부신 전망을, 초음속의 측정 수단을 제공해준다!

사실상 '강철 벽감'에 뙈리 튼 인간의 육체는 전쟁이라는 드문 흥분을 추구하는 호전적인 멋쟁이의 육체가 아니라, 이중으로 불구인 프롤레타리아 병사의 육체이다. 늘 그래 왔듯이 의지를 박탈당한 프롤레타리아 병사는 오늘날 자신의 역사적 사명, 즉 공격이라는 사명을 완수하기 위해 운송적 인공 보철물에게서 물질적 도움을 받아야 한다. 별안간, 질주광의 어마어마한 동적 힘은 평가 절하된다. 무기력하게 움직이는 대중들을 향한 경멸, 그리고 이들을 처리하는 방법의 본질을 소모전이 이미 보여준 바 있다. 현실적 전쟁은 이런 대중들이 [유럽이

---

1) Filippo Tommaso Emilio Marinetti, *L'Alcova di acciaio*, Milan : Serra e Riva Editori, 1921. 『강철 벽감(壁龕)』이 출판된 1921년은 마리네티가 무솔리니의 파시즘을 공개적으로 찬양하기 시작한 해이기도 하다.

라는) 대륙에서 질주정의 지배적인 대리인, 속도의 동력이자 생산자가 되기에는 무기력하다는 사실을 만천하에 드러냈다. 그렇지만 최고사령관의 지적 파산과 산업화된 전쟁의 승리를 보여준 세계대전 이래로, 사람들은 인적 자원을 탐욕스럽게 요구하게 됐다. 본의 아니게 '영토의 행정관'이 되어버린 장군들의 입장에서는 군사적 프롤레타리아트화의 과정이 산업적 프롤레타리아트화 과정과 불가분의 관계라는 사실이 입증된 것이다.

페리는 이렇게 말했다. "**오늘날에는 전장에도 구조가 존재한다는 사실이 잘 알려져 있다.** 〔……〕 될 수 있는 대로 최대한 영토를 기술적으로 배치하는 것이 필수적인 바, 만약 이런 일을 하는 데 20만 명이 필요하다면 정부는 동맹국들과 협상이라도 할 것이다." 정부의 어느 밀사(密使)는 이렇게 적어 놓기도 했다. "이탈리아, 포르투갈 같은 나라는 감탄할 만큼 인력을 남겨뒀다. 〔……〕 이런 나라에서는 전쟁으로 인한 〔인력〕 부족을 결코 찾아볼 수 없다." 각 정부들은 자국의 노동자 계급이라는 가축을 놓고 흥정을 벌이거나 서둘러 교환을 진행했다. 자신들의 가축은 "낮은 온도에도 견딜 수 있고, 술도 마시지 않으며, 뛰어난 노동 능력"을 갖추고 있다고 뽐내면서 말이다. 각 정부들은 자국의 식민지 소유물을, 그러니까 세네갈의 크리올〔흑백 혼혈〕들이나 흑인들, 모로코의 노동자들, 특히 인도차이나의 정력적인 원주민들을 수만 명씩 한가득 퍼다 나르기 시작했다. 그렇지만 마다가스카르인〔인도네시아계나 아프리카계 혼혈〕들 같은 또 다른 원주민들은 전투를 위해서 가급적 남겨뒀다. 만약 해전이 영구적이고 총체적인 전쟁으로 변해버린 탓에 최초로 대중들을 동원해냈다면, 대륙에서는 적어도 1914년 이전부터 총력전이라는 관점 때문에 새로운 사회적 계획, 프롤레타리아트화의 원형이랄 수 있는 계획이 필요했다.

현실적 전쟁은 공격을 두 단계로 나눠놓았다. 첫번째 단계는 앞으로 다가올 전투를 위해서 최초의 하부구조를 창출하는 단계이다. 새로운 철도와 역, 전화 시설, 확장된 도로와 선로, 일괄 퇴각로, 후송로, 방공호 등이 이런 하부구조에 속한다. 그때부터 결국 풍경과 육지는 전세계 각지에서 모인 노동자 대중들이 전쟁에 바치는 일종의 봉헌물, 일군의 노동자 부대가 내뱉는 온갖 언어로 가득 찬 병참의 바벨탑이 된다.* 전쟁에 동원된 개인들과 병기고에는 이미 일종의 평화적 분위기, 그도 아니면 정치적 분위기가 감돈다. 그리고 다시 교통로가 감시된다. 우리는 곧 [핵을 통한] 억지력(抑止力)이 될 것의 처음 모습을 미리 본 셈이다. 더 나은 궤적을 위한 힘의 변형, 생존과 맞바꾼 삶을. 따라서 대지를 고갈시키는 것이 현실의 질서가 됐다. 1942년, 군사적 수도사였던 테야르 드 샤르댕은 「나의 우주」에 이렇게 적어놓았다. **"이 세계를 향한 호전성을 구현하려면 우리에게는 여전히 더욱더 막강한 대포, 더욱더 거대한 전함이 필요하다."**[2]

질주정의 지성은 어느 정도로 한정된 군사적 적수에 맞서 발휘되는 것이 아니다. 오히려 그것은 세계를 향한 끊임없는 공격, 그리고 그 공격을 통해 인간의 본성에 가해지는 끊임없는 공격이다. 식물상(植物

---

* Pierre Nord, *Double crime sur la Ligne Maginot*, Paris : Librairie des Champs-Elysées, 1936. [노르(Pierre Nord, 1900~1985)는 프랑스의 소설가로서, 제2차 세계대전 시기에 육군 대령으로 전장을 누빈 경험을 살려 '피터 노스'(Peter North)라는 필명으로 80여 개의 작품을 발표, 프랑스 스파이 소설의 대가로 군림했다―옮긴이]
2) Pierre Teilhard de Chardin, "Mon univers"(1924), *Science et Christ*, Paris : Seuil, 1965.

相)과 동물군(動物群)의 소멸, 자연 경제[3]의 폐기는 좀더 잔인한 파괴를 위한 느린 준비일 뿐이다. 이런 준비는 훨씬 더 큰 규모의 경제, 봉쇄·포위 경제, 다른 말로 하자면 고갈 전략의 일부이다. 최근에 대지를 황폐화하고 있는 경제 전쟁은 공공연한 전쟁, 곧 다가올 신속하면서도 짧은 공격의 **느린 단계**일 뿐이다. 왜냐하면 이 전쟁은 계급적 권력으로서의 군사적 권력을 비(非)전투의 형태로 영속시키는 것이기 때문이다. 기억할 수 없는 먼 옛날부터, 사냥꾼-침략자의 카스트는 비록 집단에게 먹을 음식을 제공해주긴 했지만 비생산적이었다. 무기의 과학과 더불어 이 카스트는 고갈의 체계, 오늘날 **식량 권력**이라고 불리는 것을 육성해왔다. 그에 따라 떠다니는 국가, 즉 그 누구도 '발을 들여' 놓을 수 없었던 베네치아가 아메리카 대륙의 발견과 유럽의 새로운 대서양 정책 탓에 더 이상 으뜸가는 경제적·해양적 권력이 아니게 됐을 때, **해양 권력**의 상실은 곧 **식량 권력**의 위협을 견뎌내야 한다는 의미라는 것을 알고 있었던 베네치아는 조심스럽게 내륙으로, 농업적 권력과 육지의 소유지로 되돌아갔던 것이다.

이것이 언제나 두 종류의 인간[즉, 대륙인과 해양인]을 지배하는 법칙이다. 이와 마찬가지로, 1930년대 당시 내포적인 정복("세계평화 선언")에 최초로 실패했던 미국[4]은 오늘날 녹색의 유럽에 맞서 무자비한 전쟁을 이끌고 있다(농민에 맞서는 캠페인, 식량 산업의 통제, 곡물을 둘

---

3) '자연 경제'(économies naturelles)란 고대 사회의 채집 수렵 경제를 말한다.
4) 1929년 10월 24일, 뉴욕 월스트리트의 '뉴욕주식거래소'에서 주가가 대거 폭락하며 시작된 대공황 시기의 미국을 말한다. 1939년까지 전세계의 모든 자본주의 국가들을 괴롭혔던 이 공황 때문에 미국은 금본위제를 정지(1933년)했는데, 이때 당시 미국의 공업 농산물 생산고는 공황 이전과 비교해 44%나 하락했다.

러싼 전쟁 등). 정복의 기반이 됐던 것은 '부라는 무익함'이었다. 미국의 달러 정치는 베트남에서의 실패와 핵 균형 때문에 외연적 성장이 일시적으로 가로막힌 미국 군사력이 **내포적으로 성장**하고 있다는 신호일 뿐이다. 그렇지만 최근 지압 장군이 발표한 성명으로 믿을 수 있게 됐듯이,* 우리는 지정학적인 이유로 북베트남을 폭격(농촌 지역의 식물상과 동물군을 체계적으로 파괴)했다가 자신들의 적을 최고의 고객으로 둔갑시키기 위해서 자신들이 쓰던 기계들을 내던져 버리고 퇴각한 미국의 속도에 다시 한번 탄복할 수밖에 없다. 아득한 옛날의 질주학적 체계 : 윌리엄 템플이 말했듯이 17세기경 '국가의 부', '국가의 생산물'을 늘리겠다는 착상으로 경제 정책을 개시했던 콜베르는 이웃 나라가 〔프랑스의〕 "막대한 생산품을 놀랄 만큼 소비"할 수밖에 없도록 만들었으며 그와 동시에 〔자국에서〕 "필요한 모든 것들을 충분히 만들 수 있도록 조처"하여 루부아가 전쟁에 전력을 기울일 수 있도록 만들어주었다.

결국 라케다이몬인[5]들의 권력을 붕괴시켜 버렸던 아테네의 경제 체계를 콜베르가 재연하는 동안, 전쟁터에 있던 루부아는 로마의 프롤레타리아트화에서 직접적으로 영감을 얻었다. 1901년, 리요테는 이렇게 적어 놓았다. "경제적 침투 전술이 군사학교에서 배우는 그 어떤 것보다도 가치가 있다."[6] 그리스의 질주정적 팽창도 현실의 군사적 질서

---

* 1977년 8월, 미국 의회는 베트남에 대한 세계은행의 차관(借款) 확대를 허가했지만, 그와 동시에 캄보디아와 앙골라에 대한 차관 확대도 허가했다.
5) Lakedaimonioi. 고대 그리스의 스파르타인들을 말한다. 스파르타가 위치해 있던 지역의 원래 명칭이 '라케다이몬'(Lakedaimon)이었다.

때문에 매번 봉쇄된 바 있다. 서쪽의 본토박이 야만인들[스파르타인들을 말한다. 스파르타는 아테네의 서남쪽에 자리하고 있었다]은 스스로를 군사적으로 조직하는 법을 배웠던 반면에, 다른 식민지 위성국들은 그리스의 정책 아래 서로 단결했다. 아테네가 (느린) 내포적 침투 체계를 채택하기 위해서 (신속한) 외향적 침투 체계를 단념한 것도 바로 이 때문이다. 내부에서 이뤄진 자연 경제의 폐기(농지 개혁, 도시화, 작업장과 공장의 창출 등)가 외부를 향한 군사적 개입을 대체했던 것이다. 대도시의 경제를 급습하면서 지중해 유역 전체로 확산된 **아테네의 통화**는 교환의 인플레이션을 불러온 나머지 파국적인 것으로 변해버렸다. 특히, 군사적 화폐 운동을 폐지함으로써 국가장치를 보존하려는 방식으로[7] 아테네와 상반된 해결책을 선택했던 스파르타의 안정성에 치명적이었다.** 아리스토텔레스는 뤼쿠르구스의 체제에 다음과 같은 비문(碑文)을 적어놓았다. "정치질서를 건설하려면 **다른 것과 마찬가지로** 군

---

6) Louis Hubert Gonzalve Lyautey, *Dans le sud de Madagascar, pénétration militaire, situation politique et économique(1900~1902)*, Paris : Charles-Lavauzelle, 1903.
7) "군사적 화폐 운동을 폐지함으로써"라는 구절은 논란의 여지가 있다. 비록 다른 그리스 도시국가들처럼 금과 은 혹은 각종 귀금속을 화폐로 사용하지는 않았지만, 스파르타에도 화폐(철제 화폐)는 엄연히 존재했다. 그런데도 비릴리오가 이런 표현을 쓴 까닭은 스파르타가 철제 화폐만을 쓴 이유가 뤼쿠르구스의 체제를 보존하기 위해서였다는 당시의 통념 때문인 듯하다. 플루타르코스를 비롯한 고대 그리스의 역사가들은 뤼쿠르구스가 화폐 남용으로 인한 스파르타인들의 타락을 막기 위해서 철제 화폐를 쓰게 만들었다고 설명했다. 다음을 참조하라. 험프리 미첼, 윤진 옮김, 『스파르타』, 신서원, 2000, 274~277, 298~307쪽.
** 스파르타인들은 자신들의 능력을 완성한다는 관점에서 스스로 무장을 했다. "우리는 이들의 적응 형태에서 자동적인 진화와는 뭔가 다른 것을 볼 수밖에 없다. 모든 것들이 단일한 목적에 맞춰지는 체계적이고 집요한 관습을 보건대, 우리는 어떤 조직자가 의식적으로 개입했다는 사실을 받아들일 수밖에 없다. 그러므로 상호협력 아래에서 원시적 제도를 변화시킬 아고게[Agôgê. 7~20세까지의 스파르타인들이 집단 생활을 하며 배우던 교육 과정]와 질서를 재구성했던 한 명이나 그 이상의 존재를 가정하는 것이 불가피하다." M. P. Nilsson, "Die grundlagen des spartanischen Lebens," *Klio*, Bd. XII, S. 340, 1912.

사력도 고려해야 한다."[8] 그러나 스파르타에서는 정반대의 일이 벌어졌다. 우리는 그리스 최초의 민주정인 스파르타에서 서구의 중요한 주제들을 모두 발견할 수 있다. 단 하나, 유동성(이동성)이라는 중요한 주제만 빼고. 한때 국가를 단일한 전쟁기계로 만드는 데 전력을 기울이기는 했으나, 라케다이몬인들은 전투의 위험과 불확실성이 지나치게 까다로운 자신들의 군사적 메커니즘을 파괴할지도 모른다고 생각했던 것처럼,[9] 현실적인 갈등 속으로 들어갈 때에 발생할지도 모를 예측 못 할 결과도 두려워했던 것이다.*

스파르타인들은 역사 없는 민족이라고 불려왔다. 실제로 헌정상

---

8) 원문은 다음과 같다. "정치질서를 건설하려면 국내적인 문제뿐만 아니라 모든 인접국가와 외국에 대한 국방의 문제도 해결해야 한다. 따라서 군사력도 고려해야 한다"(Aristoteles, Politica, Book 2, VII, 1267a : 14). 원문에서도 알 수 있듯이, 비릴리오가 강조한 "다른 것과 마찬가지로"는 원문의 앞 문장을 말한다. 따라서 "스파르타에서는 정반대의 일이 벌어졌다"라는 비릴리오의 말은 스파르타가 (아테네와는 정반대로) 군사력 강화에만 힘을 쏟았을 뿐, 국내의 안정은 등한시했다는 말이다. 실제로, 펠로폰네소스 전쟁(B. C. 431~404)에서 아테네(델로스 동맹)에게 승리를 거둬 그리스를 장악했던 스파르타는 그 이후에도 소아시아 정복 전쟁(B. C. 402), 코린토스 전쟁(B. C. 394), 테베 전쟁(B. C. 382) 등 쉴새없이 전쟁을 개시해 국력을 허비했다. 게다가 주변 도시국가들의 원망을 산 나머지, 예전보다 훨씬 더 폐쇄적인 쇄국 정책을 써서 파멸을 자초했다.
9) 흥미롭게도, 용맹하기로 유명한 스파르타의 전사들이 사실은 겁이 많았다는 증거들이 있다. 실제로 스파르타의 전사들은 자신들의 정교한 '팔랑크스'(Phalanx, 고대 그리스의 밀집대형)이나 방진(方陣)가 깨지거나, 낯선 적을 만나면 너무나 쉽사리 와해되곤 했다고 한다. 따라서 이런 상반된 모습을 해석하기 위해서 몇 가지 설명들이 나왔는데, 가장 유력한 설은 스파르타인들이 갑작스런 상황에 재빨리 적응할 수 있는 '융통성'이 없었기 때문이라는 설이다(그리고 이렇게 된 건 뤼쿠르구스 체제의 경직성 때문이었다는 설이 가장 신빙성 있다). 좀더 자세한 내용으로는 다음을 참조하라. 미첼, 『스파르타』, 270~273쪽.
* "기원전 6세기경, 스파르타는 (마치 행진 중에 받들어 총을 하는 병사처럼) 정체되어 있던 자신을 자책하는 식으로, 다른 그리스인들이 그리스의 전체 역사에서 가장 주목할 만한 움직임 가운데 하나를 향해 또다시 나아가고 있던 기원전 8세기경의 갈림길에서 자신들이 택했던 완고한 경로의 인과응보를 치른 셈이다." Arnold J. Toynbee, *War and Civilization*, Oxford : Oxford University Press, 1950.

의 모든 변화를 적대시했던 그들은 실존의 동적 준거로서의 역사를 **거부**해왔다. 무엇보다도 그들은 자신들의 운송 제국이나 바다에는 관심을 기울이지 않은 채 (그래서 전체 그리스 도시에서 스스로를 분리한 채) 그리스의 한가운데로 들어가 동료 그리스인들이 세웠던 메세니아를 식민지로 만들었다. 그 다음으로 뤼쿠르구스의 체제를 실험하던 거의 2세기 동안, 그들은 자신들의 군사적 힘이 가져온 결과를 깨닫지 못했다. 자신들의 승리가 가져온 결과를 내던져 버림으로써 말이다. 그리고 스파르타인들의 군사 국가가 아테네에게 거둔 승리 자체가 그들의 완벽함을 전복할 것이었다. "라케다이몬인들은 자신들이 몰락하게 된 원인을 아테네의 정복, 그때 이래로 자신들에게 일어났던 금과 은의 유입에서 찾을 수 있을 것이다"(플루타르코스, 「아기스의 삶」).[10]

군대가 할 수 없었던 일을 경제 전쟁이 성취했다. 현상 유지의 딜레마, 군사적 불간섭의 딜레마는 지중해인들을 위해서뿐만 아니라, 미래에 등장할 서구 세계를 위해서도 단호하게 해소됐다.

뤼쿠르구스가 건설한 부동의 기계가 붕괴되고 있던 기원전 3세기 중반, 국가에서 일정한 역할을 하고 있던 스파르타인들은 겨우 1백여 명밖에 안 됐다. 플루타르코스의 말에 의하면, 나머지 인구는 법적 지위가 없는 비참한 군중, 결코 일어날 법하지 않은 전쟁에서 살아가는 방법만을 군사 국가에게서 배워왔던 탓에 이제는 자신들의 실존을 위

---

10) 플루타르코스(Plutarchos, 46~120)의 『대비열전(對比列傳)』(*Bioi paralleloi*, 영웅전)에 소개된 아기스 대왕은 스파르타 최후의 현왕(賢王)인 아기스 4세(Agis IV, B. C. 262~241)를 말한다. 아기스 4세는 기원전 244년 왕위에 오른 뒤, 기원전 242년 채무에 시달리는 시민들의 부채 장부를 전면 무효화하고 토지 재분할을 단행해 스파르타를 회생시키려 했으나, 반대파에게 붙잡혀 처형된 비운의 왕이다.

해서 무엇을 해야 할지 알 수 없었던 사회적 대중이 되어버렸다. 국가 자체가 고작 과거의 꿈, 그나마 남아 있던 한줌의 새디스트적 풍습[11]처럼 살아남을 수밖에 없었을 때, 스파르타인들의 세계는 아노미 상태로 가라앉았다.

서구는 "간혹 자신이 이해하지 못할지라도 잠결에 암송할 수 있을 만큼 법률에 복종하라"는 플루타르코스 식의 교훈을 끈질기게 되뇌였다. **정지는 죽음이다.** 사실상 이 말은 **전세계의 보편적 법칙**이 된 듯하다. 질주관은 뤼쿠르구스의 (그리고 마오의) 혁명이 지녔던 원래의 민주주의를 꾸준히 억압했다. 이 노(老) 사상가가 끔찍하기 이를 데 없는 내포적 성장 체계라는 서구의 제도를 중국에서 지연시켰을 뿐이라는 사실을 깨달으려면, 그리고 이 제도를 가져온 것이 정통 맑스주의냐 아니면 자유주의냐 하는 문제는 별로 중요치 않다는 점을 깨달으려면, 오늘날의 중국 지도부가 '소비재'에 관해서 하는 연설을 듣는 것만으로도 충분하다! 샤호트 박사의 경제 체계를 통해서야 비로소 히틀러가 전격전을 수행할 수 있었듯이, 루즈벨트도 뉴딜을 통해서야 총력전을 개시할 수 있었던 것이다.

정지는 죽음이다. 전세계의 보편적 법칙. 국가-요새, 그리고 그 국가-요새의 권력과 법률은 거대한 순환의 장소에 존재한다. 조지 후

---

11) 스파르타의 신전 가운데 하나인 '아르테미스 오르티아'(Arthemis Orthia)의 제단에서 청년들을 채찍질하던 의식을 말한다. 스파르타인들은 이 채찍질을 가장 오래 참아낸 청년을 '보모니케즈'($\beta\omega\mu o\nu i\kappa\eta s$)라고 부르며 그의 인내를 찬미했다고 한다. 원래 신과 인간 사이에 맺어진 '피의 결속'을 상징했던 이 의식은 기원전 146년 스파르타가 로마의 속국이 됐을 때 한낱 구경거리로 전락하고 말았다. 좀더 자세한 내용으로는 다음을 참조하라. 미첼, 『스파르타』, 176~178쪽.

퍼트는 최근 저서에서, **보편적이고 절대적인** 역사의 **의미**가 18세기에 등장해 19세기에 중요한 저작들을 등장시켰다는 통념을 공격했다.* 그는 16세기 중반에 '완벽한 역사라는 관념'을 제시했던 일군의 박학한 사람들, **대부분 법률가**였던 사람들을 사례로 인용했다(위 표현은 그들 중의 한 명인 포플리니에르의 표현이다). 이와 동시에, 새로운 유럽 국가들은 로마의 방식(티투스 리비우스, I, 32:5~15)을 좇아 스스로 정당한 전쟁(아니면 합법적 전쟁)이라는 관념을 재확립하려는 경향이 있었다.[12] 전쟁이 이상적인 형태로 다시 태어나자마자, 즉 (중앙집권주의 덕택에) 단순한 보복 원정과 기술적으로 구분되고, 편협한 절충안에서 원래의 개념을 엄밀하게 추구하는 쪽으로 나아가자마자 국가의 역사적 이상이 등장했다. 실제로, 역사의 진보는 무기 체계의 발전 속도와 비례한다. 15세기 후반까지, 코믠느에게 역사란 안정적인 기억, 재생산되어야 할 모델이었다. 매년 봄철마다 되돌아오곤 했던 전쟁처럼, 한 해는 계절적으로 파악됐다. 그리고 지속(持續)[개념]이 선형적인 시간[개념]을 없애버렸다. 고대의 요새가 건축물의 정적인 저항으로 '적의 시간'을 분쇄해버렸던 그때부터.

역사적 창작물도 투석기(投石器)와 노포(弩砲)가 발명된 (모트차

---

* George Huppert, *L'idée de l'histoire parfaite*, Paris : Flammarion, 1973. [*The Idea of Perfect History : Historical Erudition and Historical Philosophy in Renaissance France*, Chicago : University of Illinois Press, 1970 — 옮긴이]
12) 고대 로마의 역사가 리비우스(Titus Livius, B. C. 59~A. D. 17)의 『도시의 건국에서부터』(*Ab Urbe Condita*, 일명 '로마 건국사') 중 로마의 제2대 왕 누마(Numa Pompilius, B. C. 715?~673?)가 전쟁을 일종의 종교 의례로 만든 과정을 기술하고 있는 부분을 말한다. 로마 종교의식의 창시자라고 알려져 있는 누마는 전쟁을 결정하기에 앞서 전령을 국경 부근으로 보내 제우스(제우스는 전쟁에서 로마에게 승리를 가져다 주는 수호신이기도 하다)에게 전쟁의 정당성을 보고하고 확인을 받은 다음에야 전쟁을 벌일 수 있도록 했다고 한다.

속도는 권력 그 자체이다('왕가의 계곡'에서 발견된 투탕카멘 석상, 이집트, 1922년**)**
대부분의 사람들은 투탕카멘이 양손을 겹쳐서 가슴팍에 포개고 있는 이미지를 잘 알고 있다. 한 손에는 채찍, 또 한 손에는 갈고리를 쥔 모습을 말이다. 채찍은 전차를 가속할 때 사용되며, 갈고리는 전차의 속도를 늦출 때, 즉 고삐를 당기는 데 사용된다. 다시 말하자면, 다른 모든 권력과 마찬가지로 파라오의 권력도 [속도의] 억제, 제동, 지식, 가속화에 근거하고 있는 것이다(『최악의 정치』).

[시칠리아 섬의 옛 도시 시라쿠사의 요새] 공성전이 벌어졌던 405년경) 이래로 줄곧 파괴적인 운동을 수행해왔던 고대의 전쟁기계처럼 작동하기 시작했다. 만약 헤겔이 "추상적인 묘사"라고 투덜대면서 "리비우스가 스스로의 이야기를 방해하면서까지 '올해에는 볼스키족과의 전쟁이 성공적으로 수행됐다'라는 식으로 볼스키족과의 전투를 수백 번이나 되풀이해 묘사하는 데 지겨워했다"면, 그것은 그 역사적 내용이 말 그대로 일종의 공보(公報)에 불과했기 때문이리라(발사된 사회의 모습을 담은 이 최초의 일지는, 곧 성행할 사회학의 입장에서 볼 때 단조롭기 그지없던 19세기 비밀경찰의 묘사가 재현하던 내용에 비견될 만하다). 여기에서 우리는 헤겔이 상상할 수 없는 방법으로 실용적이었던 저작들을 다루고 있는 셈이다. 그리고 만약 리비우스가 자신의 장황한 언급을 지루하게 되풀이했다면,* 그것은 반복이야말로 더 넓은 분야, 진행 중인 계획에 도달할 수 있는 그 당시의 수단이었기 때문일 것이다. 서사

---

* 시(詩), 아니면 신화적 찬가로서의 역사 이전에도 황홀경의 메커니즘은 존재하고 있었으며, 모든 사람들이 합의할 수 있는 짧은 기도들도 지속되어 왔다. "우리는 전사가 아니다. 그렇지만 느닷없이 우리는 우리가 전사라고 믿게 됐으며, 곧 전쟁이 시작됐다"(레리스[Michel Leiris, 1901~1990. 프랑스의 인류학자이자 소설가. 주요 작품으로 『성년』(*L'âge d'homme*) 등이 있다]). 엘리트 부대, 정치 회합, 군대 의례에 심리적 요소를 투입하는 목적도 바로 이것이다. 반면에, 스파르타의 권력자들은 시민들이 음악을 배우지 못하도록 만들었다. 토인비의 말을 빌리자면, "병사들의 기예와 매우 유사한 예술, 이것은 현대의 서구 세계에서 군사 훈련에 필요한 최상의 준비라고 여겨진다." 그렇지만, 스파르타인들은 그리스 전체가 참가했던 저 위대한 운동 경기에서 실력을 겨루는 것조차 금지했다. 한마디로 말하자면, 동적 진보를 조금이라도 암시하는 것은 정체(政體)에서 모두 제거됐다. [스파르타의 권력자들이 음악 교육을 금지했다는 건 사실과 다르다. 아테네처럼 철학·문학·변증술 등이 발달하지 않은 것은 사실이지만, 스파르타에서는 '켈로이아'(κελοῖα)와 '모하'(Μōά)라는 음악경연 대회가 정기적으로 개최됐을 만큼 음악만은 확실히 발달했다. 마찬가지로 스파르타에서는 '카쎄라토리온'(καθθηρατόριον)이라는 운동 경기도 정기적으로 열렸으며, 스파르타인 리카스가 기원전 420년 올림피아의 전차 경주에서 우승했다는 기록도 존재한다. 다음을 참조하라. 미첼, 『스파르타』, 175~176, 298쪽─옮긴이]

라는 수단은 수백 번씩 반복될 때에만 제 기능을 발휘할 수 있다. 반복을 통해서 이 수단은 우연을 제거하며, 그 이야기에 담긴 논리는 스스로를 증식시킴으로써 제 능력을 발휘하는 전쟁기계가 된다. 이와 마찬가지로, 특히 셜리에 의해서 포병대와 군사적 교통로 감시가 국가 체제의 일부가 됐을 때에야 역사적 언어가 말 그대로 **비교급**에서 **원급**으로 바뀌었다는 사실, 다시 말해서 **더 이상 강렬도를 비교하지 않아도 족하게 됐다**는 사실은 충분히 이해할 만한 일이다! 역사에 도달한다는 것은 운동에 도달한다는 것, 그러니까 "변방의 부랑자, 묵시록에서 말하는 게으름뱅이, 자신들이 받아들인 심연의 가장자리에서 물질적 근심 걱정 없이 살아가는 자"(쥘리엥 그라크), 덧붙이자면 리비우스가 말하듯이 **자신들에게까지 미치지 않을 것이 분명한** "전쟁을 경멸하면서" 로마제국의 국경 부근에서 왔다 갔다 하던 사람들이 장차 권력을 쥐어 발생할 결과를 보게 된다는 것이 됐다.

　우리 역사의 초엽에 질주정의 엘리트들은 독일에서, 다뉴브나 그 밖의 다른 연안에서 파도처럼 밀려왔으며 결국 서구 유럽을 휩쓸었다. 이 파도는 더 이상 〔영토에 대한〕 권리를 창출하는 힘이 아니라 침략 자체, 즉 침략 능력이 됐다. 사냥꾼-침략자 무리가 아무 구속 없이 이동하던 와중에 도로에서 탄생한 기습의 권력 집단이 정지와 〔토지나 영토의〕 할당이라는 의례의 뒤를 이은 것이다. 결국 이 질주정의 권력이 부당하게도 유럽의 영토에 정착하게 되었을 때, 그들이 갖고 있던 조직 체계의 본성은 전혀 변하지 않았다. 그리고 겉보기에 분산되어 있는 듯 보이는 봉건사회도 〔열과 오를 맞춰〕 행진하는 부대처럼 잘 조직될 것이었다. "여러 영주들 간의 관계는 정확하게 결정되어 있었고, 서로

옥신각신 사소한 분쟁을 일으키기는 했지만 중요한 전쟁이나 성전(聖戰)이 대대로 무장을 해왔던 〔이들의〕 세계를 다시 묶어줄 때가 되면, 모든 기사들은 자신이 어디에 있어야 하는지 정확히 알고 있었다." 위계상의 분할 자체가 이미 행군의 순서였으며, 배치된 영토 자체가 작전을 수행할 전역(戰域)이었다. 지휘사령부의 건물은 바다 한가운데에 떠 있는 성채나 알제리인들의 요새와 똑같은 역할을 담당했다. 그리고 군사 점령자에 의한 **대지의 지배**와 토착민에 의한 **토지 소유권**이 완벽하게 구분됐기 때문에, 영지는 반(半)식민지의 역할을 했다. **질주정 국가에게는 대지에 대한 지배가 이미 대지의 모든 차원(次元)에 대한 지배이다.**

바라데즈 대령이 『아프리카의 참호』에 적어 놓았듯이, 고대의 지적법(地籍法)[13] 또한 다르지 않았다. "백분할(百分割)[14]은 대중 교육의 기초이자 문명의 기초이며……점령하기 위해 분할해놓은 소유-취득의 지워지지 않는 흔적이다."[15] 이 지워지지 않는 분할은 침략이라는

---

13) Cadastre. 토지의 소재, 지번(地番), 지목(地目), 경계, 면적, 경계 등을 조사 · 측량하는 방법. 고대 로마의 지적법은 백분할이었다('각주 14번' 참조).
14) Centuriation. 290년경에 도입됐다고 알려져 있는 고대 로마의 대표적인 지적법. 토지를 정사각형 내지 직사각형으로 분할하는 방법인데, 대략 10×10이나 20×20 악투스('1악투스' [actus]는 120 '로마 피트' [pedes monetales], 미터로 환산하면 약 35.5m이다)의 크기로 분할됐다. 이렇게 분할되어 생긴 토지 하나를 '켄투리' (century)라고 했으며, 1켄투리를 또다시 1백 개로 쪼갠 걸 '헤레디움' (heredium, 약 1천 5백 평)이라고 불렀다고 한다. 고대 로마의 도로나 통행로는 흔히 이렇게 구분된 토지의 경계선을 기준으로 조성됐다.
15) Jean Baradez, *Fossatum Africae*, Paris : Arts et Métiers Graphiques, 1949. 〔흔히 법률로 해석되는 그리스어 '노모스' (nomos/νομός)의 어원이 대지(토지)의 '분할'을 뜻하는 '네메인' (nemein/νέμειν)이라는 점을 지적한 슈미트(Carl Schmitt, 1888~1985)의 논의를 참조하라. "신화적인 어법 속에서 대지는 법의 어머니라고 일컬어진다." 따라서 "육지취득은 그에 뒤따라서 발생하는 질서에 논리적으로 선행할 뿐만 아니라 역사적으로도 선행"하며, 바로 그렇기 때문에 "모든 정주화된 민족, 모든 공동체, 모든 제국의 역사의 시초에는 육지취득이라는 본질적이고 규정적인 과정이 어떤 형식으로든지 존재한다." 칼 슈미트, 최재훈 옮김, 『대지의 노모스』, 민음사, 1995, 13, 22쪽—옮긴이〕

이동-권력의 본성, 그리고 별로 크지도 않은 한 구획의 토지에 붙박여 있는 탓에 상대적으로 이동하거나 다른 곳에 자리를 잡을 능력이 없는 토지 소유자(또는 정주해 있는 노동자-생산자)의 본성 사이에 존재한다. 즉, 이 분할은 거주자들의 지리학과 통행자들의 지리학 사이에 존재하는 것이다. 흔히 로마 도로의 **흔적**은 백분할의 일반적인 도식에 따라 끊임없이 이어지는 선일 뿐이다. 따라서 모든 것이 간단해진다. 우리는 이렇게 말할 수 있을 것이다. 군사 국가는 도로에 존재하며, 지적 법상의 세금 지불액수는 도달가능한 거리에 따라 평가된다고. 따라서 '사치스러운 자들'인 일군의 '기마병' 부대가 방어할 수 있는 거리에 따라 평가된다고.

늘 그래 왔던 것처럼, 반식민지는 보호를 빌미로 한 일종의 부정한 돈벌이 대상이었다. 영토를 효율적이고 기술적으로 지켜준 데 대한 보상으로 공물을 바친다면 생산 대중들의 안전을 보장해주겠다는 식의 공갈 말이다. 이와 마찬가지로, 카롤링거 왕조의 행정도 질주정 국가의 이익을 위해 '기행(騎行)하던 행정'이었는데, 그에 따라 모든 매개물, 그러니까 종교 이데올로기·화폐·지식·외부 상거래·운송과 정보의 양식 등에 모두 손을 대려는 시도로 토지를 세습할 수 있는 법률을 입안하거나 (가령 푀즈처럼 자신의 조직 형태상 '자연스럽게' 귀속되던 중요한 벡터를 끼고 놓여 있는 영지를 제외한 지역으로) 왕가의 영토를 넓힌다거나 하는 등의 방법을 통해 내부의 제도를 파괴하지 않도록 조심했다.

카롤링거 왕조의 참사회원들은 (시간이 지날수록 지휘사령부로 변형되어 가던) 고대 로마식의 빌라에 살고 있는 '대지의 주인들'에게 토지 개벌(皆伐)을 제한하고, 필요할 경우 신속히 군사적 방어를 해주겠다고 보장하여 소규모나 중간 규모의 토착 토지소유자들과 동맹 관계를 맺으라고 권유했다.

그렇지만 (주인[지배]을 뜻하는 라틴어 도미누스[dominus]에서 유래한) 아성(牙城)[16]을 선점한 자는 신중한 물리적 수단을 통해서 영토를 조화롭게 지배하곤 했다. 뿔뿔이 흩어져 있었기 때문에 공간과 사회를 제한적으로 통제할 수밖에 없었을 뿐만 아니라, 본토의 사회적 신체들에게서 제대로 군세(軍稅)도 거둘 수 없었던 군사적 소수자들, 즉 외국인 병사들이 그 수단이었다. 프랑크 왕국의 귀족들이 헤아릴 수 없을 정도로 복잡하기 그지없던 원래의 도시보다, 거주가 가능하다면 [사방이] 훤히 들여다보이는 전원 마을을 선호했던 이유도 안전 때문이었다.

이런 전원 마을은 얼마 지나지 않아 자영 노동자들 때문에 인구가 넘쳐나게 됐는데, 이 노동자들은 우선 광활한 대지를 개척하면서 거주한 뒤로는 주변 환경을 보존하게 됐다. 그렇지만 무엇보다도, **개벌을 통한 투명성**[즉, 토지를 개벌해 사방팔방이 모두 드러나 보일 수 있게 만든다는 것]은 침략자들로서 자신들이 거주하겠다고 주장한 영토에 대해 갖는 특수한 권리, 자신들의 침투 능력을 유지하겠다는 의미이다. 토총(土塚)을 쌓고, 그 다음으로 아성을 쌓은 것도 모든 차원을 부감(俯瞰)[내려다 봄]할 수 있어야 한다는 문제를 해결하려던 또 다른 방법이

---

16) Donjon. 중세의 성에 있는 망루(望樓). 원형이나 다각형의 커다란 탑으로서, 성에서 가장 견고한 부분일 뿐만 아니라 공격을 받았을 때 방어의 거점이 될 수 있어서 주로 은신처로 사용됐다. 11세기 런던의 화이트 타워가 유명하다.

었다. 특히 야성은 예전 같이 기마병의 종관적(綜觀的)[동일한 시점에서 여러 현상을 고찰하는] 여정을 통해서 나오는 시선이라기보다는 훗날의 투시법[원근법], 다시 말해서 편재하는 고정된 지점에서 내다보는 시선의 기하학적 구성물이 됐다.

이런 점에서 보자면, 개척 원정이라는 새로운 전방 도약을 통해서 주변의 황무지까지 [토지를] 확장하기보다는 이미 주어져 있는 한정된 토지를 내포적으로 착취하는 것이 되어버린 대지의 경작을 살펴보는 게 더 중요하다.* **억류[감금]라는 현상**은 그동안 농업 기술의 비효율성으로 설명되어 왔다. 그렇지만 생각해보건대, 비상시에 우리는 영주가 도움과 안락함을 얻곤 하는 정원사들이나 정착민들의 비효율성이 아니라 (사냥하고, 채집하고, 근처 숲에서 건물을 짓기 위한 목재를 모으는 것 같은) 확실한 물질적 급선무를 뛰어넘어 존재하는 **군사적 보호자들의 기술적 비효율성**이 낳은 시급하기 이를 데 없는 전략적 급선무를 살펴봐야만 한다.

최근의 설명들은 개벌의 한계와 높은 장소에서 내다보는 인간 시각의 한계가 맺고 있는 관계에 대해 보여준 바 있다. 앵글로 색슨족은 개척자를 일컬어 흔히 **길을 찾는 사람**이라고 불렀다. 사실상 토지를 개벌하고, 생계를 위해 대지를 경작하며, 삼림의 어둠을 물리친다는 것은 시각의 장(場)인 군사적 방벽을 만든다는 것, 그러니까 율리우스 카이사르가 언급한 적이 있는 국경의 광야를 만든다는 것과 같다. 카이

---

* Georges Duby, *Guerriers et paysans VII-XIIe siècle, premier essor de l'économie européenne*, Paris : Gallimard, 1973. [국역 : 최생열 옮김, 『전사와 농민』, 동문선, 1999―옮긴이]

사르가 말한 바에 따르면, 국경의 광야야말로 제국의 영광을 재현해주는 것이었다. 왜냐하면 이런 광야가 존재한다는 것은 질주관들의 시선이 대지를 끊임없이 침략하고 있다는 것과 같았기 때문이며, 좀더 나아가서는 이 시각이 (장애물의 방해가 없다는 이상적인 상황 아래에서) 신속하게 **먼 거리까지 도달**할 수 있다는 것을 의미했기 때문이다. 어느 유명한 사진작가는 자신의 회고록에 이렇게 적어놓기도 했다. 자신이 처음으로 가졌던 암실은 자신이 어릴 때 쓰던 침실이었고, 자신이 처음으로 가졌던 렌즈는 빛이 새어들던 닫혀 있던 차양 사이의 틈이었다고. 이런 의미에서, 초기의 아성은 마레의 크로노포토그래피[17] 같은 역할을 수행했다. 이 침략자는 군사적 망루(望樓)를 통해 사회적 환경을 끊임없이 관찰할 수 있었고, 주요 정보를 얻을 수도 있었던 것이다.

사회적 특권은 (행운이나 타고난 운명이기 이전에) 시점의 선택, 곧 운동의 궤적을 내려다 볼 수 있는 공간에서 교통로, 강, 바다, 도로, 다리의 관문을 장악하고 조직할 수 있는 상대적 위치의 선택에 기반한다. 따라서 중세 때에는 바로 이와 같은 위치에서 사회적 대우의 놀랄 만한 다양성, 19세기까지 공식적인 영토적 실체로 텍스트에 등장하지 못한 '영역'을 여러가지 방식으로 내려다 볼 수 있는 지리적 관점을 재현해줄 뿐인 다양성이 등장했다. 877년 대머리 왕 샤를(키에르시[18])의

---

17) Chronophotography. 프랑스의 생리학자이자 발명가 마레(Etienne Jules Marey, 1830~1904)가 1887년에 발명한 촬영기로서, 그리스어로 '빛을 통한 시간의 기록'이라는 뜻이라고 한다.

18) Kiersy. 857년 2월 14일 대머리왕 샤를(Charles le Chauve, 823~877)이 '키에르지-쉬르-와즈'(Quierzy-sur-Oise, 지금의 엔현[프랑스 북부 피카르디 주])라고 명명한 곳으로서, 제2차 이탈리아 원정 당시의 전진기지이자 훗날의 종교적 중심지였다. 877년부터는 귀족들의 팔라티움(궁전)이 들어서면서 정치적·문화적 중심지가 됐다.

승리한다는 것은 전진한다는 것이다!(프리드리히 2세의 초상, 작가·연대 미상)

늘 과학기술을 향상시키도록 만든 '최소 행동의 원칙'이 지정학의 역사에서 세 가지 종류의 근접성(속도에 의한 간격의 단축·소멸)을 가져왔다는 점을 잊지 말자. 첫번째는 생체적 근접성, 두번째는 기계적 근접성(운송 혁명), 그 다음으로는 전송 혁명에 뿌리를 두고 있으며 가장 독특한 것인 세번째 근접성, 즉 최근의 전자기학적 근접성을(『해방의 속도』).

참사원장)이 마지못해 승인한 상속권은 높은[내려다 볼 수 있는] 위치를 소유한다는 것 자체가 사회를 영구적으로 지배한다는 것이 되도록 만들어버렸다. 가장 유명한 사례가 모나코의 그리말디 가(家)[19]이다. 선사 시대 이래로, 바다를 내려다 보는 이 곶(串)[20]은 특권적인 장소였다. 그래서 그리말디 가가 책략을 써서 자신들의 수중에 넣을 때까지 이 곳의 소유자는 태곳적부터 수차례 뒤바뀌곤 했다. 10세기 이래로, 이 가문은 내려다 볼 수 있는 이 중요한 지점을 통해서 끊임없이 명예와 특권을 끌어내 왔다.

따라서 만약 계급 사회를 언급할 수 있다면, 우리는 앞서 살펴봤던 것처럼 오직 장소에 따른 계급을 지적할 때 그렇게 할 수 있는 것이다. 만약 계급 투쟁이 전개된다면, 그 투쟁은 피정복자들이 [정복자들을] 훤히 내려다 볼 수 있는 지형에서 발생하게 될 것이다. 요새나 성이 포위된다면 그것은 단순히 군사적이거나 정치적인 사건이 아니라, 사회적 사건이기도 하다. 예컨대 봉건 영주가 [보호를 빌미로 군세를 거두는] 군사적 공갈의 한계를 넘어선다거나 보호라는 임무를 파기할 때면, 그래서 '대지의 주인들'이 스스로 봉건 영주의 소유주가 되겠다고 나설 때면, 심각한 갈등이 발생하곤 했다. 간단히 말해서, 본토인들의 후손을 고정된 노예(servi casati)의 수준으로 떨어뜨리거나, 차지(借地) 노예(자신들의 자위권을 박탈당한 노동력)라는 운명을 짊어지게 만

---

19) The Grimaldis. 이탈리아 제노바의 명문가로서, 10세기부터 프랑스의 원조를 받아 모나코에 대규모 영지를 확보했다. 1297년부터는 모나코를 실질적으로 통치했으나, 1793년 프랑스에게 모나코의 지배권을 뺏겼다.
20) Le Promontoire. 바다로 돌출한 육지의 첨단부로서 갑(岬)·단(端)이라고도 한다. 곶보다 규모가 큰 것을 반도라고 하는데, 반도의 말단부를 곶이라고도 한다.

드는 식으로 본토인들을 강탈하는 [봉건 영주의] 방법, 즉 영토를 공간적으로 전유하는 두 가지 도식을 그들 스스로가 손수 병합하려 할 때면 말이다.

6_생체적 운송장치에 대한 검토

> 따지지 말라!
> — 프리드리히 2세가 자신의 병사들에게[1]

공격은 외적 측면에서 신속한 죽음을 요구한다. 그러나 내적 예비 단계에서는 느린 죽음을 부과한다. 1930년대에 폰 메춰 중장이 『새로운 전쟁은 어떤 형태가 될 것인가?』라는 책에 이렇게 써놓았듯이 말이다. "총력전에서는 모든 곳이 전선이다! 그렇지만 우리는 새롭기 그지없는 이 모든 전선에 **민족의 정신적 전선**을 포함시킬 수 있을 만큼 슬기로워야 한다. 〔……〕 재무장을 준비한다는 실천적 문제에서나 이론적인 군사적 담론에서나 이 정신적 문제가 가장 중요하다."

프리드리히 루게 제독의 말에 따르면, 바다에서 태어난 총력전은 "적의 명예, 정체성, 그리고 영혼 자체의 파괴"[2]를 목표로 삼는다. 〔적국〕 주민들의 주변 환경을 파괴해 그들을 천천히 죽임으로써, 현대의

---

1) 'Nicht räsonnieren!' 독일어 '레조니렌'(räsonnieren)에는 '투덜대다' '불평하다' '헐뜯다' 등의 뜻이 있으나, 독일 계몽철학의 전통(특히 칸트)에서는 "이성을 사용하되, 이성 자체 외에는 다른 어떤 목적도 없이 이성을 사용하는 것"을 뜻한다고 한다. 좀더 자세한 설명으로는 178쪽의 '각주 22번'을 참조하라.
2) Friedrich Ruge, *Seemacht und Sicherheit*, Tübingens, 1957.

생태학적 전쟁이라는 이 궁극의 〔전쟁〕 형태는 신기하게도 원시적이고 '인종적'인 의미에서의 '영혼'을 회복시켜 준다. 주변 환경과 구분할 수 없을 뿐더러 개별적이기보다는 집단적이며, 갖가지 형태를 띤 유동적 형태인 동시에 (사회적, 동물적, 영토적) 신체의 여기저기에 응고된 채 존재하는 잠재적 실체, 즉 '마나'[3]를 말이다.

질주학적 진보는 공간적 위치에 종속된 두 종류의 신체라는 관념을 강요함으로써, 두 종류의 영혼이라는 관념까지 강요한다. 하나는 환경에 의존하기 때문에 약하고 우유부단하며 상처 입기 쉬운 영혼이다. 또 하나는 자신을 탈영토화할 수 있고, 자신의 경제와 시점을 정교화할 수 있어서 자신의 '마나'를, 자신의 의지를 쉽사리 손에 닿지 않는 곳에 놓아둘 수 있기 때문에 강하기 그지없는 영혼이다. "전쟁이란 무엇인가?"라는 질문을 놓고 "전쟁은 우리의 의지를 구현하기 위해 적을 강요하는 폭력 행동이다"[4]라고 말했을 때, 클라우제비츠는 당연한 말을 한 것일 뿐이다. 비록 국가와 법이라는 개념을 벗어나면 정신적 폭력이란 것이 존재하지 않는다[5]고 서둘러 덧붙임으로써 클라우제비츠가 자신의 정의를 즉각 못 쓰게 만들고 그 질을 떨어뜨리긴 했지만, 우리는 전쟁에서 의지라는 문제를 결코 배제할 수 없다. 사실상 클라

---

3) Mana. 멜라네시아와 폴리네시아 일대의 원시 종교에서 말하는 우주의 초자연적이고 신비한 비인격적 힘으로서, 사람이나 동물 등 모든 생명체 속에 존재한다고 여겨졌다. 영국의 민속학자 로버트 코드링턴(Robert Henry Codrington, 1830~1922)의 『멜라네시아인』(*The Melanesians*, 1891)을 통해서 처음으로 서구에 소개된 이 관념은 오늘날에는 경험적으로 설명할 수 없는 힘, 또는 어떤 지위나 권위를 가진 사람의 특수한 힘과 능력을 나타내는 말로 쓰이기도 한다.
4) 카를 폰 클라우제비츠, 류제승 옮김, 「제1장 : 전쟁이란 무엇인가?」(제1부 1편), 『전쟁론』, 책세상, 1998, 33쪽.
5) 클라우제비츠, 「제1장 : 전쟁이란 무엇인가?」, 34쪽.

우제비츠의 정의는 전쟁의 정치적·지성적 목표 이상으로, 그리고 사회적이거나 민족적인 적대 이상으로, **의지 없는 신체**가 창출되어 이미 **'세계 내에 현존' 하고 있다**는 사실을 암시해주고 있다. 여기에서 우리는 전쟁의 기술 이상으로 '동물적 신체의 테크닉'을, 일군의 노동자 무리에서 벗어나 자유롭게 운동할 수 없는 침략자의 상대적 무능력과 침략자의 이동-권력 사이에 놓인 지워지지 않는 분할을 사유하게 된다.

〔움직일 수 있는〕 시간과 여지에 의존하는 일군의 영혼 없는 신체, 살아 있는 시체, 좀비, 귀신들린 자는 전 역사를 통해 탄압되어 왔다. 반대자, 적수, 죄인, 노예는 천천히 절멸되어 왔다. 그리고 군사적 폭력의 경제는 인간이라는 가축을 사냥꾼-침략자가 훔쳐간 고대의 양떼에, 더 나아가 현대화되고 군사화된 유럽 사회들에서는 어린아이들, 여성들, 유색인들, 프롤레타리아트라는 영혼 없는 신체에 비유하곤 했다. 총력전을 펼치면서 〔제3제국〕 내부에 유태인, 집시, 노예라는 낯선 신체를 적대시하는 사회적 전선을 그어놨을 때, 나치가 한 일도 바로 이것이었다. 강제 추방될 사람들을 모아놓은 수용소는 이 가축들을 산업적으로 다루는, 그러니까 광산이나 병참 작업장에 투입하거나 의학적·사회적 실험 도구로 쓰는, 궁극적으로는 그들의 지방·뼈·머리카락을 회수하는 실험실에 불과하다. 이 가축들에게는 여타 에너지원을 구할 수 있는 교환가치, 중립국을 경유해 연료·트럭·군대 운송장치와 교환되는 일종의 교환가치로 다뤄지는 것이 그나마 나은 최후였다. 인질, 유괴, 배제라는 전통적이기 그지없는 이 경제학, 질주정이 선호하는 이 폭력 형태.

　강제수용소와 굴라크가 주는 소중한 교훈은 그동안 제대로 주목

전쟁의 기원으로서의 여성(장-레옹 제롬, 『노예 경매』, 1884)
여성은 사상 최초로 운송의 영역에서 발생한 '혁명'의 기원인 동시에, 사상 최초로 연이어 벌어진 전투의 기원이기도 하다. 여성이 있었기에 사냥꾼들은 자신들 간의 음란하고 자아도취적인 남성적 결투(곧 전쟁)에 익숙해져 갔다. 이 힘없는 성이 있었기에 사냥꾼들은 비로소 적을 창출할 수 있었다(『부정의 지평』).

을 받지 못했다. 이것들을 일종의 이데올로기적 현상 아니면 정적인 현상, 즉 감금이라고 착각해왔기 때문이다. 강제수용소와 굴라크가 절대적으로 '비인간적'인 이유는 태곳적의 사회적 격투사〔Bestiaire, 고대 로마에서 맹수와 격투하던 사람〕 같은 존재, 알려지지도 않았고 알 수도 없었던 어마어마한 수의 길들여진 신체를 여봐란 듯이 역사에 재등장시켰기 때문이다. 완벽하게 길들여진 신체 범주, 엔진을 끌고가는 다산(多産) 계급, 병참학적 필요를 만족시키기 위해 유동하는 사람들이라는 역사적 설화에 현존하는 유령이 아니라면, 도대체 프롤레타리아트는 태곳적 이래로 어떤 존재였단 말인가?

9세기 서유럽의 대장(臺帳)〔Polyptique, 고대 로마의 비망록〕에 기록된 갖가지 묘사들을 보면, 기록으로 파악된 인구 가운데 16퍼센트도 안 되는 병적 일탈자들(forenses)의 존재가 언급되곤 한다. 독일, 그리고 아마도 샹파뉴를 제외한 다른 곳에서는 자신들이 토지개벌 작업에 고용될 수 있다는 보장이 전혀 없었는데도, 사람들이 북적대는 한 지역에서 또 다른 지역으로 옮겨다니던 이주 노동자들이 바로 이들이었다. 오늘날 도시 빈민가에서 살아가는 '제4세계인들'과도 비슷한 이 사회적 잉여〔존재〕는 애초에는 봉건적 통제 방법이었으나 곧 코뮌적·사회적 통제 방법이 됐던 현상, 즉 앞서 언급한 전략적 감금이라는 현상의 직접적인 산물이 됐다.

실제로 요새의 유기적 기능은 일종의 한계, 즉 주민의 수와 확장 영역의 한계를 설정할 때에야 유지될 수 있었다. 전략적 계산은 통계적 계산과 비슷하다. 입구나 출구와 더불어, 요새는 전략적으로 계산하는 자들의 중요한 도식이다. 따라서 중세에 무장한 사회를 고정시킨다는 것은 그때까지 공동의 것이라고 여겨지던 거주지가 사라진다는 것, 즉 **공민(公民)의 공간이 사라진다**는 것, 공간에 대한 서민들의 권리와 그들의 자격이 사라진다는 것을 의미했다. 이런 점에서, 우리는 중세 사회가 지녔던 공위의 도식을 문제삼지 않은 채 더 이상 '계급 사회'를 논할 수 없다. 이 낡은 방어 수단으로의 회귀, 선택적 이성으로의 회귀는 아리스토텔레스의 성찰 속에서처럼 공민의 권리를 정치적 권리로 대체했다. "아크로폴리스〔도시 내의 성채〕는 과두정과 군주정에 적합하며, 평평한 평원은 민주정에 적합하다. 그러나 귀족정에는 여러 개의 서로 다른 요새가 더 낫다."[6] 이렇듯 정치가 지형의 문제가 되어버린 이래로 우리는 **시민의 평화**(paix civile)를 구가하던 민족을 끝장내버린 진정한 개벌, 즉 인간의 시간과 공간에 대한 개벌을 보게 된 것이다. 자신들을 하나의 가족이나 집단으로 만들어줄 장소, 그렇기 때문에 급작스런 죽음을 비롯해 모든 희생을 다 바칠만한 가치가 있는 장소로서의 생태계를 선점하고 보존하려는 자들이 서로 적대하게 될 때에야 비로소 사회적 갈등이란 것도 나오게 되는 법이다. 만약 "존재한다는 것은 곧 거주한다는 것"(고대 독일어로 말하자면, '남아 있기'〔buan〕[7])이라면, 거주하지 않는다는 것은 더 이상 존재하지 않는다는 것이다. 더 이상 환영받지 못하는 자, 거부된 자, 특정 장소를 박탈당한 자, **그래서 자신의 정체성을 박탈당한** 자는 느린 죽음보다는 급작스런 죽음을 더 선호한다.

    간단히 말해서, 중세의 요새들은 전쟁기계를 작동하는 데 있어서

---

6) Aristoteles, *Politica*, Book 7, XI, 1330b : 5.

무엇보다도 가장 필요했던 영구적인 사회적 거부(배제)를 통해서 (이 방인들을 향한) 원시 시대의 환대와 신성하기 그지없었던 고대의 수용력을 없애버린 것이다. 사방이 가로막힌 이 사회에서 법적 억압은 이탈, 이주, 그러니까 정체성의 손실을 뜻하는 탈영토화를 가로막는 압박일 뿐이었다.

잉여 인구는 일종의 의무로 지워진 원정이라는 운동 속에서 사라져버렸다. 시간이 흐를수록 이 공위의 질서에서 거부된 수많은 신체들은 미지의 장소, 눈에 띄지 않는 지대, 전략적 도식의 무한한 틈새를 이동하는 육체적 힘이 되어버렸다. 그리고 (이들의 이동은) 위험천만한 순례, 어린이 십자군이나 가난한 자들 또는 "일자리 없이 떠도는 부랑자들, 건장한 걸인들"의 고통스런 운동이 되어버렸다. 이들은 코뮌의 요새에 24시간 이상 머무는 것이 금지됐으며, 곧 다른 도시로 쫓겨나곤 했다. 시민들도 엄격한 벌금의 고통을 받게 될 이들을 보호해서는 안 됐다. 이 어마어마한 이주자들의 무리는 백년 전쟁에서 종말을 맞

---

7) 하이데거의 설명에 따르면, 독일어 '짓다'(bauen)의 어원인 '부안'은 원래 "특정 장소에 머물러 있기"를 뜻한다. 따라서 짓기란 곧 거주를 뜻하는데, 하이데거는 이 주장을 통해 거주란 곧 존재(하기)라는 결론에 이른다. 왜냐하면 '존재하다'(sein)의 1인칭·2인칭 현재형인 '빈'(bin)과 '비스트'(bist)도 '부안'에서 파생됐기 때문이다. 따라서 '나는 ~있다'(ich bin~), '너는 ~있다'(du bist~)의 원래 뜻은 '나는 거주한다(남아 있다)', '너는 거주한다(남아 있다)' 이다. 그런데 여기에서 중요한 점은 그냥 그대로 거주한다/남아 있다는 점이 아니라, 그런 상태를 유지하기 위해서는 또 다른 활동들(가령 "고이 간직하거나 보호한다, 보존하거나 돌본다, 특히 땅을 경작하다, 포도나무를 재배한다 등등")이 필요하다는 점이다. 이렇듯 하이데거에게 '부안'이라는 단어는 스피노자 식의 '덕의 기초'("자기를 보존하려는 노력은 덕의 첫째가는 유일한 기초이다")에 이르기 위한 아리아드네의 실이다. Martin Heidegger, "Bauen, Wohnen, Denken"(1951), *Gesamtausgabe*, I. Abteilung : Veröffentlichte Schriften 1910~1976, Bd. 7 : Vorträge und Aufsätze(1936~1953), Frankfurt/Main : Vittorio Klostermann, 1954.

이할 것이었다. 대포가 이미 전장을 혁명적으로 뒤바꿔 놓았으니.

그렇지만 이미 12세기 이래로, 화폐라는 매개물이 정치 조직과 군사 조직의 균형을 찬양했던 중세적 질서의 종말을 예견케 해주면서 자체의 영향력을 주목할 만하게 증가시키고 있었다. 이 전통적인 군대식 체계에는 급료가 따라붙었다. 기사들은 곧 봉급을 받았다. 한동안은 주로 젠트리 계층[8]에서, 예컨대 상당 액수의 봉급을 받으며 **개인의 종복**이 될 이 계층의 젊은이들 중에서 군대의 부대원들이 선발됐다. 적어도 신원이 다소 의심스러운 용병들을 신병으로 뽑아야 할 만큼 상황이 나쁘지 않았을 때까지는 말이다. 이소크라테스가 "전 인류 공동의 적"[9]이라고 말했듯이 플라우투스가 그린 반(反)영웅들의 후손들, 즉 노상 강도들과 약탈자들, 그도 아니면 살인 강도들과 깡패들[10]은 나머지 농민들과 마찬가지로 순회 시장과 장터를 목표로 삼았다. 태곳적 이래로 이들의 상황은 전시에 일시적으로 해방되어 군대에, 특히 일률적인 대규모의 기계적 동작이 필요했던 해군에 징용됐던 노예들의 상황보다 하등 나을 것이 없었다. 반면에 육지에서의 전투는 여전히 '자유

---

8) Gentry. 중세 후기 영국의 중산층 토지 소유자. 원래 귀족은 아니나 '훌륭한 가문의 사람들'이라는 뜻으로서, 독립 자영농인 '요먼'(yeoman)의 상층부를 지칭한다. 오늘날의 '신사'(gentleman)라는 단어가 여기에서 나왔다.
9) 본문에 인용된 구절의 원문은 다음과 같다. "우리의 적……야만인들에 맞서 싸우지 않는 한, 모든 헬라스인들은 영구적으로 평화를 굳건히 만들 수 없다." *Panegyricus*, 4 : 173. 즉, 본문의 인용문에 나오는 '전 인류'란 아시아인들을 제외한 모든 인류, 다시 말해서 그리스인들을 지칭하는 것이다.
10) 본문에서 살인 강도와 깡패로 옮긴 단어는 각각 '에스카르보나르동'(Escarbonlardon)과 '리노세롱테'(Rinocéronte)인데, 현대 프랑스어에서는 쓰이지 않는 단어이다. 전자는 '죽이다'(Escarper)와 '찌르다'(larder)라는 두 동사, 후자는 '두들겨 패다'(Rincer)와 '괴롭히다'(cerner)라는 두 동사를 합쳐 만든 속어인 듯하다.

인들'이 치러야 할 전쟁으로 여겨졌다. 군사적 프롤레타리아트는 이동하는 대중들의 끊임없는 이주 속에 뒤섞이는 자기 자신을 발견하게 된다. 19세기의 이주 노동자나 20세기의 불법체류 외국인이 그랬듯이, 군사적 프롤레타리아트도 이동하는 대중들 속에서 나오는 법이다. 노상 강도들은 순환한다. 그 명칭[11]에서 알 수 있듯이, 이들은 교통로를 배회한다. 불확실할 뿐만 아니라 주기적으로 옮기기까지 해야 하는 일자리를 찾기 위해서 돌아다니기 때문에, **교통로야말로 이들의 계급적 공간이다.** 먼 훗날 칼로는 이들을 '부랑자들의 두목'[12]으로, 즉 누더기를 걸친 불구자이자 허풍쟁이, **전쟁의 비참함**이 가져온 지루한 행렬 속에서도 여전히 깃털 장식과 깃발을 자랑삼아 내보이는 무시무시하면서도 가엾기 그지없는 방랑자로 묘사할 것이었다.

이 호전적인 '순방 순례자들'이 호스피스[순례자 숙박소]나 검역소[나병원]에 잠시 머무는 것 같은 일시적인 정주는 일종의 사회 문제가 됐다. 규칙적인 금욕 생활이 일종의 인클로저를 통해서 밀교(密敎) 순례자들의 정착 문제를 해결했듯이, 군대식 금욕 생활이 이 문제를 해결해줄 것이었다. 그에 따라 사회적 잉여[존재]들을 노동력으로 사용해 수익을 얻는다는 분명한 해결책이 등장하기 이전에는, 공공 구호를 개시하고 '면세 소금'(franc salé ; 세금을 내지 않고 매매할 수 있는 소금) 같은 지역별 봉물(俸物)을 거두는 대신에 정기적인 세입 체계를

---

11) 본문에서 '노상 강도'로 옮긴 프랑스어 '루튀에'(routier)는 약탈을 일삼던 중세 무사집단을 뜻하기도 하고, 도로나 항로를 뜻하기도 한다.
12) Capitano de baroni. 프랑스의 판화가 칼로(Jacques Callot, 1592~1635)의 연작 판화집 『거지들』(Les Gueux, 1622/총37장)에 실린 판화의 제목.

도입하는 식으로 국가가 이 사태에 개입할 것이었다. 의무적인 노동은 그저 어느 정도만 의무적인 군 복무의 전조였다. 적어도 프랑스에서는 그랬다. 독립 가내수공업자들의 특권을 결코 방해해서는 안 됐기 때문에, 의무적인 노동은 매우 특수한 의무였다. 공장 노동은 운동의 독재에서 결코 벗어나서는 안 됐다. 의무적이고 불합리한 동적 순환 속에서 공장 노동은 특정 지점을 둘러싼 포위를 재생산하며, 〔이 체제를〕 거부한 자들을 천천히 죽인다. 30여 년 전, 주립 정신병원이 있던 루아르 강기슭에 머물던 때가 생각난다. 아직 어렸던 나는, 감시인들의 강제 아래 메마른 강바닥에서 모래를 가득 채운 짐수레를 밀고 있던 한 무리의 정신병원 환자들을 보고 깜짝 놀란 적이 있다. 그들은 모래를 실어다 강물 속에 쏟아붓는 작업을 반복했다. 이 비참한 사람들 중의 한 명이 때때로 비명을 지르며 루아르 강으로 뛰어들기도 했지만, 이처럼 뜨거운 태양 아래에서 이뤄지던 일련의 일탈 운동은 한없이 이어졌다.

이와 비슷한 방식으로, 예컨대 17세기의 라 샤르티에 드 투르 호스피스는 다른 호스피스들처럼 도시 가내수공업자들의 위협이 닥쳐오기 전에 부분적으로 실크 제작을 포기했으며, 숙박소 내에 거주하던 거주자들이 누에고치에서 실을 뽑거나 실크를 잣지 못하도록 가로막았다.

이와 동시에, 국가는 거지들을 호스피스나 감옥에 데려가는 일에서부터 오늘날과 비슷한 운명에 처하게 될 군인들이나 범죄자들을 수송하는 일에 이르기까지, 농민들에게 부과되던 각종 허드렛일을 의미심장할 만큼 늘려 버렸다. 봉건적 반(半)식민화 계약에서 연유한 이런 식의 허드렛일은 이미 병참학적 과업의 수행을 위해 이뤄지던, 그것도 노동자들이 처해 있던 조건보다 훨씬 못한 조건 속에서 이뤄지던 일종의 프롤레타리아트화이자 농업 노동자의 동원이었다. 어느날, 루이 14세는 콜베르에게 이렇게 말했다. "만약 경제가 무슨 뜻인지를 알고 싶다면, 플랑드르로 가보시게. 그러면 정복한 공간을 얼마나 저렴하게 요새화할 수 있는지 알 수 있을 것이네." 왕은 루부아가 진행 중이던 상당 규모의 토목 공사와 벽돌 공사를 암시하고 있었던 것이다. 로마의 사례를 좇아, 루부아는 쥐꼬리만한 봉급과 군대식 규율을 유지하며 이런 공사의 실행을 직접적으로 군인들에게 전담시켰다.

태곳적 이래로 군사적 프롤레타리아트화의 경로는 이주자들의 궤적과 종종 뒤섞이면서 나란히 나아갔다. 갈란은 이 특수한 인력이 부족별, 종족별로 모였던 도로와 시장을 환기시킨 바 있다.[13] 가령 펠로폰네소스 반도 남부의 테나르(지금의 마테판) 곶 같은 곳이 좋은 예이다. 얼마 뒤에, 우리는 각종 위원회나 콘도티에리가 국적 없는 노동력을 점점 더 많이 신규 모집한 까닭에 필연적으로 생겨날 수밖에 없었던 최초의 병참학적 우회로를 보게 될 것이었다. 파커가 호치민 경로[14]와 비교했던 그 유명한 스페인의 도로를 말이다.[15] 이런 궤적을 따라서 그들은 임시 막사를 건설했고, 마을 주민들은 침대를 제공했다. 그들은 감옥이나 수용소에서 탈출한 뒤에도 불확실한 생활 조건에서 살다

---

13) Yvon Garlan, *La guerre dans l'antiquité*, Paris : Nathan, 1972.
14) Ho Chi Minh Trail. 베트남 전쟁 당시, 라오스 동쪽을 경유해 북베트남에 이르렀던 베트남민족해방군의 이동·보급 경로를 말한다.
15) Geoffrey Parker, *The Army of Flanders and the Spanish Road 1567~1659 : The Logistics of Spanish Victory and Defeat in the Low Countries' Wars*, Cambridge : Cambridge University Press, 1972.

가 또다시 군인이 될 수밖에 없는 비참한 자들에게 필요했던 호스피스 같은 보건 시설도 갖춰 놓았다. 19세기에 이르기까지, 이런 막사들은 성병이나 발진티푸스 같은 유행병이 전투 자체나 전쟁으로 인한 부상보다 더 많은 군인들을 죽이게 되는 일종의 진료소가 될 것이었다. 샹브레이가 지적한 바 있듯이, 대중들의 충돌이나 운동의 충돌과 더불어 보병들 사이에서는 피로로 인한 사망이 놀라울 정도로 많이 발생했다. 이와 동시에 병들거나 전장에서 부상당한 병사들이 발진티푸스 증상이 있는 사람들, 영양실조에 걸린 사람들, 암 환자들 옆에서 나란히 잠을 잘 수밖에 없었던 셀레스타트 병원의 상황을 적어놓은 1884년 6월 10일자 보고서에서 바세르튀어라는 의사가 말했듯이, 사람들은 이동하는 프롤레타리아트의 통일성을 회복시켜 줄 호스피스를 발전시킬 필요가 있다는 점을 깨닫게 됐다.

 오랫동안 군사적 프롤레타리아트화의 사회적 요구는 봉급, 직업 안정, 병자와 부상자에 대한 현장 보조 같이 간단할 뿐만 아니라 극히 중요한 생존의 필요조건이었다. 흔히 폭동과 항명은 10년까지 미뤄지기도 했던 봉급 지불에 관심을 두는 한정된 파업의 형태를 취한다. 항명자들은 자율적으로 전투 집단을 조직하며, 민주적인 평의회의 지원을 받는 대장(스페인어로는 '엘렉토' [Electo], 독일어로는 '암보사트' [ambosat])을 선출한다. 그리고 나서 이 프롤레타리아 부대는 곧장 자신들의 주요 요구를 내건다. 이 군인들은 자신들의 고용인들에게서 양보를 받아낼 때까지, 즉 자신들을 다시 교통로로 복귀시키려는 고용인들에게 자신들이 응당 받아야 할 몫을 받을 때까지 요새를 점령하거나 장악하려고 노력한다. 그렇지만, 이런 제한된 반란은 정치를 발전시키는 데 별로 중요한 역할을 하지 못했다. 군인들의 요구가 충족될 경우, 노동하는 생산적 사람들이 옛 지방 주인들의 자리를 찬탈한 '사치스러운 자들'에게 지니는 물질적 의무가 국가장치 내부에서 급격히 증가하기 때문이다. 때때로 군인들이 세금이라는 경제적 충성을 직접 거두기도 했는데, 이것은 "세금 징수인들(그때 당시의 사람들은 이 무시무시한 동물들을 이렇게 부르곤 했다)에게 오로지 최후의 수단으로서만 폭력을 사용하라고 권고했던 콜베르가 불만을 토로했던 편의주의적 수단"이었다. 아무튼 이에 따라 국고(國庫)로 남부럽지 않은 상비군을 유지할 수 있게 됐다. 정기적인 봉급 지불을 보장해주는 식으로 상습적인 탈영을 막을 수 있었기 때문이다. 클라우제비츠가 보여줬듯이, 평시에는 이처럼 국고의 돈을 사용해야만 군대의 목표가 간신히 성취될 수 있었다. 그 나라 사람이든 이웃나라 사람이든, 방랑자들은 과거나 출생을 불문하고 발견되는 족족 군대로 편입됐다. 이 당시에는 뭔가 일을 할 능력이 있는 사람들이라면 대부분 특정 지역을 장악한 침입자 아니면 약탈자로 살아갈 수밖에 없었다. 이들은 "아무것에도 의지하지 않은 채 전장을 향해 앞으로 달려나가는 돌격병"이었다.

바뵈프와 엥겔스 이래로, 프롤레타리아 병사들의 육체적 역학, 그리고 전쟁기계에 복무해 일정 횟수의 협력 행동을 반복적으로 수행해야 하는 그들의 의무를 둘러싸고 많은 논의들이 이뤄졌다(가령 18세기에는 대포를 한 번 사격할 때마다 10번의 동작이 필요했다). 훗날, 사람들은 (엥겔스가 그랬듯이) 의지가 박약한 신체를 지닌 이동 대중들을 둘러싸고 태곳적부터 전해져 내려왔던 경멸감과 혐오감을 버리지 않은 채, 노동하는 프롤레타리아트의 생활 조건을 궁금해하기 시작했다.

1789년의 혁명 내내 노동자들은 샤플리에 법안[16] 때문에 조건부로만 자유를 보장받았고, 일군의 여성들은 하렘이나 유곽('폐쇄된 집'〔la maison close〕)에 팔려가 자신을 일시적으로 소유한 자의 돈벌이 원천이 된 채 자신들의 성(性)을 팔거나 빌려주며 세상을 등졌다. 심지어는 감금되거나 족쇄를 찬 채로 말이다……훈련과 훈육의 이상적인 대상인 이 '버림받은 아이들.'[17] 군사적 프롤레타리아트화가 진행되기 훨씬 이전부터 이 '야니세르'(새로운 군인[18])들은 기독교 노예 가문에서 아주 어릴 때부터 차출됐다. 15세기의 그랑송 전투[19]와 모라 전투[20]는 적군을 유린할 본대를 떠나 보내기 전에 결사대〔버림받은 아이들〕를 먼

---

16) Loi de Le Chapelier. 프랑스 혁명 당시인 1791년 6월 14일, 브르타뉴 출신의 자코뱅파 국회의원 르 샤플리에(Isaac René Guy le Chapelier, 1754~1794)가 제안한 노동자 단결금지법. 그는 중세의 길드가 해체된 이상 임금문제는 노동자와 자본가 양자가 해결할 문제라고 못박고, 일정한 직업의 시민이 공동의 이익을 위해서 단결하는 것을 금지했다. 이 법안은 1864년까지 프랑스의 노동운동을 속박했다.

17) '버림받은 아이들'(les enfants perdus)은 프랑스 속어로 '결사대'를 뜻하기도 한다.

18) Janissaire. 14세기경 조직되어 1826년에 해체된 오스만투르크 제국의 엘리트 근위 부대를 지칭하는 말. 원래 '새로운'과 '특별 부대'를 뜻하는 터키어 '야니'(yani)와 '세리'(cheri, 이 단어는 '용맹', '승리'를 뜻하는 중세 페르시아어 '쉐리'〔cherih〕에서 파생됐다)의 합성어인 이 단어는 훗날 유럽으로 전파되어 '충성심이 높은 귀족 계급의 엘리트층'이라는 뜻으로 쓰이게 됐다.

19) Le bataille de Grandson. 1476년 2월 21일부터 3월 2일까지 부르고뉴군과 스위스군이 전략적 요충지 그랑송 요새(스위스의 뇌샤텔 주)를 놓고 벌였던 전투. 당시 부르고뉴 공국의 지배자였던 호담공(豪膽公) 샤를은 1474년부터 사보이 공국과 밀라노 공국을 연결해 북해와 지중해를 지배하려는 야심을 드러냈는데 슈트라스부르크·라인·스위스 등은 샤를의 이 팽창주의에 맞서 동맹(콘스탄스 동맹)을 결성, 부르고뉴 전쟁을 개시했다. 그랑송 전투는 이 부르고뉴 전쟁의 첫번째 전투였는데 이때 당시 부르고뉴군은 이탈리아 용병(보병), 영국 용병(장궁〔長弓〕), 스위스 용병(장창〔長槍〕) 등을 다양하게 활용해 용병 활용의 전범을 보여줬다.

20) Le bataille de Morat. 1476년 6월 22일, 스위스 베른의 모라에서 벌어진 부르고뉴군과 스위스군의 전투. 프랑스 국왕 루이 11세가 스위스를 지원해 부르고뉴를 침공함으로써 벌어진 전투로서 호담공 샤를은 이 전투에서 대패했고, 이듬해 1월 낭시 전투를 마지막으로 숨을 거뒀다.

저 보내는 것이 스위스 군대에게 얼마나 중요했는지 잘 보여준다. 이들은 도시 교외에서 선발된 난봉꾼, 곧 죽을 운명인 불쌍한 돌격병에 불과했을 뿐이었다. 17세기 당시, 보방은 정찰 여행에서 복귀한 뒤 "난폭하게 **유괴**되어 가족에게서 떨어져 나왔거나, 기타 여러 방식으로 **납치**된 불쌍하기 그지없는 어린아이들이 수비대와 기병대로 편성된 채 요새들을 지키고 있기 때문에" 왕국이 위험에 처해 있다고 보고했다. 유괴나 납치, 이것이야말로 질주관들의 전통적인 수법이다. 그러니 1789년의 군사 혁명〔징병 제도에 의한 상비군 조직〕이 프롤레타리아트 출신의 어린아이들을 법적으로 노동에 종사하도록 만들었던 것도 이해할 만한 일이다.

    1846년 『양 세계 평론』이 경고한 바에 따르면, 프랑스에서는 한 해에만 3만 2천 건의 유아 유기가 발생하고 어린아이 30명당 한 명이 시민의 지위를, 다시 말하면 자신의 **정체성**을 박탈당했다. 이 사실에 격분한 조르주 상드는 『사생아 프랑수아』[21]를 통해서, 한 어린아이를 맡게 된 여행객이 그 어린아이를 수레에 태워 들판 한가운데 내다버리는 과정을 묘사한 바 있다. 정체성을 상실한다는 것은 특정 지리를 차지하고 있는 집단에서 배제된다는 것, 이동 중에 있는 궤적 안으로 떠밀려 나간다는 것, "아직 이성을 갖추지 못한" 어린아이를 도로에 내던져 버린다는 것과 관련이 있다.

---

21) *Fançois le Champi*. 프랑스의 소설가 상드의 1848년 작품. 냇가에 버려진 사생아 프랑수아가 자신을 거둬 키워준 가정주부 마들렌의 보살핌 속에서 견습 제분업자로 성장해 처음 마들렌과 만났던 냇가에서 청혼을 하게 되는 이야기로서, 상드의 대표적인 전원소설 가운데 하나이다.

기계에서 나오기 때문에, 무지한 사람이나 동물에 의해서도 똑같이 원활하게 작동될 수 있는 '기계적'이며 순수한 동력과 '자유로운' 동력은 다르다(에퀴콜라, 1495). 앤소니 블런트는 『이탈리아의 예술 이론, 1450~1600년』에서 이렇게 말했다. "중세 때와 마찬가지로, 르네상스 시기의 (인간중심적) 사회에서도 손으로 하는 노동은 저열한 것으로 간주됐다." 실제로, 노동자의 신체는 이상적으로 빚어진 인간의 본보기로 여겨질 수 없었다. 비트루비우스 시대의 인간은 본질적으로 이성적이고 조화로운 인간이었다. 그는 유클리드 기하학의 원과 격자에 담길 수 있었기 때문이다. 침략자와 지배자의 궤적을 보여줬던 이 기하학은 사회적 우월성의 상징이었다.

동물들의 처리법, 유기, 도살, 해부를 둘러싼 작금의 논쟁을 살펴보는 것도 흥미로운 일이지만, 상당수의 동물들이 희생되는 블록버스터 영화를 살펴보는 것도 흥미로운 일이다. 이런 맥락에서 스턴트맨, 즉 '대역' 배우였던 도미니크 자디 씨가 「동물들의 수난」이라는 제목으로 『프랑스-수아르』라는 신문에 기고했던 글을 인용해보도록 하자. "조연들은 (동물들과) 같은 처지에 놓여 있다. 그들은 욕설을 듣거나 괴롭힘을 당하고 화면에서 잘려나가기도 하는 비중 없는 역할을 맡는다. (……) 내가 꽤 박력 있는 사내인 건 분명하다. (……) 그렇지만 **그 어떤 동물도 내가 해왔던 것 같은 일을 하지는 않았을 것이다. 그리고 나는 동물, 여성, 아니면 어린아이들을 절대로 다치게 한 적이 없다.** 사람들도 다 알고 있듯이, 이들은 모두 동일한 존재이기 때문이다." 이성을 박탈당한 이 대역 배우의 신체는 **같은 처지**에 놓인 여타 가축들의 신체와 똑같은 대우를 받았다. 연기라는 그의 노동도, 영화 감독이라는 운동의 독재자에 의해 동물들의 노동과 똑같은 취급을 받았다. 우리는 고대 사회의 경우 '여성 노예'의 결혼을 둘러싼 거래와 의식이 두 집단 간의 동물 교환과 똑같았다는 사실을 알고 있다. 군대와 경찰에는 아직까지 동물-프롤레타리아트가 존재하고 있다. 예컨대 보병들이 전투용으로 훈련시킨 군견대(軍犬隊)가 계속 유지되고 있으며, 최근에는 바다의 포유동물들이 활용되고 있다. 중세 때에는 말이라는 운송장치-신체가 발사체와 똑같이 취급됐다. 그리고 코끼리의 신체는 돌격대 · 불도저 · 견인차로, 황소와 낙타 그리고 노새의 신체는 모든 지형을 넘나드는 운송장치로 다뤄졌다. 사회의 엘리트들만이 보유할 수 있던 비둘기 같은 포식 동물은 일종의 운반체였으며, (자신의 주인들과 마찬가지로) 약탈을 일삼았다. 자크 쾨르는 통신용 비둘기를 통해서 얻은 신속한 정보 덕택에 경제 시장에서, 특히 해상 교역에서 막대한 부를 챙길 수 있었다. 쾨르가 부르주(파리 남쪽에 있는 상트르 주 셰르 현의 주도(主都))에 있는 자신의 저택에 놓아뒀던 일종의 염세(鹽稅) 저울(염세의 양을 재는 저울), 그러니까 '노동자-생산자'라는 가축이 (자신들의) 동물적 신체를 유지하기 위해서라도 흘려야만 했던 소금(말 그대로 땀)의 양에 따라 그들에게 나눠줄 소금을 측정하려 만들어놓은 실제 나무통의 크기를 보게 된다면 아마 깜짝 놀랄 것이다. 무릇 육체적 운동을 하고 있는 신체는 휴식을 취하고 있는 신체보다 다섯 배 가량 많은 소금을 소비하는 법이다. 인도가 영국에 맞설 당시, 간디는 **서구 침략자들이 식민지 인민들에게 부과한 일종의 느린 죽음이자 폭력의 경제**였던 염세에 관한 한, 훨씬 진일보한 행동을 이끌었다. 그렇지만 자신의 정체성을 박탈당한 방랑자들과 살아 있는 시체들의 신체에 깃든 채 그들의 신체를 점령하고 지배하고 있는 것은 다름 아닌 타인의 의지라는 확신이 오늘날까지도 광범위하게 퍼져 있다. 프리드리히 2세가 "따지지 말라!"라고 말했던 것처럼 말이다.[22] 이렇듯 특정한 성적, 사회적, 아니면 인종적 범주에서 의지가 박탈된 경우를 살펴보려면, 미국 흑인 노예들의 후손들에게 강요된 제약과 아울러 **민권**, 특히 '자유인'에게 **없어서는 안 됐던 권리**이자 영혼 없는 신체에게는 허용되지 않았던 투표권을 둘러싸고 그들이 수행했던 투쟁을 상기해보는 것이 중요하다. 프랑스의 경우, 1791년 8월 27일의 법안은 **토지 소유자**에게만 투표권을 주도록 함으로써 이런 경향을 더욱더 악화시켰다. 방랑하는 신체는 늘 뭔가를 결정할 능력이 없다고 여겨졌다. 투표할 권리를 획득하기 어려웠

---

22) 칸트는 비릴리오와 약간 다른 말을 들려준다. 칸트에 따르면 계몽 군주인 프리드리히 2세는 "너희들이 하고자 하는 일에 관해 너희들이 원하는 만큼 따져보라. 그러나 복종하라!"라고 말했다고 한다. 임마누엘 칸트, 이한구 옮김, 「계몽이란 무엇인가에 대한 답변」(1784), 『칸트의 역사 철학』, 서광사, 1992. 15쪽, 21쪽. 칸트는 이 글에서 이성의 공적인 사용("어떤 사람이 한 사람의 학자로서 독자 대중 앞에서 이성을 사용하는 경우")과 사적인 사용("어떤 시민적 지위나 공직에서 이성을 사용하는 경우")을 구분한 뒤 전자만이 인류에게 계몽을 가져올 수 있기 때문에 전자에는 무제한적인 자유가 허용되어야 하지만, 후자는 종종 제한될 수도 있다고 말한다(가령 상관의 명령을 받는 장교의 입장에 처해 있다면 그 명령의 옳고 그름을 따지지 말고 실행에 옮겨야 한다). 그렇지만 지금은 '계몽된 시대'가 아니라, '계몽의 시대'(계몽 중의 시대)이기 때문에, 특정 사안이나 상황에 대한 비판이 널리 인정되어 의견의 일치가 이뤄지기 전까지는 프리드리히 2세의 지혜, 즉 "너희들이 하고자 하는 일에 관해 너희들이 원하는 만큼 따져보라. 그러나 복종하라!"라는 지혜를 따르는 것이 좋다고 언급한다. 푸코는 칸트가 정의한 이성의 공적인 사용을 "이성을 사용하되, 이성 자체 외에는 다른 어떤 목적도 없이 이성을 사용하는 것"이라고 정의한 뒤, 칸트가 "어떻게 개인들이 가능한 한 충실하게 복종하고 있는 동안에도 알려고 하는 용기를 실행에 옮길 수 있는가?"라는 딜레마에 빠져 있다고 해석한다. 따라서 칸트의 주장은 프리드리히 2세에게 일종의 계약을, 즉 "복종해야 하는 원리가 보편 이성에 부합"된다는 조건 아래에서 "자율 이성을 공적으로, 자유롭게 사용하도록 허용하는 것이 복종을 보장하는 최선의 방법"이라는 점을 제안하려던 시도였다는 것이 푸코의 해석이다. 미셸 푸코, 장은수 옮김, 「계몽이란 무엇인가」, 『모더니티란 무엇인가』, 민음사, 1994. 355~365쪽. 특히, 344쪽과 347쪽 참조.

던 여성들, 그래서 이 기이한 공화주의적 보편주의의 일부가 될 수 없었던 여성들도 그럴 능력이 없다고 여겨졌다!

여기에서 우리는 (장벽이 없는 바다와 전쟁이라는) '자유로운 이성'의 사회적·정치적 중요성을 보게 된다. 무지한 신체들은 비이성적이며 그들에게는 순수하고 단일한 이성이 존재하지도 않는다는 관점, 자본주의에서보다는 덜 하지만 맑스주의 조직 구성도에서도 충실히 재생산되고 있는 이런 진술과 관련해 지니는 중요성을. 질주정적 권력이 도래하면서 우리는 태곳적의 윤회가 도착적(倒錯的)이 되어 가는 광경을 보게 됐다. 개인이 등장함으로써 영혼은 이성, 즉 우리의 행동, 우리의 운동, 심지어는 우리의 운명 전체를 규정하는 법칙의 소재지가 되어갔던 것이다. 그렇지만 모로 드 조네가 『1589년부터 1715년에 걸친 프랑스의 사회적·경제적 상황』[23]에서 언급했듯이, 이와 같은 이성 능력은 **뛰어난 정신**, 그러니까 튀렌이나 보방 같은 군인들의 정신, 아니면 콜베르 같은 부르주아적 정신의 기하학적 검증 능력과 [일반인들의] 상식이 뚜렷이 구별되지 않은 나머지 곧 저항에 부딪혔다. 통계학은 장기간에 걸친 우리의 습관에는 거의 관심을 기울이지 않는다. 그래서 보방이 2만 5천 개의 사례에서 도출해낸 한 가지 결론에 모두들 동의하지는 않았던 것이다.[24] 게다가 지적(地籍)에 대한 조사가 이뤄지지

---

23) Alexandre Moreau de Jonnès, *Etat économique et social de la France, depuis Henri IV jusqu'a Louis XIV, 1589~1715*, Paris : C. Reinwald, 1867.
24) 보방이 말년에 『왕궁의 십일조 세안』(*Projet d'une dixme royale*, 1707)이라는 팸플릿에서 주장한 내용을 말한다. 보방은 조세의 평등을 주장하며 모든 토지와 상거래에 대해 일괄적으로 10퍼센트의 세금을 부과하자는 제안을 내놓았는데, 조세의 불평등이 농민들을 얼마나 괴롭히고 있는지를 '구체적'으로 입증하기 위해서 광범위한 통계 자료를 사용했다. 이 팸플릿은 통계학을 경제에 적용한 선구적인 작품이라는 평가를 듣기도 한다.

않았기 때문에 그의 자료들은 귀납적 방법에 의존해야만 했으며, 그것도 조악하게나마 분포라는 관념과 엇비슷했던 관념들을 통해서야 얻을 수 있었다. 훗날 아서 영, 샤프탈, 그리고 라부아지에는 보방의 귀납적 모델에다가 통계 일람표를 덧붙였지만 3개 중 2개꼴로 오차가 발생했다. 더 나아가서, 모로는 **미터법으로 환산**해야만 보방의 수치가 쉽게 이해될 수 있다고 지적하기도 했다.

영혼은 신체라는 운송장치나 기계의 존재 이전에 존재할 수 없으며 그것들보다 더 오래 살아남을 수도 없다. 그러나 영혼은 잠재적 이성으로서, 특히 과학적 이성으로서 시간과 공간상으로 멀리 떨어져 있는 낯선 신체에 영향을 끼칠 수 있다. 동물적·영토적·식물적 신체, 의지 없는 신체, **아직 탄생하지 않은 신체**는 기계적 신체나 기계적 객체가 된다. 바로 여기에 진정한 사회적 지배, 엔진의 격투사가 존재하는 것이다. 경주용 말은 더 이상 스스로 움직이지 않는다. 고삐라는 변속기와 박차라는 액셀러레이터의 덕을 보는 기수에 의해 **움직여질 뿐이**다. 재갈을 물리지 않을 경우, 경주용 말은 예전처럼 통제 불능의 상태로 되돌아가 버린다. 즉, 자기 감정을 스스로 표현하게 되는 것이다!

(성경에서 그렇듯이) 육체에게 있어서 이성이란 죽음의 형태이다. 의미심장하게도, 고전주의 시기가 시작됐을 때에는 오늘날 약물 중독자를 구경하는 것이 그렇듯이, 광인이나 귀신들린 사람을 구경하는 것이 일종의 유행이 됐다. 우리는 그들의 불가해한 행동과 말이 빚어내는 동적 무질서를 염탐한다. 심지어 귀신들린 사람이 울부짖거나 말을 하거나 뭔가 불평을 할 때조차도 그/그녀는 동물과 마찬가지로 고통받고 있는 존재로 대접받지 못하며, 그렇기 때문에 동정의 대상이 될 수

없다. 그리하여 이런 신체들을 소유한 자들, 이들을 처형하는 자들, 그리고 이들을 심판하고 치료하는 자들은 이 영혼 없는 신체들에게 처음에는 사법적, 나중에는 '의학적' 치료법을 일상적으로 부과하게 됐다. 불로 지지기, 약물 주사하기, 손톱이나 머리카락을 벗겨내기, 그리고 나중에는 전기 충격을 가하기 등. 신체는 그 거주자가 항상 주의를 기울이거나 불안한 마음으로 거주해야 하는 빈 집, 될 수 있는 한 불편하도록 만들어진 집이다. 오늘날까지도 정신분석학은 **무의식**을 **이성적 의식의 표현**으로 되돌리자고 주장하면서, 사실상 이런 믿음을 실감나게 보여주고 있다. 그렇지만 신체는 집인 것 이상으로 **생체적 운송장치**이기도 하다. 게다가 우리가 신체에서 쫓아내려는 유사(類似) 악령은 무엇보다도 자신의 말 등에 올라탄 채 '자기 마음대로' 말의 동력을 통제하려는 기수처럼 '조종자의 자리'를 난폭하게 점령하고 있는 존재이자 스스로를 이동시키는 지성적 존재이다.

    이 낯설기 그지없는 '지성적 존재'는 텅 빈 신체에게 상황에 알맞은 몸짓을 취하라고 명령하면서, 그곳에 거주할 수 있도록 그 안에 역동성을 불어넣어 준다. 고대의 윤회설은 더 이상 쪼갤 수 없는 물질을 찾는 과정에서 지나치게 많은 지성적 존재를 상상했다. 윤회의 운동은 자연적으로 발생한다고, 특히 출생과 죽음의 과정에서 그 어떤 신체에게라도 일어난다고, 그렇기 때문에 사회 조직을 초월하는 일종의 물리적 평등을 창출한다고 여겨졌다. 또 다른 언급도 존재한다. 토지를 개간하는 사람이 일종의 정복자로 뒤바뀌어 버렸을 때 그의 시적 잠재성은 군사적 잠재성에, 시적이었던 영혼의 윤회는 정복에 그 자리를 뺏긴 채 사라져갔다. 다시 말하자면 신체의 탐험에, 신체의 탈영토화에,

신체의 변덕에 그 자리를 뺏긴 채 말이다. 생체적 운송장치를 합리적으로 점유해 그 위에 **올라탄다**는 것은 말 그대로 일종의 해적 행위이다. 클로드 올리벤슈타인이라는 의사는 정신분석학이란 "심령론의 가장 강력하고 가장 중요한 **침투 수단**"이라고 말한 바 있다. 무의식은 언제나 폭력, '권력-침략'의 권리, 그리고 그 기계적 수법을 참조한다는 것이다. 1977년에 개최된 어느 콜로키움 동안에 동료 학자들에 의해서 폭력 혐의로 고발당한 러시아의 정신의학자들은 결국 자신들이 종사하던 직업의 윤리에 가장 충실했던 셈이었다. 만약 그렇지 않다면, 우리는 스키너 식의 억압과 훈육, 혹은 마약 중독에 관한 사콜의 처방을 받아들인 셈이다. 그러면 올리벤슈타인이 지적한 것처럼 될 것이다. "그들은 더 이상 마약을 복용하지 않을 것이다. 그렇지만 **망령처럼 떠돌아다닐 것이다**." 즉, 드문드문 〔정신이라는〕 승객을 받아들일 준비가 되어 있는 살아 있는 시체로 말이다.

    인간의 사랑을 둘러싼 사회적 무대야말로 때때로 육체를 부여받았던 유체 형태의 영혼을 시적으로 드러내 준 최후의 무대였을 것이다. 기계를 통해서 잔인할 정도로 누설되고 있는 성행위, 성교육, 포르노그라피는 '무지한' 신체에 올라타는 또 다른 방식이자, 연무장(演武場)의 논리적 수순이다. 저 유명한 '스웨덴 식' 육체 문화는 교통로, 성, 우연한 만남을 통해 하나로 합쳐진 육체들이 현대적으로 뒤섞임으로써 번성하게 됐다. 성적 충돌은 곧 잊혀졌다. 이제는 자동차와 모터사이클이 도둑맞고 강간당한 뒤 버려질 것이었으므로.*

    '훌륭한 행동'[25]은 더 이상 공공 학교가 가르치는 **윤리**가 아니다. 오히려 교과과정에 의무적으로 들어가게 된 운전자 교육이 이를 가르친다. 그렇지만 이런 일은 예수라는 불가해한 신체를 무장한 신체로, 행진 대열에 서도록 뒤바꿔 버렸던 군대식 금욕 생활이 이미 수행했던 대담한 계획이 아니었던가?

해적이 등장하기 훨씬 전에 일군의 침략자들이나 불량배들, 군사적 수도사들은 죽음과 공포에서 희열을 찾았다. 사실상 그때 이후로 사회의 군대화가 모든 시민을 **일종의 전쟁기계**로 만들어버렸다면, 군인-수도사는 이에 관한 한 일종의 본보기이자 선구자였을 것이다. 오늘날 수도사의 '고독'이 큰 규모의 국적 없는 무장 집단들에게까지 퍼져 나아가게 됐으니, 군사적 순방 순례자들을 억압하려는 목적으로 이뤄진 이 위대한 질서의 개혁은 주목할 만한 혁명이라 할 수 있다. 자연, 시간, 공간, 그리고 자신이 포기해버린 사회적·인간적 조직 안에 자기 스스로를 금욕적으로 가둬두는 관례, 개인적 취향과 정체성의 포기는 하이데거가 말한 바 있는 기술적 혁명의 허무주의를 예견한 것이다. 스스로를 자발적으로 물리친 채 침묵, 순결, 특히 복종을 맹세한 수도사는 [그가 섬기는] 양심(더 우수하고 보편적인 '이성', 곧 '질서'에 동력을 제공하는 전도(傳導) 벨트)의 '지휘자'가 부리는 운송장치가 된

---

* "남성은 출생 때뿐만 아니라 성관계를 맺을 때에도 여성의 승객이다. [······] 사무엘 버틀러의 말을 바꿔서 표현해보자면 여성이란 남성이 자신을 재생산하기 위해서, 다시 말하자면 세상으로 나오기 위해서 발견해낸 수단이다. 이런 점에서 본다면, 여성은 인류라는 종(種)이 사용한 최초의 운송 수단이자 최초의 운송장치이다. 두번째 운송장치는 이주에 적합하거나 공동의 여행을 할 수 있도록 [한쪽이 다른 쪽에] 올라타거나 서로 결합되어 있는 상이한 두 신체의 결합체일 것이다." Paul Virilio, "Métempsychose du passager", *Traverses*, no 8, Mai 1977.

25) La bonne conduite. 프랑스어 '코뒤트'(conduite)에는 '행실', '품행'이라는 뜻 이외에도 '조종', '운전'이라는 뜻이 있다. 따라서 이 표현은 '훌륭한 행동'이라고 읽을 수도 있고 '안전 운행'이라고 읽을 수도 있다.

다. 우리는 금욕주의가 종교적 발명품이라기보다는 군사적 발명품이라는 사실을 알고 있다. 우리는 세계 각지에서 이 사실을 볼 수 있다. 태곳적 이래로 국가라는 관념이 발전된 곳이라면 그 어디에서나, 군사적 분파도 덩달아 증식해왔다. 헤겔의 근대적 국가 개념이 1525년에 세속화된 독일기사단[26]의 옛 본거지인 프로이센에서 탄생했다는 것은 놀랄 만한 일이 아니다. 또 다른 혁명 집단들, 위대한 질서가 이끌던 영구 전쟁(처음에는 이슬람 세력에 맞서, 그 다음에는 아시아인에 맞서 미국에서 전개된 전쟁)과 나폴레옹 1세에 맞서 스페인에서 전개됐던 게릴라 전쟁 모두에 비견될 만한 영구적 허무주의의 축이었던 동시에 체계적인 테러리스트 전쟁의 축이었던 러시아 비밀 결사들의 본보기가 된 것은 카르보나리[27]와 그 '세포' 조직들이었다. 군대식 성당기사단의 비밀 수장이었던 뒤 게클랭은 이 분야에서 탁월한 인물이었다.* 마찬

---

26) Deutscher Orden. 십자군 시대의 3대 종교 기사단 중 하나로서 '튜턴 기사단'(Ordre Teutonique)이라고도 불린다. 1190년 제3차 십자군 전쟁 때 일종의 의료 부대로 창설됐다가 1198년 교황의 승인으로 전투를 주목적으로 하는 기사단이 됐다. 흑십자(黑十字) 휘장이 붙은 백색 망토가 상징이었던 이들은 이교도와의 전투 이외에도 변방의 개척과 포교라는 임무까지 맡았다. 14세기까지 전성기를 누렸으나 15세기에 폴란드와의 전투에서 대패했고, 종교개혁 시기에 모든 재산을 빼앗겼을 뿐만 아니라 단원들도 구교도와 신교도로 양분되어 1809년경 소멸됐다.

27) Carbonari. 19세기 초, 프랑스의 지배에 맞서 독립과 자유를 내세웠던 이탈리아인들의 비밀 결사. 이탈리아어로 '숯 굽는 사람'이라는 뜻으로, 이 비밀 결사의 단원들이 얼굴에 숯을 칠해 위장한 데에서 이 명칭이 유래됐다는 설도 있고, 사회의 하층 계급이라는 자신들의 신분을 숯쟁이에 비유한 데에서 유래됐다는 설도 있다. 기독교에 바탕을 둔 신비주의적 성격이 강해 일종의 천년왕국 운동이었다는 설도 있다. 이들은 1820년 나폴리 혁명, 1821년 피에몬테 혁명, 1831년 중부 이탈리아 혁명에서 큰 역할을 했으나, 혁명 운동과 더불어 철저히 탄압됐다.

* 특히 다음을 참조할 것. 모리몽의 문서고(오트-마른)와 클레보의 문서고 ; 베상콩과 카르펜트라스의 도서관 ; Francis Gutton, *L'orde de Calatrava, la chevalerie militaire en Espagne*, Commission d'histoire de l'ordre de Citeaux, n° 4, Paris : Lethielleux, 1955.

가지로, 앵글로 색슨 국가들에서는 청교도주의와 산업화가 함께 발전해 나아갔다. 산업이 수용되어 가면서, 아이들과 여성들이라는 영혼 없는 신체들에게 일을 시키는 것이 일종의 구원이 되어갔다. 그도 그럴 것이 이런 신체들은 자신들의 태도와 몸짓을 규정해주는 공학자들의 영혼, 즉 이성적인 영혼에 의해서 지도되어야 했기 때문이다. 그에 따라 나치와 중국의 재활 수용소는 옛날부터 내려온 다음과 같은 동적 신념을 스스로 천명하기에 이르렀다—"노동이 너희를 자유롭게 하리라."[28]

이런 갖가지 사례에서 정복자들과 전사들은 사제들의 기능을 도착적으로 뒤집어놓은 듯한 기능을 요구해왔다. 성경의 첫번째 권에는 유태-기독교도들에 관한 언급들이 모두 다 들어 있다. **전사는 타락한 사제이다**. 실제로 생산적인 경지를 점유하고 착취할 수 있는 수단, 그리고 특히 일종의 교환을 통해서 신이 받게 될 지대(地代)를 중심으로 인류 최초의 살인자가 등장했다. 신은 양치는 자 아벨이 바친 제물은 기꺼이 받았으나, 농사짓는 자인 카인의 제물은 받지 않았다. 이 인류 최초의 살인자를 둘러싼 이미지는 **토지에 대해 치르는 지대**와 직접적인 관련이 있는데, 성경의 몇몇 구절들이 또다시 모든 것을 말해준다. "땅이 그 입을 벌려" 받은 **고통**, 사상 최초로 인간의 피를 받아마신 땅에서 들리는 절규, 영토적 신체가 사라져가면서 흘린 피("신이 말하기를…… 다시는 땅이 그 과실을 네게 주지 아니할 것이요, 너는 땅에서 **도망치며 방랑하는 자**가 되리라"〔창세기 제4장 12절〕). 이 탈영토화된 농부, 인류 최

---

28) Arbeit Macht Frei. 나치가 강제수용소 정문에 달아놓았던 구호.

초의 살인자는 얼마 안 있어 **도시의 건설자**(평민[roturier])가 될 운명이 었다.[29]

사제(마법사)와 가부장[30]의 중요성은 신/자연과 일종의 교환[교역] 관계를 확립하고 유지하며, 신/자연의 변덕과 폭력을 누그러뜨릴 수 있는 그들의 능력에서 나온다. 그는 자신의 과학적 경험주의 덕택에 자신이 바친 제물, 즉 토지에 대해 치르는 지대를 신/자연이 받도록 만들 수 있는 유일무이한 자이다(그는 세금이나 십일조, 그도 아니면 오늘날과 같은 형태의 예배 헌금을 모으고, 할당하고, 징수한다). '이방인'이 등장해 양도 가능한 재화들의 교역이 지중해 연안에서 제도화됐을 때, 이와 유사한 방식으로(오늘날까지 몇몇 유목민들이 행하고 있는 방식으로), 그러니까 양자 사이에 물리적이거나 가시적인 접촉 없이도 교역이 이뤄졌다는 것은 무척이나 신기한 일이다. 거래 물품을 해안가나 도로 주변에 놓아두면 이방인이 그것을 집어간 다음, 바로 그곳에 지정된 대가를 놓아두고 떠난다. 이렇듯 그는 마치 그림자처럼, 이 우주의 보이지 않거나 거주할 수 없는 지역을 점유하는 영혼이나 의지처럼, 좀체 발자국도 남기지 않은 채 타인의 영토를 스쳐 지나간다. 식민지의 부두 창고와 자유항은 아직까지도 이런 식으로 군사적 약정 외부

---

29) 창세기 제4장 16~17절에 따르면, 신(여호와)에게서 쫓겨나 에덴 동산의 동쪽에 있는 '놋(Nod, 유랑의 땅이라는 뜻이다)으로 떠난 카인은 자신의 아들 이름을 따 에녹 성을 짓게 된다. 그 뒤 카인의 후손들인 야발(목축업자), 유발(예술가), 두발가인(기계제작자)에 의해서 물질 문명이 발전하게 된다.
30) 가부장의 어원인 그리스어 '파트리아르케스'(patriarkhēs/πατριάρχης)는 원래 '창조자', '발견자', '무엇의 기원이 되는 자'라는 뜻인데, 이 때문에 발명자(건축가, 작가, 제작자), 창시자(사업가, 교파나 학파의 시조), 아버지라는 뜻으로 폭넓게 쓰인다. 성경에서는 대홍수 이전 시기에 살던 인류의 조상이나 이스라엘 민족의 조상이라는 뜻으로 쓰이며, 기독교에서는 교황이라는 뜻으로 쓰이기도 한다.

에 존재하는 교환 과정을 재생산하고 있다. 이와 같은 전사, 질주정적 암살자, 교차로-도시들의 창시자는 역사의 여명이 떠올랐을 때부터 토지에 치르는 지대를 가차없이 거두는 데 자신의 모든 노력과 지식을 기울였다. 무장 세력은 언제나 군사적 점령세력이며, 그렇게 되어야만 전사가 타락한 사제로 등장하게 된다. 기이하게도, 총력전과 핵 균형은 그가 원래의 역할을 하도록 되돌리는 경향이 있다. 실제로 억지의 원칙은 전략적 공식일 뿐만 아니라, 육지 거주자들이 마지막으로 지대를 치르게 만드는 것, 말 그대로 그들이 **협정**(한계나 종말)[31]에 이르도록 만드는 것이다.

핵으로 전세계를 가둬버린[핵을 통한 인클로저] 국적 없는 전사들은 자신들의 "주파 거리와 방위 범위" 내에 갇혀 자신들의 주민이 되어버린 모든 사람들에게 막대한 지대를 요구할 수 있는 위치에 서게 된다. 따라서 군사적 보호자이자 세금 징수자인 이 영웅의 기능은 그 어떤 식으로라도 제한될 수 없으며, 가령 클라우제비츠가 이해한 것처럼 '인간들의 교류'[32]와 동일시될 수도 없다. 전사, 아니면 군사적 수도사

---

31) 본문에 쓰인 '협정'(terme)에는 지은이가 밝혔듯이 한계나 종말이라는 뜻 이외에도, 계약 만료기간이나 조항, 담판이라는 뜻도 있다. 비릴리오가 이처럼 다양한 뜻을 지닌 단어를 쓴 이유는 핵 억지력(아니면 핵 억지력을 핵심으로 한 '순수 전쟁')의 성격을 다각도에서 보여주고 싶어서인 듯하다.
32) 정확히 말하면 '정치적 교류'이다. 클라우제비츠는 "전쟁은 다른 수단에 의한 정치의 연속에 불과하다"라는 자신의 유명한 금언을 설명하면서 이렇게 말했다. "전쟁은 정치적 행동일 뿐만 아니라, 진정한 정치적 도구이고 **정치적 교류**의 연속이며, 다른 수단에 의한 **정치적 교류**의 실행이다."(『전쟁론』 제1편 1장/강조는 인용자). 클라우제비츠는 전략을 설명하면서 경제의 은유를 즐겨 쓰기도 했다. "다른 분야에서와 마찬가지로, 전략에서도 전구(戰區)의 운영시 전투력의 경제 원리가 존재한다. 가급적 소규모 전투력으로 전구를 운영할수록 좋다"(제6편 29장).

가 대지의 (신성한) 호의를 이처럼 악용한다는 것은 자신을 도구(생-쥐스트의 표현을 빌자면, 지렛대!)로 쓸 뿐인 국가의 이름으로 토지와 부를 획득하거나 축적한다는 것일 뿐만 아니라, 자기 자신을 무한정 끊임없이 능욕한다는 것이다. 게다가 우리는 **위대한** 정복자들이 이런 일을 따라했다는 사실도 알고 있다. 알렉산드로스 대왕은 앞으로 계속 전진하는 데에 만족했다. 그가 걱정한 것은 오로지 자신이 **한계에 도달**하게 될지도 모른다는 사실, 그래서 자신의 침투 능력이 종말을 고하게 될지도 모른다는 사실뿐이었다. 프리드리히 2세가 "승리한다는 것은 전진한다는 것이다"라고 선언했다면, 나폴레옹 1세는 자신은 **설립하는 것을 원하지 소유하는 것을 원하지는 않는다**라고 말했다. 정복은 탐색[수색]으로, 몸짓은 운동으로 뒤바뀌게 된 것이다. 그래서 나폴레옹 1세는 용병술의 일환으로 자신의 '초연한' 성격을 드러내고자 했던 의복, 그러니까 자신의 참모들이나 화려한 치장을 한 채 돈만 밝히는 장군들과 자기 자신을 구분해주던 초라하고 우중충한 의복을 입은 채, 군인-수도사처럼 전장에서 비참한 최후를 맞이할 것이었다. 이슬람교나 기독교 또는 다른 종교들에서 타락한 사제들은 빈곤과 '세상을 향한 증오'를 뒤섞어 지옥과 전쟁의 병기를 발전시켜 나아갔다.

 재정의 정치는 유괴와 몸값 체계를 둘러싸고 이뤄진다. 사회적 보호는 자선을 육체적 원조로, 빈곤을 화폐의 권력으로 전도시켜 버린다. 이처럼 거대한 제도가 더 이상 이윤을 낳지 못하게 됐을 때, 수도사들의 교황 제도가 붕괴했던 것이다. 그들의 군사적 안전 체계는 그들의 사회적 안전 체계와, 종교 재판은 그들의 세속적 권력과 나란히 나아갔다. **위대한** 정복자들에게도 마찬가지였다. 다른 민족들을 더 이상 능욕할 수 없게 되자마자 그들은 몰락했다. 그들의 위대함은 전적으로 습격에, 얼마나 멀리까지 습격할 수 있느냐에 달려 있었다. 전쟁은 습격이다. 왜냐하면 전쟁은 끊임없이 대지의 호의를 악용하고 대지를 침투하기 때문이다. 여기에서 우리는 경주용 엔진, 재빠르기 그지없는 전투용 엔진의 속도계를 새롭게 살펴봐야만 한다. 전사의 존재〔가치〕를 측정하는 실존적 수단인 아찔한 시간의 흐름, 대지의 거주자들을 멸망시키고 정복자의 실체를 파괴하는 동시에 생존자에게 남겨진 시간을 측정해주는 (주파 거리에 부과되는) 민첩함〔속도〕-세금을 말이다. 간단히 말하자면, 위상학적 고리의 순환 안에서는 알렉산드로스 대왕의 질문에 대해서, 즉 그의 한계라는 문제에 대해서 공간적·시간적으로 어떤 답변을 내놓을 수 있느냐에 따라 생존자의 소멸 여부가 결정된다.*

침략자의 움직임은 운동 선수, 그러니까 처음에는 시, 그 다음에는 분과 초, 마침내는 1초의 몇 분의 몇으로 자신의 기록을 경신해 나아가는 올림픽 승리자의 움직임과 닮아 있다. 적어도 전자 장치를 통해서 그의 기록을 〔세밀하게〕 인식할 수 있게 될 때까지는, 훨씬 더 훌륭하게 움직일수록(좀더 민첩하게 움직일수록) 그가 성취할 향상은 훨씬 더 보잘것 없게 될 것이다. 따라서 언젠가는 자신이 세운 기록의 한계 속으로 승리자가 사라져버릴 것이다. 그를 실험 대상으로 삼는 생물학적 조작, 그의 생존을 지속시켜 주지만 결국에는 치명적인 재앙을

---

* 아마도 우리는 여기에서 스파르타인들이 뤼쿠르구스의 체제를 보존하고자 일체의 이동에 저항하게 됐던 심오한 원인을 볼 수 있을 것이다.

가져올 인위적인 의학적 수단과 닮은 생물학적 조작이 이미 보여준 바 있듯이 말이다. 질주광에게 있어서 엔진은 자신을 생존케 해줄 인공 보철물이다. 예컨대 생체적 운송장치가 기계적 운송장치로 뒤바뀌어 가던 역사적 진화 과정의 교체점, 곧 동물적 신체의 윤회가 이미 한계에 다다른 시점에서 등장한 최초의 자동차, 조제프 퀴뇨가 1771년 군사용으로 만든 운반차가 증기를 동력으로 삼았다는 것은 주목할 만한 일이다. 이 운반차는 마치 마지막 숨을 내뱉듯이, 마치 살아 있는 신체 동력의 최후를 상징적으로 드러내주듯이 뿌연 증기를 내뿜었다.

7_프롤레타리아트의 종말

> 다른 사람들[즉, 군대]이 자신들의 화력을 억누르고 있는 상황에서만 프롤레타리아트의 봉기가 일어날 수 있다. 만약 그들이 2개 대대에 달하는 전차들을 쏟아낸다면, 프롤레타리아트 혁명은 아무것도 아니게 된다.
> ―앙드레 말로, 어느 인터뷰에서.[1]

질주정적 진보 그리고 우리가 관습적으로 인간과 사회의 진보라고 부르는 것은 확실히 동시에 일어나지만, 서로 수렴되지는 않는다. 이 [질주정적] 진보의 발전 과정은 아래와 같이 요약될 수 있다.

1. 기계적 운송장치가 존재하지 않으며, 여성이 병참의 배우자이자 전쟁의 어머니이며, 운반차의 역할을 하는 사회.
2. 생체적 운송장치인 영혼 없는 신체에 무차별적으로 올라타는 단계.
3. 속도와 기계적 운송장치의 제국.
4. 생체적 운송장치가 대지의 기계적 운송장치와 경합하며, 결국에는 패배하는 단계.

---

1) 말로의 인터뷰 출처는 불분명하지만, 1969년에 나온 상황주의자들의 기관지 『국제상황주의자』(Internationale Situationniste, 제12호/9월)를 보면 그 인터뷰 시기는 대략 1968년 5월 혁명 중이거나 아니면 그 직후인 듯하다. Ken Knabb trans., "The Beginning of an Era", Situationist International Anthology, Berkeley : Bureau of Public Secrets, 1981. 말로는 제2차 세계대전 당시 전차부대에 소속되어 있었다.

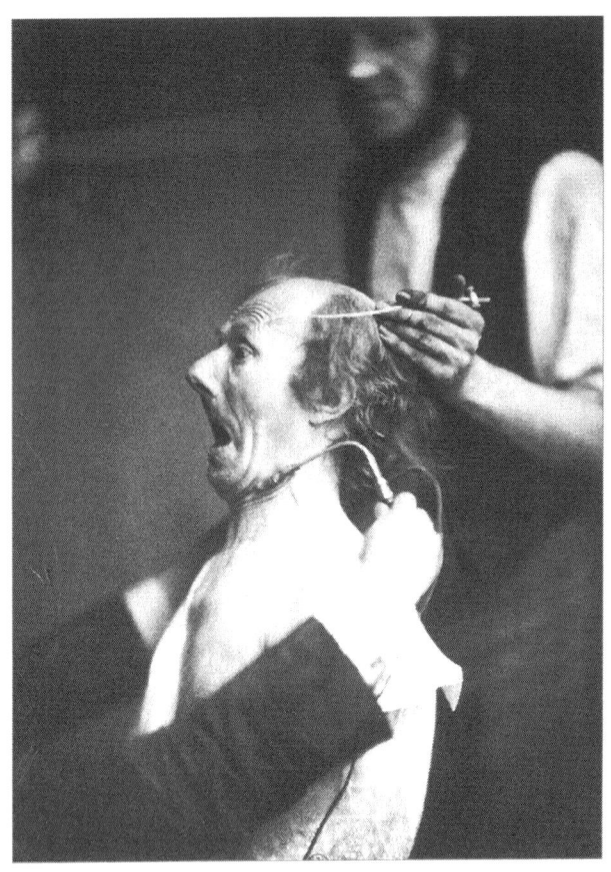

세 가지 신체 (기욤-벵자맹 뒤센. 『공포』, 도판 제42번. 1855)
우리에게는 영토적 신체[세계 그 자체], 사회적 신체[사회체, 혹은 정체(政體)], 그리고 동물적 신체[인간의 육체]가 있다. 기술은 로마 식의 도로, 거대한 운하, 고압 전선, 사회 기간망 등을 통해서 외부 공간을 식민화한 이래로, 오늘날에는 동물적 신체를 식민화하고 있다. 처음에는 전자 장치를 활용하는 외적 방법으로, 그 다음에는 인공 보철물을 활용해 직접 살을 파고들어 신체에 침입하는 내적 방법으로. 이것은 살아 있는 유기체, 종(種) 자체를 산업화할 수 있는 가능성을 가져왔다(『황혼의 여명』).

따라서, 우리는 논리적으로 다음의 마지막 문장으로 결론을 맺을 수 있다.

5. 프롤레타리아트 독재의 종말, 그리고 시간의 전쟁 속에서 역사가 종말을 맞이하는 단계.

괴벨스나 엥겔스의 정의를 되새겨 본다면, 투사(가령 혁명적 노동자나 그밖에 다른 존재)라는 발명품은 낮은 단계의 프롤레타리아트-군인에 불과하다. 노동자 계급의 프롤레타리아트화는 군사화의 한 형태, 그것도 일시적인 형태일 뿐이다.

1914년 이래로 프롤레타리아트의 발동 능력, 그리고 정치적 능력은 유럽의 전장에 부응하지 못했다. 그렇지만 이 능력은 대륙에서 벌어지던 투쟁의 현장에서는 필수 불가결한 것이었다. 따라서 프롤레타리아트를 확실히 자신의 통제 아래 두려 했던 군사 계급은 프롤레타리아트에게 부르주아의 요새를 지배하고 유린할 수 있다는 환상을 심어 주려 했다. 프롤레타리아트는 이미 교통로, 라디오, 전화, 텔레비전 같은 매개체에 의해 사방에서 꿰뚫려 몰락하고 있으며, 예전의 요새 방어자들이 수행하는 총력전이라는 반(反)도시적 전략을 통해 순식간에 파괴될 운명에 처해 있었다. 그 동안에 우리는 프라하, 바르샤바, 베이루트, 그리고 오데옹 극장이 점령된 뒤 권력이 이 대중 폭동에 맞서서 언제라도 기갑 부대라는 발명품을 투입할 것이라고 예견됐던 1968년 5월의 프랑스에서 이 **군사적 패주(敗走)**의 한계를 잘 알게 될 것이었다.

'볼셰비키의 위협'이 뮌헨에서 인도의 문턱까지 확산되고 있던

1920년대에 프랑스 정부가 사회적 원조라는 새로운 정치를 펼쳤던 것도 이해할 만한 일이다. 유럽과 전세계 군사-산업 국가의 병참학적 재배치에 필수적이었기 때문에 이런 일이 수행된 것이다. 그런데도 베르사유 조약 제13부[2]의 전문(前文)에 "〔오늘날〕 노동자 계급의 생활 조건은 세계 평화를 위해 바람직하지 않다"라고 명시된 것을 보고 모든 사람들은 놀랐다. 차라리 "현행 세계 군사력의 균형"이 세계 평화와 양립할 수 없다고 말하는 것이 더 적절했으리라!

이것은 훗날 엄청난 독자들을 불러모았을 뿐만 아니라 독일인들에게 진정한 정치 강령으로 급속히 받아들여진 작품인 1932년의 에세이 『일하는 자』[3](군인과 산업가를 능가하는 노동자의 형상)에서 윙거가 부분적으로 드러낸 바 있는 내용을 새롭게 뒤섞어놓은 것이다.

이와 마찬가지로, 클루제레 장군의 말을 빌리자면 "군대는 사회의 방정식에서 미지수로 남아 있다"라고 주장하던 프랑스의 좌파 연합은 일종의 덫이었다. 간단히 말해서, 좌파 연합의 힘은 군사 문제에 대해 침묵하는 데 있었다. 이들의 몰락이 국가 방위에 문제를 가져오고, 늘 군사적 프롤레타리아트화의 맑스주의적 모델을 수용해왔던 공산주의자들이 (1968년 5월 이래로 새롭게 등장한 탈정치적 유권자들을 모을 만

---

[2] 제1차 세계대전 종전 뒤인 1919년 6월 28일 베르사유 궁전에서 체결된 베르사유 조약은 총 15부 440개조로 구성되어 있는데, 총 41개조로 구성된 제13부는 노동문제 전반을 다루고 있다. 원문은 다음과 같다. "〔현행〕 노동자의 생활 조건은 대부분의 노동자가 부당함, 학대, 궁핍을 겪을 수밖에 없어 엄청나게 사회적 불안을 야기할 정도인 까닭에, 세계의 평화와 화합을 위태롭게 하고 있다."
[3] *Der Arbeiter*. 독일의 소설가 윙거(Ernst Jünger, 1895~1998)가 1932년에 발표한 에세이. 1929년에 발표된 『대담한 가슴』(*Das Abenteuerliche Herz*)과 더불어 민족주의와 영웅주의에 근거한 초기 윙거의 전체주의적 사고가 총집결된 저서이다.

했던) '인간의 얼굴'을 한 사회주의에 투신한 급진주의자들이나 사회주의자들과 대치하게 된 것은 어쩔 수 없는 일이었다. 유럽 남부에서는 '국군 운동'[4]을 전개했던 포르투갈 장군들의 비호 아래 '프롤레타리아트 독재의 종말'이 천명됐다. 훗날 조르쥬 마르셰가 주장했듯이 우리는 이 사건에서 "파시즘을 경험한 이래로 그다지 유쾌하게 들리지 않게 된 '독재'라는 단어," 즉 이데올로기적인 의지가 완화됐다는 희소식을 기대해서는 안 된다. 실제로, 우리는 식민지를 억압한 장기간의 선혈 낭자한 작전을 마친 뒤 고국으로 돌아 온 포르투갈 군대의 지도부가 지나칠 만큼 인간주의적인 모습을 보였다는 이유로 비난할 수는 없다. 사실상 쿠날이 맑스주의자였던 장군들을 유혹할 때부터, 프롤레타리아트 독재는 원래의 군사적 의미를 회복했다. 그리고 뛰어난 전쟁 기술자였던 이 장군들은 프롤레타리아트의 동적 에너지가 전장을 휩쓸고 난 뒤 정치적 활기까지 장악하게 된 시기, 즉 레닌의 말을 빌리자면 자본가들조차 노동자 계급에게 구애를 보내고 도움을 간청하던 시기가 종말에 다다랐다는 사실을 고맙게 생각했다.

그때부터 이전의 길들여진 종(種)들과 마찬가지로 노동자라는 동물적 신체의 가치도 절하됐다. 프롤레타리아트 독재의 종말은 예전에 지적됐던 사실, 예컨대 군사최고재판소를 폐지했을 때(1970년 7월 9일

---

4) Movimento das Forças Armadas. 1974년 4월 25일, 포르투갈의 청년 장교들이 포르투갈의 독재자 살라자르(António de Oliveira, 1889~1970)가 구축해놓은 독재 체제와 아프리카 식민지 탄압 등을 비판하며 일으킨 무혈 혁명. 흔히 '포르투갈 혁명'이라고도 불린다. 리스본에서 시작된 '국군 운동'의 지도자들은 정부기관과 방송국을 점령한 뒤 구국군사평의회를 결성하고 임시정부 조직, 정치범의 석방, 언론 결사의 자유를 선언했다. 5월 15일 총선거가 실시됨으로써 일단락된 이 운동은 군부와 좌파 세력이 결합됐다는 점에서 상당히 특이한 운동이었다.

법령) 프랑스 군대가 보여줬던 사실이나 우파에서 민주주의의 위기를 다룬다던 〈삼각 위원회〉[5]가 보여줬던 사실이 공산주의 식으로 되풀이된 것일 뿐이다. "만약 경제 성장에 잠재적으로 바람직한 한계가 존재한다면, 무한히 팽창하고 있는 민주주의에도 잠재적으로 바람직한 한계가 존재할 것이라는 사실을 우리는 마침내 깨닫게 됐다."[6] 이와 같은 자유민주주의의 위기는 곧 특정 형태의 시민 동원이 종말을 고했다는 말과 같다. 이와 동시에, 역사적으로 형성됐던 가장 중요한 유사 형상, 즉 자본주의 세계의 소비자-생산자와 양립할 능력이 없다고 선언됐던 프롤레타리아트-노동자라는 형상도 양대 이데올로기 블록에 의해 제거됐다. 이런 맥락에서 '국군 운동'의 혁명적 경험은 일종의 본보기였다. 그도 그럴 것이, 이 운동은 포르투갈의 좌파 군인들을 또 다른 차원으로, 즉 '군대의 개화'라는 차원으로 올려놨기 때문이다. 그래서 1975년 (우리는 이 점에서 갤리선 함장이었던 M. 드 발벨이 루이 14세 당시 전개한 해군의 프롤레타리아트화를 상기할 수 있는데) '사회통신부 장관'이 된 해군 함장 코레이아 예수이노는 '좌파' 내각을 "원시인들을 연구하는 민족학자들"이라고 묘사했던 것이다. 그의 관점에서 보자면

---

[5] The Trilateral Commission. 1973년 록펠러 가의 맏아들이자 미국 최대의 은행 중 하나인 〈체이스국립은행〉(Chase National Bank)의 최고경영자 데이빗(David Rockefeller, 1915~)과 당시 미 국무부 정책 자문역을 맡았던 브레진스키(Zbigniew Brzezinski, 1928~)의 주도로 결성된 세계 각지의 정치·사업 지도자들의 모임. 이 단체는 일본과 북아메리카, 그리고 유럽 지역을 민주적인 산업 지구로 만든다는 목적 아래, 끊임없이 국제 정치에 관여해 찬사와 악명을 한몸에 받았다.

[6] Samuel P. Huntington, Michael Crozier and Joji Watanuki, *The Crisis of Democracy : Report on the Governability of Democracies to the Trilateral Commission*, New York : New York University Press, 1975. 〔국역 : 홍승면 옮김, 『민주주의의 위기』, 탐구당, 1977.〕

포르투갈인들은 아직 개화되지 못했던 것이다. 『렉스프레스』(1975년 4월 14일)에 이 언급을 보도했던 장-프랑수아 르벨은 포르투갈인들의 평균 월급이 브르타뉴나 웨일스 사람들의 봉급에 맞먹는다고 지적하며, 도대체 어디가 '저발전' 됐다는 건지 모르겠다고 썼다. 그렇지만 사실상 경제 용어로 이런 문제를 설명할 수는 없다. 오히려 우리는 국가의 총체성에 모든 사람들이 참여하는 것을 문제시하면서 그 참여를 막으려 하고 있는 질주학적 군사철학에 주된 관심을 돌려야 할 것이다. 이와 마찬가지로 1977년의 핵 문제[7]가 프랑스 좌파 연합을 분열시켰다 하더라도, 이 문제는 약 1백만 톤이라는 [발전] 용량의 문제가 아니라 **새로운 원자력을 둘러싼 정치적 벡터**의 문제였다. 이 점을 깨닫지 못한다면, **핵무기는 필연적으로 전세계 모든 국가의 정치 체제를 뒤바꿔놓을 것이다**. 어떤 변호사가 말했듯이, "우리는 핵무기가 우리의 실제 헌법을 변경하면서 그 자체가 스스로 헌법상에 명시된 권리의 원천이 되리라는 사실을 깨닫게 될 것이다." 여기에서 또다시, 우리는 억지력에서 가장 중요한 것은 최후의 폭발이 아니라는 점을 알아야 한다. 오히려 1958년의 프랑스 헌법 제5조와 제15조가 국가 영토의 보전을 책임져야 할 국가의 수장, 최고 군사령관, 공화국 대통령 같은 고립된 의사결

---

[7] 1976년부터 프랑스의 주도로 독일·이탈리아가 공동으로 개발하던 고속원자로 '슈퍼피닉스 1호'(Superphénix 1)를 둘러싸고 벌어진 일련의 사건을 지칭한다. 핵연료에서 방출되는 고속중성자를 감속재로 감속한 뒤 열중성자로 변용하는 오늘날의 열중성자원자로와는 달리, 고속중성자를 감속하지 않고 이를 그대로 연쇄반응에 사용하는 원자로였다. 1977년 약 6만 명에 달했던 유럽의 환경운동가들이 이 원자로의 개발 계획에 항의해 시위를 벌이던 도중, 경찰의 강경 진압으로 1백여 명이 부상하고 1명이 사망하는 사건이 벌어졌다. 1981년 정권을 잡은 사회당은 이 발전 계획을 전면 중단했고, 그 뒤로 몇 년 동안 숱한 논쟁이 벌어졌으나 결국 원자로는 건설됐다. '각주 14번'의 내용을 참조하라.

정권자에게 제기한 것과 같은 문제들이 더 중요하다. 정치적 결정의 속도는 벡터의 완벽성 여부에 달려 있다. 폭탄을 어떻게 운반할 것인가? 얼마나 빠르게? 우리가 즐겨 말하듯이 폭탄은 정치적이다. 결코 일어나서는 안 될 폭발 때문에 정치적인 것이 아니라, 폭탄 자체가 군사적 감시의 궁극적인 형태이기 때문에 정치적인 것이다.

'혁명적' 분파들과 마찬가지로, 장기간의 공존과 완전 고용 그리고 지속적인 성장에 도취된 채 마비 상태에 빠져 버린 유럽의 정치적 부르주아지는 "그 위에 앉는 걸 빼고는 총검으로 무엇이든지 할 수 있다"는 것을 입증해주고 있다. 오늘날 프롤레타리아트 혁명은 국가의 헌법 기구 심장부에 위치해 있는 군사 기구의 혁명을 **반드시** 거칠 **수밖에** 없다. 사실상 지난 몇 년 동안 주도권을 행사해왔던 주요 행위자는 더이상 거대 정당들이 아니라 군대, 노동조합, 심지어는 군대 내의 노동조합이었다. 여기에서 이런 사건들의 초국적 특성을 주목해보는 것도 유용하리라. 프랑스의 전국 단위 노동조합 가운데 하나인 CFDT[8]가 자신들은 "군인의 정체(政體)"라고 주장하며 허심탄회하게 군사적 노동조합주의를 지지했다면, 마찬가지로 AFL-CIO[9]는 미국 군인들의 노동조합을 **자신의** 조직 내로 편입할 준비가 되어 있다고 선언했다. 여

---

8) Confédération Française Démocratique du Travail. 사회당 계열의 노동조합 연합체로서 공산당 계열의 〈노동총연맹〉(Confédération Générale du Travail, CGT), 자율적 노동단체들의 연합체 〈노동자의 힘〉(Force Ouvriére, FO)과 더불어 프랑스 노동운동을 이끌고 있다. 흔히 '프랑스노동민주동맹'이라고 불린다.
9) American Federation of Labor and Congress of Industrial Organization. 1955년, 아이젠하워 행정부의 반(反)노동 정책에 저항해 미국의 노동운동 지도자 메니(George Meany, 1894~1980)를 초대 의장으로 〈전미노동연맹〉(American Federation of Labor, AFL)과 〈산업별 조합회의〉(Congress of Industrial Organization, CIO)가 합쳐져 결성된 미국 최대의 노동조합 연합체. 흔히 '전미노동조합'이라고 불린다.

기에서 그 누구도 명확하게 지적하지 못했던 뭔가 근본적인 일이 발생했다. 전세계 노동 세력과 군사 계급 사이에서 비당파적인 대화가, 간단히 말하자면 라틴아메리카 대륙과 견줄 만한 유럽의 '라틴 국가화'가 이뤄지게 된 것이다. 만약 "페루 군대에서 가장 능력 있고 진보적인 지도자 가운데 한 명으로 간주"되던(『르몽드』, 1975년 11월 4일) 바르가스 프리에토 장군이 어느 인터뷰에서 "페루 혁명의 진정한 전위는 인민의 근간이자 **제도적 본질인 페루의 군대**이다. **전위가 바로 이들에게서 태어났기 때문이다**"라고 선언했다면, 우리는 실제로 이 말이 정치적 맑스주의보다 훨씬 앞선 상황, 즉 프롤레타리아트의 혁명 세력들이 국가-폴리스를 부정하던 바로 그 상황으로 자신들이 회귀했다는 의미라는 것을 이해해야만 한다.

1977년 8월, 『르몽드』는 피노체트 장군이 군부 경찰의 창설을 위해서 자신의 비밀 경찰 DINA[10]를 해산시켰다고 보도했다. 모든 일이 훨씬 더 간단해졌다. 이 일은 노동조합, 그리고 노동조합과 가장 공통점이 없을 뿐더러 훨씬 덜 '사회화'된 집단들이 저마다 중요한 역할을 담당하겠다고 나서며 초당파적 약정을 맺었던 합리적인 민주주의 국가의 진정한 종말이었다. 우리는 일국적 생산 체계가 외파(外破)되는 방향으로, 가령 미국에서처럼 노동조합이 개별화되는 방향으로 나아가고 있는 중이다. 즉, 인간의 노동이 생산성보다 인력 시장의 이자 놀

---

[10] Dirección de Inteligencia Nacional. 1973년 9월 11일, 쿠데타를 일으켜 정권을 장악한 칠레의 독재자 피노체트(Augusto Pinochet, 1915~)의 비밀 경찰. 피노체트의 오른팔로서 강제수용소를 총괄하던 〈국가죄수관리소〉(Servicio Nacional de Detenidos)의 총책임자 콘트레라스(Manuel Contreras, 1920~)가 초대 국장을 맡았다.

이에 의존하게 되는 것이다. 통일된 정치적 행동의 붕괴와 더불어, 이런 현상은 가장 거친 것이든 가장 파편화된 것이든 온갖 책략이 낡은 정치적 국가의 생존을 둘러싸고 횡행하도록 만들었다. 따라서 CIA는 칠레에서 민주주의가 종말을 맞이하리라고 예견했으며, 또 그렇게 만들었다. 게다가 트럭 운송 노동조합과 원거리 통신 등이 도로 체계에 압력을 행사하기까지 했다.

 그렇지만, 우리는 뉴욕이나 몬트리올 등지의 옛 도시 요새들이 맞이한 이런 위기 상황에 대해서 어떻게 생각해야 하는 것일까? 오늘날에는 범죄조직이 노동조합의 기능을 이어받아 옛 부르주아 고용주가 수행했던 관리와 업무를 모두 대신해주고 있다. 브롱크스의 질서는 이스라엘의 장성들과 국제 범죄조직의 회원들 간의 관계와 관련된 최근의 추문에서 드러난 것처럼 군사 계급과 직접적인 협력 관계를 맺으려 할 뿐만 아니라 갈수록 국제적이 되어가는 마피아의 도움을 받아 통치된다. 대규모 범죄 조직들이나 소규모 범죄자들은 갈수록 탈영토화되어 갈 뿐만 아니라 일국적이든 아니든 어떤 형태로라도 정주한 채 고정되는 데 무관심한 정치적·군사적 기능을 하기보다는, 자신들이 하고 있는 지역의 영세산업이 엄청나게 가치 절상되고 있는 것을 즐기고 있다. 자신들의 부르주아 동료와 점점 거리를 두고 있는 군사 계급은 보호세를 뜯어먹는 소규모·중소규모 사업자들에게 거리, 도로 같이 시대에 뒤떨어진 벡터들을 넘겨주고 있다. 뉴욕시의 노동조합들은 스스로 관리자가 되거나 은행가가 되는 식으로, 노조원들의 생산 활동에 신경을 쓰는 대신에 그저 위기를 관리하는 쪽으로 방향을 바꾸기 시작했다. 이탈리아에서는 암살, 유괴, 각종 중범죄와 경범죄가 급증하고 있다. 금융상의 이해관계는 소규모의 다중들[11], 이른바 '혁명적' 집단의 이해관계와 더 이상 분리할 수 없게 되어버렸다. 정의는 위기에 처해 있다. 그들은 '인민의 해방'을 말하며 다수 인민을 우려먹는다. 이처럼 어수선한 상황에 여론이 들끓고는 있지만, 대중들에게서 나온 이 범죄적 힘은 국가의 낡아빠진 행동학(사회적 이상)이 이제는 더 이상 중요하지도 않을 뿐더러 [대중들을] 동원할 능력도 없으니, 아예 통제되지 않는 상황으로 되돌아가자는 일종의 **정치적 요구**일 뿐이다.

따라서 우리는 마르셰나 세베느망 같은 정치 지도자들이 노동자들의 사무실과 공장을 느닷없이 방문했던 이유가 그들의 사장이나 정부에 도전하려고 해서가 아니라, 평가 절하된 혁명적 이데올로기의 대표자로서 기층 민중을 다시 장악하려면 어쩔 수 없이 그런 일이라도 시도해봐야 했기 때문이라는 점을 이해할 수 있게 됐다. 포르투갈의 공산당이 군부의 실력자들과 추진했던 기회주의적 시도가 완전히 실패한 반면에, 프랑스 공산당은 한때 주저하긴 했으나 베를링구에르의 용감무쌍한 이탈리아 식 해결책에 근접하게 된 듯하다. 사실상 그가 말했던 저 유명한 '역사적 화해'[12]는 내부적으로나 외부적으로 자신들 [이탈리아 공산당]을 짓누르고 있던 위협, 즉 자신들이 순식간에 완전히 사라질지도 모른다는 위협 때문에 마지막으로, 그리고 필사적으로

---

11) Multitude. '다중'(多衆)이라고 옮긴 이 단어는 철자는 같아도 이탈리아의 맑스주의자 네그리의 개념과는 다르다. 오히려 "일정한 목적을 위하여 집결한 다수 인원으로서 사람의 의사를 제압함에 족한 세력"을 뜻하는 법적 개념에 가깝다.
12) Compromesso Storico. 1973년 이탈리아 공산당의 서기장 엔리코 베를링구에르(Enrico Berlinguer, 1922~1984)가 극우파의 쿠데타를 방지하고 사회 개혁을 계속 완수하자고 주장하며 보수 정당인 〈기독민주당〉(Democrazia Cristiana)에게 제안한 정책. 1979년 소련의 아프가니스탄 침공으로 이 '역사적 화해'는 깨지게 됐다.

기존의 정당들과 결합하겠다는 뜻이었다.

프랑스 공산당은 낡은 전략과 대 사회적 설득을 통해 대중들을 묶어두려 하지만, 군부는 이미 내부 인사를 민간 활동의 핵심 지점에 배치하며 치안을 담당하는 경찰을 뒤따르고 있는 중이다. 앞으로 프롤레타리아트-군인은 도로와 공항의 치안을 유지하고, 원격통신이나 응급구조 서비스와 더불어 (민주당원인 뉴욕의 '새끼 시장' 에이브러험 빔 같은 사람들이 비웃음을 당했듯이) 공공 도로 위의 쓰레기를 줍는 업무를 수행하게 될 것이다. 그리고 오염과의 전쟁, 고고학 유적지 보호나 암 연구, 갖가지 운동경기나 문화공연(튈르리 궁전의 축제, 아동 전시회) 조직 같은 몇몇 폼나는 활동을 추진하거나, 지각 변동으로 황폐화된 지역에 의료단을 파견하고 비아프라[나이지리아 동부의 주로서 연방정부와 비아프라 임시정부 사이에 내전이 일어난 곳]의 유아를 구출하며 심지어는 엔테베[13]의 인질들을 '구출' 하는 등 중요한 국제적 사업을 수행할 것이다. 인간 사회에 범죄적 요소가 만연하고 있는 이 불안전하기 그지없는 사회적 우주에서 군대는 곳곳에서 발생하는 파괴 사업에서 벗어날 수 있는 안전지대이자 보호 세력이 된 듯하다. 군대의 역동적인 힘을 제대로 알지도 못한 채 군대를 정적으로 분석하는 반(反)국군주의자들을 보고 군대는 계속 즐거워하고 있다.

라르작에서 말벌의 비극이라는 명칭으로 열린 생태학 축제[14]에 대

---

13) Entebbe. 우간다의 빅토리아 호(湖) 북쪽 연안에 있는 도시. 1976년 6월 27일, 프랑스 여객기를 납치해 113명의 승객을 인질로 잡고 이곳의 공항에 착륙해 있던 팔레스타인 인민해방전선의 무장 게릴라들을 이스라엘의 특공부대가 전원 사살하고 113명의 인질 가운데 110명을 구출한 사건이 벌어졌다.

해 군대는 "대지를 인격화한 그리스 여신의 이름을 딴" 데메테르[15] 작전으로 응수했다. 왜 그들은 이 작전을 데메테르라고 불러야 했을까? 왜 그들은 자신들을 스스로 이 행성의 대지를 점령하고 지배하는 자로 소개한 것일까? 왜 그들은 농지를 침략하고 유린한 것일까? 비록 인정할 수는 없었을지언정 라르작 축제가 그들의 주요 기능, 습격 능력을 방해한 것도 아닌데? 왜 그 당시에 '대지의 친구들' [농민들]은 대지와의 접촉을 상실한 채 그 어떤 저항도 하지 않은 것일까? 어떤 경우가 됐든지 간에, 1977년 9월 9일자 『르몽드』에서 자크 이스나르가 사용한 용어는 우리를 생각에 잠기도록 해줬다. "이 **대지의 군대는** 수확이 끝나고 사냥철이 시작되는 사이에 보스 지방과 페르슈 지방의 **막힘 없는 지역**에서, 다시 말하자면 도로나 철도와 떨어진 곳, 그러니까 2천 평방 킬로미터에 달하는 농지와 초원에서 최초의 작전을 개시했다." 그것도 **군대와 민간인들 사이의 이웃 같은 관계**를 유지하기 위해서 '공개적으로' 작전을 수행했다. 가뭄이 들었던 그 이전 해에 군대가 베풀었던 도움을 기억하고 있던 농부들은 별다른 불평 없이 데메테르 작전을 받아들

---

14) '말빌'(Creys-Malville)은 프랑스 남동부를 지나 지중해로 흘러드는 론 강의 남쪽 지역에 있던 마을로서 고속번식자로 슈퍼피닉스 1호가 위치해 있던 곳이다. '말빌의 비극'이란 이곳에서 시위를 벌이던 반핵 환경운동가들이 무력 진압된 사건을 말한다('각주 7번' 참조). 한편 '라르작'(Larzac)은 프랑스 남부 미디피레네 주 아베롱 현에 있는 농경 지역으로서, 1997년 프랑스 육군은 이곳에 핵탄두 지하 격납고를 만들려고 했다. 이 사실에 분노한 평화주의자들이 환경운동가들과 합심해 일종의 시위로 전개한 생태학 축제의 주제가 바로 '말빌의 비극'이다.
15) Demeter. 그리스 신화에 나오는 곡물·대지(大地)의 여신. 크로노스와 레아의 딸로서 제우스의 누이이면서 제우스와의 사이에 딸 페르세포네를 낳았다. 페르세포네를 짝사랑한 지하 세계의 왕 하데스가 그녀를 납치해 데려간 뒤 데메테르가 딸을 찾으려 천계를 떠나자 대지의 곡식이 말라버렸다는 신화가 전해져 내려온다.

였다. [라 로쉐 드] 로셰공드에 있는 제2자동차 여단을 지휘했던 어느 대령은 "데메테르 여신이 우리와 함께 있다"라고 생각했다. 또 다른 대령은 "우리는 국가 안보의 **관리자**일 뿐이며, 또 그럴 책임이 있다"라고 말했다. "예컨대 막힘 없는 지역에서 작전을 수행할 경우, 군대는 기지에서 50 킬로미터 이상 벗어난 채 유르-에-르와르 현에서 **선전** 작전을 수행하면서도 공세적인 정찰 임무까지 수행할 수 있다는 이점이 있다." 이렇듯, 우리는 질주관들을 굴락이나 강제수용소, 심지어는 라르작 지역에도 가둬놓지 못한다.

〈고등국방연구소〉[16]는 자신들이 활용할 수 있는 정보 수단을 총동원해 군대의 이미지를 개선함으로써 여론이 국가 방어와 보호라는 관념에 민감해지도록 만들려는 3개년 계획을 수립했는데, (약 6천만 프랑이 소요된) 이 계획을 위해서 광고 전문가들과 6개월 동안 협력 작업을 했다(『르몽드』, 1975년 5월 9일).

그렇기 때문에 UDR[17] 소속의 하원의원이자 예산위원회 의장이었던 쥘 르 테이유가 자신이 작성한 '1977~1982년 국방예산' 관련 메모에서 "재정을 어떻게 사용했는지 산술적 자료가 없다"고 걱정한 데에는 나름대로 충분한 이유가 있었던 셈이다. 그도 그럴 것이, 우리가

---

16) Institut des Hautes Etudes de Défense Nationale. 1948년 본격적인 국가방어 계획 입안을 비롯해 각종 군사적 현안을 연구하고자 창설된 연구소.
17) Union des Démocrates pour la République. 1958년 알제리 독립전쟁의 여파로 실시된 국민투표 직후 드골이 결성한 〈신공화국동맹〉(Union pour la Nouvelle République)의 드골주의자들이 1962년 드골 좌파들의 정당 〈노동민주동맹〉(Union Démocratique du Travail)과 합쳐 결성한 UNR-UDT가 1968년 5월 혁명의 여파로 명칭을 변경해 나온 정당으로서 '공화국민주연합'이라고 불린다. UDR은 1976년 종래의 명칭을 또다시 바꿔 〈공화국연합〉(Rassemblement pour la République)을 결성했다. 현재의 프랑스 대통령 시라크 (Jacques Chirac, 1932~)가 RPR 소속이다.

우리의 국방 정책을 바꿔야 하는지 전혀 평가할 수 없었던 것이 바로 〔재정 사용을 둘러싼〕 이런 모호함 탓이기 때문이다. 군부는 자신들에게 활동의 자유를 되돌려 달라고, 게다가 자신들에게 공공 사업과 생산 사업에 관한 발의권을 균등하게 부여해주는 동시에, 대 사회적·군사적 방어 임무의 대부분(심지어는 전부)을 **안전하고 일사불란하게 담당할 수 있는 공공 서비스**로 군대를 규정해달라고 계속 주장해왔다. 따라서 우리는 결국 이런 권리회복 요구는 대단치 않은 것이라며 공산당 연합과 CFDT, PSU[18] 등이 찬성한 군사적 노동조합주의가 군부의 사회 기획에 얼마나 깊숙이 자리잡았는지를 볼 수 있게 되었다. 더군다나 제19공병대에서 최초의 노동조합 지부가 생겨나게 된 것은 뜻깊은 일이기도 하며, 그렇기 때문에 이 지부가 아직까지 군부 나름대로의 혁명적 사유를 보여주는 전위로 남아 있다는 것은 시사적인 일이기도 하다!

자신의 사회 분석을 확장할 수 있으리라 희망하면서 1830년 이후 바그람[19]의 전장을 방문했던 발자크는 이미 **역사성의 진정한 영토**라는 문제, 즉 미디어의 발달(가령 전보의 사용) 덕택에 전략적 전역(戰域)이 갑자기 전세계적이 되어버렸다는 문제, 그래서 국내와 국외의 사건이 거의 즉각적으로 상호작용하게 되었다는 문제를 스스로 제기한 바 있다. 발자크가 당대, 그러니까 〔1789년〕 혁명기 동안 '내무성의 군대'

---

18) Parti Socialiste Unifié. 1960년, 제2차 세계대전 중에 와해된 SFIO가 군소 사회주의 정당들을 합병해 결성한 정당으로서, 흔히 '통일사회당'이라고 불린다. 1974년부터 당원들이 대거 사회당으로 이적하자, 1989년 11월 24일 해체됐다.
19) Wagram. 오스트리아 비엔나의 북서쪽에 있는 도시로서, 1809년 7월 5~6일, 나폴레옹 1세가 이곳에서 오스트리아 군을 격파했다.

(l'armée de l'intérieur)가 오랫동안 민간인들을 공공연하고도 냉혹하게 억압한 시기가 지나고, 군인의 제복을 보고 멀리서도 식별할 수 있었던 군사적 폭력 대신 좀더 세련된 감시·위협 체계가 등장하게 됐던 바로 그 시기의 가장 중요한 사회적 혁명이라고 생각했던 '비밀 경찰'의 새로운 등장이 전장에서 유래한 이런 시간적 속박에 대한 대답이 됐다. 우리가 봐왔듯이, 사회라는 신체를 침투하고 은밀하게 '습격' 하려 했던 이 최초의 시도에는 뚜렷한 목적이 있었다. 군대를 통해서 국가의 개척되지 않은 잠재력(산업적, 경제적, 인구통계학적, 문화적, 과학적, 정치적, 그리고 도덕적 능력)을 착취한다는 목적이. 그때 이래로, 사회적 침투는 아찔할 만큼 빨리 발전해 나아가는 군사적 침투 기술과 밀접하게 연결됐다. 운송장치가 발전될 때마다 군대와 문명 사이의 구분은 점점 더 사라져갔다.

독일을 동부 식민지화[20]에 나서게 만들었던 파시즘, 다시 말해서 기존의 사회적·정치적 집단들을 전복하자고 주장하며 유럽 대륙을 식민지 상태로 만들려 했던 파시즘은 본국과 식민지 사이에서 엄청난 규모로 전개된 두 가지 형태의 질주정적 전체주의 운동을 보여줬다. 제1차 세계대전 당시 예기치 못한 병참학적 노력을 기울이던 와중에 세밀히 계획된 이 운동은 1920년대의 서구 문명을 단일하게 통일시켰다. 1921년, 프랑스의 식민지 장관이었던 알베르 사로가 "식민지 개척

---

20) Ostkolonisation. 원래는 중세 시기의 독일인들이 신성 로마제국의 동쪽 영토로 이주하던 과정을 지칭한다. 당시 이 지역에는 슬라브족과 헝가리족만이 드문드문 살고 있었는데, 독일인들은 8세기부터 바바리아(지금의 바이에른)에서 도나우 강가의 평원으로 대거 이동을 개시했다. 이 과정은 대략 1350년경에 끝났는데, 아직까지 그 이유는 정확히 밝혀지지 않았다.

활동을 국가의 일상에 합병하는 것이야말로 훗날 인류의 진화가 세계에 가져올 문제의 해결책이다"라고 천명했듯이 말이다. 질주정 사회와 그 사회의 식민지를 이해하려면, 소위 사회학적 저작들을 읽는 것보다 식민지 조약의 **흑인 단속법**[21]을 읽어보는 것이 훨씬 더 유용하다. 콜베르는 이렇게 적었다. "우리는 식민지에 **견고한** 문명을 건설해서는 안 된다." 1848년까지 프랑스의 식민지에 존속하게 될 이 오래된 법령은 흑인을 일종의 **살림붙이**[22]로 간주했다. 즉, 무엇보다도 흑인 노예는 일종의 **이동 가능한 재화**였던 것이다. 흑인의 법적 지위는 오로지 그/그녀가 보유한 이동 가능성, 그리고 그/그녀가 복속될 운송 기능에 따라 결정됐다. 1914년 이래로 미국의 흑인 재즈를 둘러싸고 생겨났던 유행, 백인 배우가 얼굴을 까맣게 칠한 채 이동 가능한 노예들의 율동을 열심히 따라했던 미국 최초의 유성영화[『재즈 싱어』(The Jazz Singer, 1927))]가 보여준 발작같이 요란한 몸짓은 오늘날 미국이라는 나라를 지배하고 있는 문화, 그리고 제임스 볼드윈의 심오한 성찰을 우리에게 떠올리도록 해준다. "내일, 당신들은 모두 흑인이 될 것이다!"[23]

사실상 미국식 체제에는 전달된 메시지의 가치와 그 메시지를 전

---

21) Le Code noir. 1674년 프랑스에 합병된 과들루프섬의 원주민 흑인들에게 부과됐던 법전으로서, 콜베르가 1685년에 입안했다. 이 법전은 흑인들을 동산(動産)으로 규정했는데, 서류상으로는 기본적인 권리를 보장했다(예컨대 일요일에는 휴식을 보장하고, 비인간적인 대우를 금하며, 종교의 자유를 지닐 수 있다 등). 특기할 만한 점은 흑인들의 학대를 금지했다는 점인데, 이는 학대에 못 이겨 도망친 '탈주 노예들'(maroon negros)의 반란을 사전에 예방하려는 조처였다.
22) 본문에서 살림붙이로 옮긴 프랑스어 '뫼블'(meuble)은 형용사로는 '이동 가능한,' 명사로는 '가구,' 법률 용어로는 '동산'(動産)을 뜻하기도 한다.
23) James Baldwin, *The Price Of The Ticket : Collected Non-Fiction 1948~1985*, New York : St. Martin's Press, 1972.

달하는 데 필요한 노력을 비교 측정할 수 있는 수단이 애초부터 없었다. 미국에서는 메시지의 내용 이상으로 메시지를 중개해주는 수단이 가장 필요한 도구였다. 처음에는 유럽의 대도시들 그리고 자기들에게 인력을 제공해주던 아프리카와 해양적 관계를 맺기 위해서, 그 다음에는 우선 침투한 다음 연락망을 깔아야만 지배할 수 있을 만큼 광대한 영토에 확고한 국가주의적 중앙집권주의를 건설하기 위해서. 미디어는 단결을 가져오는 특별한 도구이다. 미디어만으로도 미국식의 범(凡)인간주의를 둘러싸고 발생하는 사회적 혼란을 통제할 수 있다. 미디어는 사회를 확고히 결속시켜 주며, 그렇기 때문에 사회의 안전 자체를 보장한다. 역으로, 고대의 식민지 모델에서 그랬듯이 미국식 민주주의는 인종적 소수자들과 파벌들을 견고한 문명 안으로, 진정한 공동체를 지향하는 생활방식 안으로 통합하는 데 전혀 실질적인 노력을 기울이지 않을 것이다. 인종차별은 미국이란 나라가 자신의 권위 자체를 기대고 있는 체제의 미디어 헤게모니를 가능케 해주기 때문이다.

    낡아빠진 인종주의가 '자유의 땅'에 살아가는 **훌륭한 시민들** 사이에서 아직까지 살아 남을 수 있게 된 이유 가운데 하나가 바로 이것이다. 그뿐만 아니라 우리는 라디오 메시지 송신이 지연된 진주만 사건에서 마이크로폰을 사용한 워터게이트 도청 사건이나 케네디 암살에 이르기까지, 목록을 작성해야 할 정도로 많은 미국의 내적·외적 대격변이 질주학적 사건들이라는 사실을, 즉 침투와 전송의 기술들과 직접적으로 연결되어 발생한 사건이라는 점을 깨닫게 될 것이었다. (훗날 '팝-문화'[대중문화]로 명명될) 미국 시민 문화의 가장 뛰어난 산물인 『시민 케인』이 다룬 것은 오슨 웰스의 모델이었다는 신문왕 윌리엄 랜

돌프 허스트라기보다는 오히려 보이지 않는 시민이었던 하워드 휴스였다. 허스트는 여전히 정보를 다뤘다. 그렇지만 휴스는 전달되는 모든 것을 무심하게 관조하는 것으로 만족했다. 풀러와 맥루한이 전개한 범 지구적 이론을 가장 근본적으로 비판한 사람은 휴스 이외에는 아무도 없다. 대지에서 모습을 감춰버린 이 인물, 세균을 두려워해 다른 인간들과의 접촉을 피했던 이 인물, 드물게 자신을 방문하는 사람들이 내뱉는 숨조차도 두려워했던 이 인물, 이토록 완전히 탈사회화됐던 이 인물은 항공산업에서 영화에 이르기까지, 휘발유에서 비행장에 이르기까지, 카지노에서 스타 시스템에 이르기까지, 제인 러셀의 브래지어 도안에서 폭격기의 도안에 이르기까지 오직 미디어만을 생각했다. 그라는 존재는 일종의 본보기로 간주될 수 있다. 휴스는 오로지 통과[이동/유동] 중에 있는 것에만 신경을 썼다. 그의 삶은 자신이 숭배해마지 않던 미국이라는 나라의 권력이 2백년 동안 그래 왔듯이, 하나의 벡터에서 또 다른 벡터로 갑자기 튀어갔다. 그는 그 무엇에서도 재미를 느끼지 못했다. 그리고 이 인물은 열린 하늘에서 비행 중에 죽었다.

이와 마찬가지로, 미국의 상업적 기법은 어느 한 사건이 예기치 못하게 획득한 병참학적 차원 덕택에 1914년 유럽에서 개가를 올리게 됐다. 미국은 휘발유를 둘러싸고 벌어졌던 최초의 전쟁에서 프랑스 시장을 〈스탠더드 오일사〉[24]의 손아귀에 쥐어주고, 2만여 대에 달하는 자

---

24) Standard Oil Co. 1863년 록펠러(John D. Rockefeller, 1839~1937)가 세운 석유회사로서, 1870년부터 1911년 동안 미국에서 생산되는 석유 90~95%의 정유를 처리하는 등 미국의 석유 생산, 가공, 판매, 운송을 거의 도맡다시피 했다. 1911년 반독점법을 위반한 혐의가 입증되어 33개 가량의 회사로 나뉘게 됐다.

국 소유의 유조차로 4백 대의 유조차를 가지고 이 전쟁에 참여했던 프랑스 군대를 궁지에 몰아넣어 유럽에게 승리를 거뒀다.[25] 소비를 목적으로 하는 것이 아니라 〔상품의〕 배출이라는 벡터를 위해서 시장이 또다시 창출된 것이다!

일단 평화가 회복된 뒤 미국이 유럽 시장에서, 특히 〈스탠더드 오일사〉의 대리사가 "광고 캠페인에서 어마어마한 심리학적 실수를 저지른" 까닭에 자사의 상품을 더 이상 효율적으로 판매할 수 없게 되어버린 프랑스에서 퇴각한 사실을 살펴보는 것도 흥미로울 것이다. 간단하게 말하자면, 그때까지도 유럽 문화는 미국 문화의 영향력에 성공적으로 저항했던 것이다. 우리는 〔유럽의〕 전체주의적 정부들이 이에 필적할 만한 벡터를 심어놓으려 안간힘을 쓰는 모습을 보게 될 것이었다. 그렇지만 엘리트 문화에서 흔히 발생하는 분란과 운송장치보다 메시지를 중요하게 여기는 습관 때문에, 그들은 이데올로기 선전을 활용하면서도 미국의 애국주의적 '지름길' 〔벡터〕과 같이 완벽한 병참학적 효율성을 획득하는 데는 어려움을 겪게 될 것이었다. 훗날 총력전이

---

25) 제1차 세계대전 동안 전투기, 탱크, 전함 등의 활약이 두드러지게 되자 유럽 열강의 전략가들은 풍부한 석유 보유가 경제적 이점뿐만 아니라, 군사적 이점까지 있다는 사실을 깨닫기 시작했다. 그에 따라 각국은 경쟁적으로 석유 확보에 나서게 됐는데, 특히 영국은 자신들이 프랑스에 양보한 이라크 북부 지역이 석유의 보고임이 판명되자 종전 직후 이 지역의 탈환을 서둘렀다. 이 때문에 베르사유 조약을 체결하던 때부터 프랑스와 영국 사이에 팽팽한 신경전이 벌어졌는데, 결국 양국은 1920년 이 지역을 공평하게 분할하기로 합의를 봤다. 정작 문제는 양국의 협상 과정에서 소외됐던 미국이 자신들의 지분을 요구하면서 일어났는데, 1928년 영국이 미국과 극적인 타협을 봄으로써 이 또한 일단락됐다. 일련의 사태가 모두 끝난 뒤에 결정된 이라크 지역의 석유채굴권 지분을 보면 영국이 47.5%(〈브리티쉬페트롤륨〉[British Petroleum])과 〈로얄더치쉘〉[Royal Dutch Shell]이 각각 23.75%), 프랑스(〈프랑스석유회사〉[Compagnie Française des Pétroles])와 미국(스탠더드오일 계열사들이 주도한 콘소시움)이 각각 23.75%였다.

끝나고 난 뒤, 간단히 말해서 유럽 민족들의 정체성이 대거 파괴되던 시기가 끝났을 때(식민지 전쟁처럼, 총력전도 견고한 문명의 절명을 목적으로 삼는다), 우리는 미국의 재고품이 유럽에서 철수하는 광경을 보게 되었다.

그렇지만 여기에서 또다시, 우리는 리버티 호(제2차 세계대전 당시 미국에서 대량으로 건조된 1만톤급 전시표준선(戰時標準船))가 실어 나른 도구들과 물품들의 흐름을 충분히 분석하지 못했다. 우리는 여전히 거대한 자동차들이 지배하는 이 세계에 심미적·기능적 의미를, 그리고 그밖에 다른 의미를 부여해야만 한다. 주목할 만하게도 샌드위치나 통조림 음식 이외에는 그 어떤 음식도 조리되지 않지만 번쩍이는 주방에 조리 기구들이이 넘쳐나고 있다는 점, "의식이라는 개념 자체를 아무런 의미도 없는 것으로 만들어버리는 생각없는 객관성"의 화려한 장관, 생산 체계에서 유래한 기술적 코드를 통해서 일상적으로 이루어지는 교환과 통신의 벡터에 은밀히 개입해 들어가는 것 등에 대해서 말이다.

이러한 이유 때문에 미국의 팝-문화에는 신체와 영혼의 기술이 기이할 정도로 복잡하게 뒤엉켜 있다. 우리가 이미 살펴본 바와 같이, 영혼 없는 신체는 기계적 인공 보철물로부터 도움을 받는 신체이다. 그리고 미국에 관해서 말하고 있기 때문에 우리는 '안락함'이라는 단어가 고대 프랑스어인 '아시스탕스'(assistance)[도움/보조], 즉 도로를 따라서 길을 떠난 이동에 사로잡힌 사회적 격투사의 신체에 대한 구호 활동에서 유래했다는 점을 잘 기억하고 있어야 할 것이다. 1920년대부터 전개되기 시작한 미디어의 탈중립화는 흔히 '내수 시장을 둘러싼 전쟁'이라고 불려왔던 것, 즉 가구(家口)를 "소비 상품의 무한한 저장소"*로 불러내기 위한 (심지어는 재발명하기 위한) 골치 아픈 문제를 직접적으로 겨냥한 대규모 이데올로기적 캠페인의 길을 닦아놓았다. 사실상 이 캠페인은 미국 시민들을 매우 신속하게 동물로 길들이게 될 것이었다.

의미심장하게도, 미국 정부는 자국의 영토에 진정한 복지 체계를 건설하는 것이 꼭 필요하다고는 생각하지 않았다. 그 당시에 미국 정부는 자신들이 장려하고 있었던 가부장적이고 인간주의적인 **안락함**의 문명이 가사 로봇에서 정신의학 사업이나 최신형 자동차에 이르는 **기계를 활용한 신체의 보조**를 통해서 사회적 보장을 완벽하게 대체할 수 있을 것이라고 확신했다. 이런 방식과 그리 다르지 않은 방식으로 오늘날 이 나라는 파시스트적인 미래주의가 꿈꿔왔던 초인적 신체, 즉 특정 기관(器官)을 기계로 만든 이식 조직으로 대체해놓은 인간의 신체를 되살려 내려는 낭만적인 취향을 부추기고 있다. 외과의학으로 탄생한 이 새로운 영웅이 초인적인 육체적 위업을 달성할 수 있도록 해주면서 말이다.

그렇지만 **사회의 존속**을 추구하는 정치가 안락함의 정치를 폐기 처분해 버렸다. 모든 사람들은 이웃 사람들이 자신들을 면밀히 지켜보고 있다는 사실을 갑자기 깨닫게 됐다. 미국의 이상적인 소비자라는 몽타주, 라디오·신문·텔레비전·영화 등을 통해 삶을 대하는 그들

---

* D. Crivelli, *La fin de la crise*, Paris : Editions Bossard, 1932. 최초의 팝-문화, 그리고 유럽의 문화.

인공 보철물, 혹은 외부로 드러난 골격(스텔락, 『외부 신체와 걸어다니는 기계』, 함부르크, 1998년)
무대에서 보여주려는 것이 정확히 무엇이냐는 질문을 받았을 때, 스텔락은 이렇게 대답했다. "나는 기술을 통해서 신체의 능력을 확장하려고 한다. 수백만 년간의 자연적 선택을 통해서 몇몇 신체 조직이 발전한다는 다윈 식의 진화가 종말을 맞이했다는 점을 보여주려는 것이다." 만약 미래의 '초인'이 초강력 장치들을 장착한 인물이라면, 그래서 사지를 움직이지 않고도 주변 환경을 통제할 수 있는 능력을 갖춘 신체라면, 바야흐로 진화는 과학기술의 단계에 진입한 셈이다(『동력의 예술』).

의 자세·버릇·태도가 쉴새없이 방송되어 곧 그러한 상업적 메시지에 파묻혀 버리게 될 사람, 즉 시민의식을 지닌 사람의 본보기와 자신들을 비교하면서 말이다. 정치 분야에서 이에 견줄 만한 시기는 매카시의 시기, 협박의 시기이자 반미 성향의 인물들을 마녀처럼 사냥했던 시기이며 예술가들과 지식인들을 재판정에 서게 했던 그 시기이다. 1975년, 〈삼각 위원회〉는 [사회적] 동원을 해체해 쓸모 없는 것으로 만들어버릴 수도 있는 예술가들과 지식인들이야말로 민주주의를 위협하는 존재라고 또다시 언급했다.

사실상 미국식 (사회) 보장은 대중들의 문화적 미숙함을 암시해준다. 현대의 민주주의 국가가 자신들의 **침묵하는 다수**를 자랑한다는 것은 놀랄 만한 일이다. 그 나름대로, 미국인들의 침묵도 러시아인들의 침묵만큼이나 숨막히는 것이 되어갔다.

* * *

빠르기 그지없는 침투 속도와 습격 속도의 위계 질서는 마치 한 장면에 다른 장면이 서서히 겹쳐지듯이 프롤레타리아트라는 유령을 만들어내기도 하고 파괴하기도 한다. 국민공회의 필요에 따라 사회적으로 명확히 분할되기 시작했지만, 맑스와 엥겔스가 19세기 영국의 산업적 프롤레타리아트화가 남겨놓은 그토록 풍부했던 퇴적물 속에서도 노동자의 신화적 형상을 보기 힘들게 됐을 정도로 변했듯이 말이다. 엥겔스는 **자신의 표본**을, 역사적 진화를 거듭한 자신의 네안데르탈인을 찾을 수 없었다.* 결국 1848년 6월에 가서야 [맑스와 엥겔스가 생각했던 노동자의] 이미지가 파리의 거리에서, 그리고 3~4만여 명이 투입됐던 "라이프치히 전투[26]와 맞먹는 인원이 동원된" 내전[파리 코뮌]에서 그 모습을 갖춰나가기 시작했다.

노동의 프롤레타리아트화라는 혁명적 과정이 운동과 대중의 전쟁에서 유래하듯이, '형이상학의 노동자'라는 신화(성경에서 신의 저주를 받아 인류 최초의 고통을 겪게 된 인간, 저주하고 살인하며 신의 창조물들 사이에서 신을 대체하려 했던 인간의 이미지)도 산업 전쟁의 거대한 전장에서 그 **모습을 갖춰나가기** 시작했다.

예를 들어서 테야르 드 샤르댕은 자신의 동시대인들이 생각했던 것과 마찬가지로, 전쟁이 기술적 진보를 위한 중요한 효소(酵素)[촉진제]라고 믿고 있었다. 그렇지만 그가 1917년에 적어 놓았던 것처럼, "전선에서 잊지 못할 경험"을 겪게 되었을 때 '완성되지 않은 인간'이라는 관념이 느닷없이 그를 엄습했다. 총력전이 끝나던 1945년, 그는 이렇게 적었다. "전쟁은 죽음을 물리칠 수 있었던 기독교로서도 더 이상 누그러뜨릴 수 없는 **인류 발생의 유기적 현상**이다." 그는 타키투스의 목소리를 빌려, "진부하기 이를 데 없는 뻔뻔스러움, 단조롭기 그지없는 핑계"(『전선의 노스탤지어』, 1917)로 전세계를 뒤덮을 국제적 평화를 개탄했다. "빛과도 같은 무엇인가가 대지에서 사라졌다." 노란색

---

* "이렇듯 그 조건이 이미 결정되어 있던 필수 불가결한 역사적 진화가 진보를 퇴각시키고, 야만인보다 못한 인간을 생산해놓을 줄이야 내가 상상이나 할 수 있었겠는가?" Friedrich Engels, *Die Neue Rheinische Zeitung*.

26) La bataille de Leipzig. 나폴레옹의 모스크바 원정이 실패로 돌아간 뒤 프로이센과 러시아의 주도로 일군의 연합군이 1813년 10월 16일부터 19일까지 전개한 전투. 나폴레옹은 이 전투에서 패배함으로써 서서히 힘을 잃게 됐다.

순양함'[27)](자동차를 이용한 습격이라는 서사시)의 일원이었던 그에게는 **운신의 폭**이 없다는 것이야말로 반(反)혁명적 진화(l'anti-révolution-évolution) 속에 **고정**되는 것일 게다. 전쟁을 준비하는 데 몇 달이나 몇 년이 걸리는 반면에, 결정적인 습격은 고작 한 시간, 그도 아니면 겨우 몇 분밖에 안 걸린다.

역사의 동학에 얽힌 신체를 진화론적·혁명적으로 바라보는 시선은 "자신이 타격을 입지 않은 한, 보초 서는 것을 매우 좋아하는 부대원들"에게 계속 작전을 수행하라고 강요했을 고대 장군들, 계몽된 전제 군주들, 그리고 술탄들의 치명적이기 이를 데 없는 동성애에서 이어져 온 것이다.* 이들은 자신들에게 종속된 프롤레타리아트 병사의 육체, "조종자의 자극에 맹목적으로 복종하는 움직이는 기계"(바뵈프)인 강렬한 대중들의 육체를 무절제하게 탐했다. 군사적 노동력은 어쩔 수

---

27) Croisière Jaune. 프랑스의 자동차 제작자 시트로엥(André Citroën, 1878~1935)의 후원을 받아 1931년 4월 14일~1932년 2월 12일 동안 베이루트에서 북경까지 실크로드를 따라 이뤄졌던 대륙 원정단의 이름이자, 이때 사용됐던 자동차의 별칭. 40명의 인원이 시트로엥이 제공한 14대의 자동차(모델명 'Citroën Kegresse P17')를 나눠 타고 떠났던 이 대장정을 기획한 인물은 당시 시트로엥 공장의 총책임자였던 하아트(Georges-Marie Haardt, 1884~1932)로서, 그는 '검은색 순양함'(Croisière Noire, 모델명 'Citroën AC-6F')을 타고 아프리카 대륙 횡단을 성공한 바 있었다(1924년 10월 28일~1925년 6월 26일). 폴로(Marco Polo, 1254~1324)의 『동방견문록』(*Divisament dou monde*, 1299)에 기록된 경로를 그대로 따라갔던 이 대장정의 성공을 위해서 하아트는 원정단을 '파미르'(Pamir)와 '톈진'(Tien Tsin) 두 그룹으로 나눴는데, 테야르 드 샤르댕은 후자의 그룹에 합류했다. 이 원정은 성공리에 끝났으나 하아트는 홍콩을 경유해 귀국하던 도중인 3월 15일, 유행성 독감에 걸려 사망했다.
* 카를 5세(Karl V, 1500~1558)가 자신의 특사였던 기슬랭 드 뷔스베크에게 보낸 편지. 〔뷔스베크(Ogier Ghislain de Busbecq, 1522~1591)는 합스부르크 가(家)의 외교관으로서 카를 5세의 동생이었던 페르디난트 1세(Ferdinand I, 1503~1564)의 충복이었다. 1529년 국왕의 특사로 당시 분쟁 중에 있던 헝가리에 갔다가 그곳에서 2년 동안 옥살이를 해야 했다. 이때 국왕과 나눈 서신이 '터키에서의 편지'라고 알려져 있다—옮긴이〕

없이 자신을 파는 만큼 자신을 전쟁의 사업가에게 **내주어야**만 했다. 전쟁의 사업가에게 군사적 노동력이 의미하는 바는 전투 중의 기사에게 여성, 그리고 나중에는 탈 것이 의미하는 바와 같았다. 그것들은 그를 앞으로 나아가도록 도와주며, 그의 발 아래에서 죽거나 그를 죽음으로 이끈다.

부세팔루스[28]의 기세가 없는 알렉산드로스 대왕은 아무것도 아니다. 리처드 3세는 보즈워스에서 자신의 말과 더불어 자신의 생명과 왕국을 잃었다. 동적이고 무한할 뿐만 아니라 다산성(多産性)이며 자기혁신적인 군사적 프롤레타리아트, 그리고 그 이후의 노동하는 프롤레타리아트는 자신을 걸터탄 채 자신의 운동을 지휘하고 격려하는 역사의 지도자를, 레닌 · 트로츠키 · 스탈린 · 마오 같은 전쟁의 지휘자를 시간과 공간 속으로 가져왔다. 간단히 말해서, 산업 체계보다는 군사 체계에 따라 그려진 혁명적 노동자의 형상은 느린 전쟁과 신속한 전쟁 사이의 동적 불일치로 가득 차 있다. 조직적인 테러 전쟁의 사도이자 "진흙을 뚫고 전속력으로 전진"했던 허무주의자 네차예프는 수사만 앞세웠던 것이 아니라 진지하기 그지없는 기술적 계획도 갖고 있었다. 그는 파괴적인 습격에 필수 불가결한 용맹성 때문에 발생한 염좌(捻挫)를 공격의 리듬을 가속화함으로써 보완했다. 그 이후부터 역사는 말 그대로 **격발의 동력**[내연기관]에 의해 진화됐다!

---

28) Bucephalus. 알렉산드로스 대왕이 총애하던 말의 이름. 엄청난 속도를 자랑했던 부세팔루스는 기원전 326년경 하이다스페스 강(Hydaspes. 지금의 '젤룸'(Jhelum) 강으로서 인도 북부의 카슈미르와 펀자브 지방을 흐르는 강이다) 부근에서 벌어진 전투 도중 죽었는데, 알렉산드로스 대왕은 이를 슬퍼하며 그곳에 도시를 지은 뒤 '부세팔라'(Bucephala)라는 이름을 붙였다고 한다.

독일 파시즘은 이와 동일한 관심사를 갖게 될 것이었다. 하이데거와 더불어, 독일 파시즘은 곧 일종의 '총동원령'(die Totale Mobil-Machung) 즉 "권력 의지의 마지막 단계이자 기술이 지닌 본질의 실현, 즉 허무주의"[29]가 되어버렸다. 프롤레타리아트-군인은 전쟁을 하지 않고서도 자신의 혁명적 임무, 오늘날 자연을 향한 침략이 되어버린 습격을 수행할 수 있다. 이것이야말로 전세계의 완전한 파괴(바쿠닌), 즉 '형이상학의 노동자'를 위해서 자신을 **가시적 형태**로 유지하거나 노동자를 교육해 그/그녀에게 스스로를 내줌으로써 대지를 전쟁에 갖다바치는 중요한 지정학적 장소〔즉, 자연〕의 파괴이다.

실질적으로, 이런 파괴는 독일의 실업자들을 위한 일종의 인본주의적 원조로서, 그 다음에는 하이데거가 지식인들에게 요구했던 자발적 봉사, 즉 "노동, 지식, 무기를 통한 봉사"로서 시작됐다. 그리고 1926년부터 노동자들, 농민들, 학생들을 통틀어 가장 활동적인 사람들을 첫번째 자원봉사자로 받기 시작했던 강제수용소의 역사가 확산되는 데 본보기가 될 것이었다. 인력에 대한 압도적인 요구가 서구 세계의 모든 곳에서 표출되던 당시에는, 이런 모든 일이 아주 자유롭게 이뤄졌으리라. 몇 년이 지난 뒤 금방 잊혀지기는 했지만, 산업 전쟁이

---

29) 이 인용문은 하이데거의 두 언급, 즉 '니체의 형이상학은 서구 형이상학의 완성으로서, 권력에의 의지의 무조건적인 주체성의 형이상학이다"(『니체』, 제4권)와 "기술은……완료된 형이상학이다"(『강연과 논문』)를 합쳐놓은 것이다. 하이데거에 따르면 '권력에의 의지' 개념으로 대변되는 니체의 형이상학이나 현대의 기술은 존재 자체를 망각게 한다는 점에서 모두 허무주의(존재자 자체가 '무'〔無, nichts〕와 동일시되어 자기 자신의 가치와 의미를 상실해 가는 과정)이다. Martin Heidegger, *Gesamtausgabe*, II. Abteilung : Vorlesungen 1919~1944, Bd. 48 : Nietzsche. Der europäische Nihilismus(1940), Frankfurt/Main : Vittorio Klostermann, 1986. 〔국역 : 박찬국 옮김, 『니체와 니힐리즘』, 지성의 샘, 1996〕 ; *Gesamtausgabe*, I. Bd. 7. S. 76.

라는 이 만족을 몰랐던 요구는 대중들에게 노동을 강요했던 것과 동시에, 유럽과 대서양을 너머 전세계 곳곳에서 준(準)군사적인 국가 관료주의를 향해 대중들을 길들여 나아갔다(제노바에 위치한 국제노동기구는 양차 세계대전 사이에 전세계의 인력 문제를 관리하기까지 했다). 식민지의 경우에는 미국식 '강요'를 스모티그,[30] 즉 부역(賦役)을 조직하는 것으로 충족시켰다. 예컨대 불가리아에서는 1920년부터 공공노동성에 소속된 관리의 감독 아래, 남녀 모두 시민으로서의 노동을 의무적으로 수행해야만 했다. 그러나 대개 그 수익은 전략 도로, 철도, 공항, 공장 등의 건설을 계획했던 전쟁성에게 돌아갔다. 결국 따지고 보면, 이 파시스트적인 계획은 저마다 프롤레타리아트를 지배하려고 오랫동안 서로 적대시하며 싸워왔던 귀족 계급, 군사 계급, 그리고 부르주아지 사이의 충돌에서 빚어진 일종의 타협 그 이상도 그 이하도 아니었던 것이다.

독일에서는 1928년에 근로 봉사가 의무화될 것이었다. 그리고 이 의무를 지지 않으려고 하는 사람은 전시의 탈영자나 병영 기피자처럼

---

30) SMOTIG. 프랑스가 1895년 점령해 자국의 식민지로 만든 마다가스카르에 부과했던 일종의 노동 정책으로 1926년에 채택되어 1946년 (적어도 서류상으로) 폐지됐다. 정식 명칭은 '일반의 이익을 위한 근육노동 봉사'(Service de la Main d'Oeuvre des Travaux d'Intérêt Général)로서 표면적인 목표는 '공공 노동', '자발적 노동', '민간 작업'의 활성화였는데, 이는 마다가스카르의 천연 자원과 인력을 착취한다는 의도를 은폐하려는 눈가림이었을 뿐이다. 게다가 이 정책은 마다가스카르 '토착민들의 정신 상태'(mentalité indigène)를 자본주의적으로 개조한다는 목표를 표방했던 일종의 문화 정책이기도 했다. 이 정책에 따르면 16세에서 60세의 모든 마다가스카르 남성들은 1년에 한 달씩 공공 노동에 봉사해야 했는데, 이들이 건설한 댐・다리・도로 등은 대부분 군사용으로 사용됐다. 1936년 인민전선 내각이 마다가스카르인들의 노동조합 건설을 합법화하고, 뒤이어 1946년 프랑스 본국에서 '강제 노동'이 불법화되자 이 정책도 공식적으로 폐지됐으나, 실질적으로는 마다가스카르가 독립을 획득한 1960년까지 공공연하게 지속됐다.

경멸, 사회적 추방, 비난의 대상이 됐다. 1934년, 완벽하게 표준화된 부역자 야영지는 포로수용소가 되어버렸다. 그리고 곧 대중들의 무관심 속에서, "노동이 너희를 자유롭게 하리라"라는 자신들의 원래 신념을 그 누구도 전혀 성가시게 여기지 않는 상황에서 강제수용소로, 죽음의 수용소로 변형되어 버렸다. 사실, 전자에서 후자로의 변신은 지극히 자연스러운 것이다. 프롤레타리아트-노동자의 육체는 프롤레타리아트-군인의 육체와 하등 다를 바 없는 것이다. 클라우제비츠가 이렇게 썼듯이 말이다. "도구(병사)는 전쟁에서 운용되기 위해 존재하며, 운용을 통해서 도구가 소모된다는 것은 당연한 이치이다."[31]

공산주의 국가들은 테야르 드 샤르댕이 자신의 소망을, 즉 총동원령이라는 소망을 공식화하자마자 그들 나름의 방식으로 이를 완수한 듯 보였다. 이 소망은 부르주아 계급을 억압하는 것 이상으로, 그들의 생산적인 프롤레타리아트까지도 소멸시켰다. 1964년[제1차 대약진 운동이 실질적으로 끝난 시기] 이래로, 중국이 내건 혁명적 구호는 "군대를 모범으로 삼자"였다. 그래서 중국의 모든 인민들은 똑같은 군복, 즉 성별도 감지할 수 없는 무성적(無性的) 옷을 강제적으로 입어야만 했다. 이와 달리, 프랑스의 군인들은 공식 행진을 할 때에도 노동자의 옷 같은 전투복을 더 자주 입게 됐다.

모든 위대함은 습격에 있다! 이것은 플라톤의 말을 잘못 옮긴 것일까, 아니면 미국식의 강요를 살짝 바꿔 쓴 말일까?* 스스로 완전한 질

---

31) 클라우제비츠, 「제12장 : 행군 III」(제2부 5편), 『전쟁론』, 244쪽.
  * "위대한 일은 모두 일종의 모험이다." 총력전이 개시되기 전날 하이데거가 했다는 이 말은 "모든 위대함은 습격에 있다"라는 말이 표명하는 바를 부자연스럽게 표현하고 있다.

주정이 되려고 하는 한에서만 파시즘은 전체주의적이다. '생활권'[32]은 유럽의 지리가 사라진다는 것을 뜻할 뿐이며, 총력전을 개시함으로써 자신들이 지녔던 엘리트 문화의 기원으로 되돌아가기 전에 베를린의 거리에서 국가사회주의를 낳았던 것과 똑같은 위계질서, 즉 전적으로 속도의 위계질서에 따라 움직이는 '사회' 조직에 의해 확장된 아무런 특색 없는 사막 같은 지역이 된다는 뜻일 뿐이다. 처음부터 나치는 습격하는 인간의 눈부신 신체, 태어날 때부터 금발이었던 아리안족의 신체를 곧잘 과시하곤 했다. 베를린 경기장에서 열린 올림픽 제전 축하식은 침투 속도에 따른 신체들의 위계질서를 보여줬다. 운동선수의 신체는 육군유년학교 생도[33]의 신체, 즉 발사체이거나 발사장치였다. 속도나 거리의 기록에 흥분한다는 것은 습격에 흥분한다는 것과 같다. 이렇듯 **시간과 공간에서의 초읽기**라는 운동 경기의 원리는 느린 속도로 질서정연하게 행군을 시작했다가 점점 더 강력히 신체를 가속해 마지

---

32) Lebensraum. 일반적으로는 한 국가가 국가로서 존립하는 데 '추가적'으로 필요한 영토를 뜻하는데, 1937년 히틀러는 나치의 팽창주의를 정당화하는 데 이 개념을 사용하며 제3제국의 생활권으로 러시아, 폴란드, 우크라이나, 발트해 등을 꼽았다. 원래 이 주장은 『권력과 대지』(*Macht und Erde*, 1934)라는 저서에서 독일은 유라시아 대륙과 오세아니아를 지배할 권리가 있다고 주장했던 하우스호퍼의 주장이었다. 하우스호퍼는 영국의 지정학자 머킨더(Halford John Mackinder, 1861~1947)가 1904년 『지리학 저널』(*Geographical Journal*, 제23권)에 발표한 논문 「역사의 지리적 중심」(The Geographical Pivot of History)을 참조해 이 책을 썼다고 알려져 있는데, 이 논문의 핵심 주장은 동유럽과 중앙 아시아가 전세계의 핵심 지대이기 때문에 러시아를 지배할 수 있는 세력이 세계를 지배하게 된다는 것이었다.

33) Prytanique. 1603년 앙리 4세(Henri IV, 1553~1610)의 명으로 창설된 군인 자제들의 고등학교 〈프리타네 국립군사학교〉(Prytanée national militaire de La Flche)의 학생들을 지칭한다. 원래는 예수회 성격의 평범한 학교였으나 7년 전쟁 직후인 1793년 루이 15세의 명으로 군사학교로 재편된 뒤, 1808년 나폴레옹의 명으로 고급 장교를 길러내는 육군사관학교로 재편됐다. 그때 이래로 특수 대학으로 승격됐는데, 1982년부터는 군인 자제들이 아닌 일반 학생들에게도 문호가 개방됐다.

막 폭발로 나아가는 군사적 돌격의 '절대적 위대함'을 추구하는 경주〔질주〕의 극화(劇化)일 뿐이다.

'총동원령'은 총력전과 더불어 완전한 의미를 갖게 됐다. 프롤레타리아트-군인의 승리한 신체(옛 표현에 따르자면 '뛰어난 자리이동 능력'을 소유하고 있는 우월한 존재, 아니면 끝없이 펼쳐진 대초원이나 사막으로 앞뒤 가리지 않고 뛰어드는 독일 군인)와 병참학적 분투를 뒷받침하려 존재할 뿐인 프롤레타리아트-노동자의 신체는 더 이상 사회적으로 비교되지 않는다. 일군의 육체적 무능력자, 강제 이주자, 강제수용소에 억류된 죄수, 무능한 신체, 범죄자와는 말이다.

경기 기록에서 절대적 전쟁으로 곧장 나아간 이탈리아의 파시스트들은 하나같이 모두 다 신체-속도에 도취됐다. 이것이야말로 무솔리니가 말한 '폭격기의 시'[34]였다. 단눈치오 이래로 마리네티에게는 '멋쟁이-전사' 야말로 "전투에서 **살아남을 수 있고**, 인간이 꿈꿔왔던 육체의 기계화가 보여주는 힘을 감상할 수 있는 유일한 주체"[35]였다. 말처럼 좀체 성가시지 않은 기계 장치를 전쟁 엘리트들의 낡아빠진 생체

---

34) 1933년 이탈리아의 항공장관 발보(Italo Balbo, 1896~1940)가 선보인 편대 비행을 격찬하며 무솔리니가 한 말로 알려져 있다. 발보는 이탈리아 공군의 전투력을 만방에 선전하고자 7월 1일부터 8월 12일까지 폭격기 25대(Savoia-Marchetti SM-55X)로 편대 비행을 하며 로마-리우데자네이루, 로마-시카고 항로를 횡단한다는 계획을 무솔리니에게 제안했다. 단 2대만 낙오한 채 대륙 횡단에 성공한 뒤 발보는 그 공로를 인정받아 공군 원수가 됐다.
35) 1935년 10월 3일, 무솔리니가 에티오피아 침공을 개시했을 때 마리네티가 토리노의 주요 일간지 『스탐파』(La Stampa)에 기고했던 선언문을 말하는 듯하다. 이 선언문을 발표한 뒤 마리네티는 환갑을 앞둔 나이에도 불구하고 자발적으로 참전했는데, 마리네티는 이때의 경험을 『아프리카 시편』(Il Poema Africano della Divisione '28 Ottobre', 1937)에 담아 출판했다. 마리네티의 이 선언문은 벤야민이 쓴 「기술복제 시대의 예술 작품」(1935) 후기에 그 일부가 발췌되어 널리 알려졌다. 반성완 옮김, 『발터 벤야민의 문예 이론』, 민음사, 1983, 230쪽.

적 운송장치와 결합시키는 꿈, 영국군 함대를 찾아나선 귀족 같은 잠수병들이 바다 밑에서 신속한 발사체, 즉 '어뢰' 위에 올라타는 꿈. 자신들의 눈부신 이상(理想)을 좇아 자신의 운송장치-무기와 함께 자발적으로 분해됐던 일본군의 가미가제는 서로 상승 효과를 일으키던 군부 엘리트들의 꿈을 공간 속에 실현할 것이었다. 폭발의 화염 속에서 최종적으로 사라지는 것이야말로 신체-속도의 궁극적인 은유일 것이기 때문이다. 나치가 인류에게 저지른 범죄가 만천하에 공개된 뒤 대부분의 사람들은 **파시즘이 부활할지도 모른다**는 공포에 직면하게 됐다. 그렇게 될지도 모를 일이다. 파시즘은 결코 죽지 않기 때문에 새삼 부활할 필요도 없다. 가학적인 박물학을 이야기하거나 상업적인 농담을 하려는 게 아니다. 다만 파시즘은 해양 제국이나 식민지 건설처럼 서구 질주정이 이룩했던 가장 뛰어난 문화적, 정치적, 사회적 혁명을 보여준다는 사실을 말하고 싶을 뿐이다. 확실히 파시즘은 명칭을 제외하고는 맑스주의와 더 이상 아무런 관계도 없는 공산주의보다 '미래'를 덜 두려워했다. 프롤레타리아트 독재가 종말을 맞이했다는 말은 공산주의가 역사적으로 실패했다는 말이었기 때문이다.

파시즘은 살아 있다. 총력전, 그 뒤로는 총력적 평화가 새로운 공간적·시간적 과정과 칸트적 세계의 역사적 우주 안에서 거대한 국가 조직(군대, 생산력)의 사령부를 차지해왔기 때문이다. (순차적인) 시간이나 (지리적인) 공간에서의 역사성은 더 이상 문제가 되지 않는다. 그렇다면 시공간에서는 **어떨까**?

나는 최근의 논문에서 **역사에 관한 물리적 개념**을 되살리는 것이, 그도 아니면 그런 개념이 형성되어 왔다는 점을 인정하는 것이 필요하다고 강조한 바 있다.

"〔……〕 간단히 말하자면, 반복적으로 적군에게 가할 수 있도록 고안된 시간과 공간상의 통일적 계획, 즉 전쟁의 수행 가능성을 낳은 것은 도구〔무기〕가 아니라, 역사라는 전체주의적 언어다. 이 언어는 해외나 자국에서 전쟁의 절대적인 본질(즉 속도)을 추구했던 유럽 국가들, 그리고 그 다음에는 전세계의 상호 협력이 낳은 산물인 바, 그 결과 이 언어는 서구의 군사적 지식을 통해서 세계 역사를 절대적으로 장악할 수 있는 지위를 차지하게 됐다. 따라서 순수한 역사란 지형에 대한 순수한 전략적 진격을 다른 말로 옮긴 것일 뿐이다. 이 전략적 진격의 힘은 〔적군보다〕 먼저 수행된다는 데 있으며, 〔전황(戰況)에〕 결정적이라는 데 있다. 그리고 역사가는 **시간의 전쟁을 이끄는 수장**일 뿐이다."*

---

* Paul Virilio, "La guerre pure", *Critique*, n°31, Octobre 1975.

8_안전의 소비

안전은 분할될 수 없다.
— 미셸 포니아토프스키, 1976년 3월 4일

"혁명이 인민들보다 훨씬 더 빨리 나아갔다." 포르투갈 사건이 막 일어나기 시작했을 때 대통령이자 장군이었던 코스타-고메스는 이렇게 선언했다.

어떻게 이런 일이 가능했을까? 간단히 말하자면, 결국 인민이 아니라 군대 조직이 서구가 혁명이라고 말하는 것을 수행했기 때문이다. 경제적 자유주의란 침투 속도의 질서를 둘러싼 자유주의적 다원주의였을 뿐이다. 유폐되어 있는 부르주아지의 육중한 모델이나 답답하기 그지없는 맑스주의적 총동원령(표면적으로 본다면 재화, 사람, 사상의 운동을 둘러싼 계획된 통제)의 독특한 도식을 보건대, 서구는 오랫동안 병참학적 위계 질서의 다양성을, 국가의 부가 자동차·여행·영화·공연 등에 투자되는 유토피아를 거부해왔다. 일종의 발사체나 즉석 정보은행이 되어버린 자본주의, 사실상 총체적인 **사회적 환상**이 되어버린 자본주의는 냉전의 전략에 종속되어 왔다. 자, 착각하지 말자. 군산복합 민주주의는 낙오자, 비트 세대, 자동차 운전자, 이주 노동자, 여

핵 전쟁에 대비한 가정용 대피소(뉴욕. 1981년 1월 26일)
제2차 세계대전이 끝난 뒤 핵 억지력이 등장했다. 그때 이래로 우리는 서로를 겨냥해 수행되는 전쟁을 그만뒀다. 그렇지만 우리는 군비 경쟁, 우주 경쟁, 정보의 발전(인공위성. 즉각적인 의사소통 수단)을 통해서 서로를 더욱더 위협하고 있다(『최악의 정치』).

행객, 올림픽 우승자나 여행 안내업자 등 일체의 사회적 범주를 아무런 구분 없이 **속도의 질서에 종속된 무명의 병사**로 만들어버렸다. 보행자에서 로켓에 이르기까지, 생체적인 것에서 기계적인 것에 이르기까지, 국가(사령부)가 매일 점점 더 많이 통제하게 된 속도의 위계질서에 종속된 무명의 병사로 말이다. 1960년대에 어느 부유한 미국인이 자신의 사회적 성공을 입증하고 싶었다면, 그는 '커다란 미국산 자동차'를 구입하기보다는 그것보다 훨씬 더 빠르고 매끈한 '작은 유럽산 자동차'를 구입했다. 성공했다는 것은 최고로 빠른 속도의 능력에 도달했다는 것이며, 만장일치로 시민에게 가해지는 훈육에서 벗어나는 느낌을 갖게 됐다는 것이다. 총력전의 등장 이래로 엄격한 의미에서의 해외 전쟁이나 외부 전쟁은 더 이상 존재하지 않게 됐다. 뜨거웠던 미국의 어느 여름날 동안 필라델피아의 시장이 적절히 던진 말처럼 말이다. "오늘날 국경은 도시 내부를 가로지르고 있다." 도로든 거리든, 모든 것은 국경의 사막 같은 단일한 방벽의 일부이다. 1977년 여름, 베를린 장벽은 최첨단 지뢰와 시청각 감시 체계의 혜택을 받았다. 진정으로 새롭게 단장을 하게 된 것이다! 벨파스트 이후로는 베이루트가 팔레스타인 이주민들의 공격으로 무너진 옛 코뮌적 도시를 우리에게 보여줬다. 그들이 살아오면서 겪어야 했던 것은 옛날 같은 포위 상태가 아니라, 목적도 없고 끝도 없는 비상 상태였다. 이 도시에서 살아남으려면 이웃의 전략 상황에 대한 정보를 매일같이 라디오를 통해서 입수해야 했다. 운동의 자유를 확보하기 위해서 사람들은 모두 다 자신의 자동차에 무기를 장착해 습격의 운송장치로 변모시켰다. 폭력은 제복을 구별하지 않고 전투 당사자들도 마치 노상 강도들처럼 스스로 복면을 쓴다. 그들은 이웃들이나 사회의 동료들조차도 자신들을 알아보지 못하길 바란다. 그들은 내전 상태로, 즉 '공공연한 전쟁' 상태로 되돌아갔다. 대중들이 기술적으로 뒤떨어진 무기들을 다시 꺼내들고, 탈도시화에 따라 시민들이 정보를 점점 더 들을 수 없게 되는 상태로.

만약 뉴욕이 병원과 학교가 폐쇄될 지경에 이르렀을 뿐만 아니라 사회 원조가 삭감되고 도시를 더 이상 청소할 수도 없는 위기 상황에 직면했을 때 미국이라는 나라가 뉴욕을 돕지 않는다면 이 도시는 한계에 처해 붕괴될 것이며, 머지 않아 대중들이 시민들의 공포를 자체적으로 관리하게 될 것이다. 인민 전쟁은 전장에서의 생존 수단을 실존의 수단으로 바꿔버린다. 현대 국가는 새로운 병참학적 혁명 속에서 만들어진 공식을 가로챈다. 1975년 가을, 모로코의 왕이 스페인 사막[1]을 합병하기로 결정했을 때 그는 군대를 보내지 않았다. 오히려 각 도시에서 선발된 뒤 무장도 하지 않은 채 모로코의 탱크 행렬 앞에 서서 사막으로 떠밀려갔던 불쌍한 대중들, 즉 '평화의 행군자들'[2]을 보냈다. 마치 이 사건이 이제는 군인들보다는 민간인들 사이의 생태학적 문제라도 된다는 듯이 말이다.

팔레스타인 문제와 더불어, 인민 전쟁은 갑자기 전세계적 차원의

---

1) Le Sahara espagnol. 1886년 스페인이 모로코로부터 빼앗아 자국의 령(領)으로 삼았던 '서사하라'(Western Sahara)를 지칭한다. 북쪽으로 모로코, 북동쪽으로 알제리, 동쪽과 남쪽으로 모리타니에 접하며 서쪽으로는 대서양에 면하는 지역으로서, 1983년 '사하라 아랍 민주 공화국'으로 독립했다.
2) Marcheurs de la paix. 1975년 11월 5일 서사하라의 귀속문제를 둘러싸고 스페인, 모로코, 모리타니, 알제리가 각축을 벌이는 동안 스페인을 압박하려는 목적으로 모로코의 국왕 하산 2세(Hassan II, 1929~)가 서사하라 사막을 행진하라고 파견한 35만 명의 '자발적' 모로코인 행군자들을 말한다(일명 '녹색 행진'[The Green March]). 결국 하산 2세는 소기의 목적을 달성하고 행군자들을 하루만에 철수시켰다.

문제가 됐다. 실제로, 인민들에게는 강력한 군사적 억압의 중축(中軸)에서 벗어나고자 가능한 한 광범위한 영토를 산만한 방식으로 포괄하는 전술이 아무런 의미도 가질 수 없었다. 왜냐하면 그들은 바로 지리적 영토를 박탈당했다는 이유로 투쟁하는 것이었기 때문이다. 말 그대로, 국제 공항의 표준 시간표에 들어갈 수 있는 시간이 그들에게는 없었던 셈이다. 어딘지 알 수 없는 곳에서 등장했을 뿐만 아니라 **더 이상 전략적 지형을 찾지도 않게 된** 이 새로운 미지의 투사들은 **전략적 시간, 운행 시간의 상대성 속에서 싸워 나아갔다.** 궁극적으로 전략적이지 않은 통행로[항로]란 존재하지 않기 때문에, 이제부터는 순수한 민간 항공이란 것도 더 이상 존재하지 않게 됐다. 미국의 초음속여객기나 좀더 최근의 콩코드가 뜨거운 논란을 불러일으키게 된 것도 이해할 만한 일이다. 군대에게 초음속여객기의 고속주행 능력은 문제거리였다. 초음속여객기는 자동차를 이용한 습격이 부르주아지의 도시 거리에 불러일으킨 현상을 핵 질서라는 벡터 안에다 재생해놓았던 것이다.

1976년 3월 4일, 프랑스의 내무부 장관이었던 미셸 포니아토프스키는 이렇게 선언했다. "안전은 분할될 수 없다!" 그렇지만 더 정확히 말하자면, 그는 이렇게 말해야만 했다. 이제부터 안전은 더 이상 분할될 수 없게 됐다고 말이다. 3개월 뒤, 당시 대통령이었던 지스카르 데스탱은 군사학교에서 연설을 하며 이렇게 말했다. "우리의 안전을 보증할 수 있는 최상의 수단과 더불어, 우리에게는 **안전이라는 필요를 위해서 조직된 사회적 신체들**이 필요하다." 8월 25일, 해외도(海外道)-해외 영토부 장관이었던 올리비에 스티른은 각료회의에서 다음과 같이 보고했다. "수프리에르산의 화산이 분출할 위험이 있는 바스-테르섬

[Basse-Terre ; 카리브해에 있는 프랑스령 과들프주의 섬]의 주민들을 대피시킨 것이야말로 **자유로운 사회의 자발적 행위가 지닌 가능성을 보여줬습니다.**" 나중에 우리가 보게 되듯이, 이런 식의 사태에서 수행된 민간적·사회적 보호는 더 이상 재앙과 동시에 발생하지 않게 됐다. 이런 보호는 재앙이 일어나기 전에 미리 수행되며, 필요하다면 발명되기도 한다.[*]

사실상, 정부가 이처럼 테러리스트들과 같은 방식으로 안전에 대한 필요를 교묘하게 조작해내는 것이야말로 핵 전략이 오늘날의 민주주의에 새롭게 불러일으킨 온갖 문제들을 해결할 수 있는 완벽한 해결책이다. 핵 국가의 새로운 고립주의는 예컨대 미국에서처럼 정치적 전략을 완전히 혁신시켰다. 마치 대중매체가 자동차나 냉장고에 대한 필요를 공상적으로 창출해냈던 것과 마찬가지로, 미국은 만장일치로 합의된 새로운 필요를 창출해냄으로써 새로운 **연합**을 조직하려고 시도하고 있다. 우리는 보호[안전]의 소비라는 새로운 형태의 소비를 이끌게 될 공동의 감정, 즉 불안감이라는 발명품을 보게 될 것이다. 특히 이 새로운 형태의 소비는 점진적으로 표면화될 것이며, **모든 상거래 체계의 목표**가 될 것이다. 최근에 너무나 오랫동안 너무나 낙관적이었다는 이유로 자유주의 사회를 비판했던 레이몽 아롱이 말한 바가 바로 이런 것이다! 실로 불가분하게 안전에 대한 필요를 조장하고 있는 행위는 이미 [훌륭한]시민들의 몽타주를 새롭게 합성해놓았다. 더 이상

---

[*] 1976년 11월 20일, 이 장관은 기쁨에 찬 목소리로 이렇게 말했다. "수프리에르산 사건은 끝났습니다!" 언론의 보도에 따르면, 이 '불발로 그친 화산 분출'은 10월 중순까지 이미 총 2억 프랑의 돈을 잡아먹었다(『프랑스-수아르』).

소비를 통해서 국가의 부를 증진시키는 인물이 아니라 무엇보다도 먼저 안전에 투자하는 인물로, 될 수 있는 한 자신의 안전을 유지하려는 인물로, 그래서 결국 소비보다는 안전에 더 많이 신경을 쓰는 인물로 말이다.

이 모든 일들은 겉보기보다 모순적이지 않다. 자본주의 사회는 늘 공포에서 벗어날 수 있는 자유를 정치에, 소비나 안락함을 사회적 안전에 밀접하게 결부시켜 왔다. 그렇지만 우리가 잘 알고 있듯이, 이런 강제적 운동의 이면에는 원조가 놓여 있다. 운동의 전쟁이 등장한 이래로, 무능한 신체의 허약함은 군사적 노동자를 창출하라는 요구를 통해서 사회적으로 튼튼해졌다. 만약 베르사유 조약이 원조에 관심을 보였다면, 그 이유는 국가의 방위라는 불가피성이 원조를 요구했으며, 그에 따라 포괄적인 방위의 일환으로서 각 국가들에게 사회적 행동계획에 따르도록 강제했기 때문이었을 것이다. 질베르 머리가 지적했듯이, 최초의 진정한 사회 사업가들은 **중립적**이지 않았다.[3] 그도 그럴 것이, 그들은 라 로크 대령의 '프랑스 사회당'[4] 같은 곳에서 등장했기 때문이다. 영국에서 '사회적 안전'을 새롭게 조장한 사람들(가령 1942년의 베버리지 경)이 사회적 안전을 총력전의 목적으로 만들어버렸다는

---

3) Gilbert Mury et Maurice Bouvier-Ajam, *Les classes sociales en France*, Paris : Sociales, 1963.
4) Parti social français. 1929년 창설된 프랑스의 극우 단체 〈불십자가단〉(Croix-de-Feu)의 후신 단체로, 1936년 6월 18일 레옹 블룸(Léon Blum, 1872~1950)의 인민전선 내각에 의해 해체된 뒤 〈불십자단〉의 의장이었던 라 로크(François de La Rocque, 1885~1946)의 주도로 정당으로 재조직됐다. 현재의 프랑스 여당인 〈프랑스사회당〉(Parti Socialiste)과는 아무런 관계가 없다. 〈불십자가단〉이나 PSF는 인종주의 · 파시즘 성향이 강했지만 반8태주의보다는 반(反)독일주의를 표방했는데, 이들은 국내의 '붉은 정부'와 국외의 '독일'이라는 이중의 적에 맞서 프랑스 애국주의와 도덕의식 재무장, 사회적 안전의 확보를 목표로 내걸었다.

점을 기억하자.[5] 더 나아가서, 국가원조운동[6]같이 유럽 대륙에 대해 파시스트적이거나 페탱주의적 열정을 지녔던 집단들도 이들과 비슷하게 사회적 안전을 주장하곤 했다. 파시스트들에게 고용됐던 밀고자들(이들은 예전에 민간인들을 감시하고 억압하는 일에 종사했다)도 이 운동에 참여했는데, 오늘날 우리가 죄수들의 경험을 이용하듯이 이들이 사회적 원조를 부르짖는 새로운 대열에 통합됐다는 사실도 흥미롭다. 이런 일이 일어난 이유는 이들 같은 정상화〔획일화〕기술자들의 활동이 헤게모니를 쥐려는 국가 관료들의 목표와 분리될 수 없는 것이었기 때문이다.

여러 기회가 주어지면 주어질수록, '사회 사업가'의 임무도 증가했고 변화했다. 오늘날 감독자, 주도자, 교육자로 알려진 이들은 또 다른 기능을 수행하기도 한다. 탈식민화가 진행된 이래로,〔식민지의〕토착민 문제'를 다루던 정부 부처는 '사회 문제'를 다루는 부처가 되어갔다. 포르투갈의 식민지 부대는 모국에 '사회통신부'를 신설했다. 그리고 칠레에서는 좀체 완곡히 말할 줄 몰랐던 피노체트 장군이 '민간 문제'를 다룰 부처를 아주 간단하게 창설했다!

경제적 번영을 구가했던 몇 년 전, 프랑스에서는 사회 사업가들이

---

5) 영국의 경제학자 윌리엄 베버리지(William Henry Beveridge, 1879~1963) 경이 1942년 『사회보험과 그에 관련된 서비스』(*Social Insurance and Allied Services, Reported by William Beveridge*)라는 제목으로 새로운 사회보장 정책을 보고한 일을 말한다. 기본수요 충족을 위한 사회보장보험과 긴급한 수요 충족을 위한 상호부조 마련, 완전고용 유지, 포괄적인 보건의료 보장, 아동수당의 확립 등을 골자로 한 이 보고서는 "요람에서 무덤까지"라는 서구 사회보장제도의 확립에 기초가 됐다.
6) Le Secours National. 1943년 페탱의 명령으로 건설된 단체로서, 제2차 세계대전의 발발로 군대에 징집됐다가 부상당한 젊은이, 죄수 생활을 한 여성, 피난민, 실업자들을 구제한다는 목표를 표방했다. 그러나 유태인들은 철저히 배제됐다.

이렇게 선언했다. "우리는 이 사회적·생산적 기구를 수선하기 때문에 다른 이들과 마찬가지로 노동자이다." 1968년 이래로 이들은 그다지 낙천적이지 못했다. "사회 사업가들은 사회〔복지〕 사업이라는 관념 자체의 모호함을 매우 심각하게 느끼고 있으며, 이 모호함이 불러일으킬 수 있는 오해에 민감하다." 실제로, 새로운 생존의 경제에서는 (헛되이) 풍요의 사회에 참여한다는 것 자체가 더 이상 중요하지 않았다. 1977년 1월, 베를링구에르는 이렇게 말했다. "**우리**는 현행 체계를 변화시키고 **새로운 발전 모델**을 만들고자 긴축 경제를 원한다." 그리고 정말 **이상하게도** 그는 곧장 운송 체계에 대해서, 그러니까 "도시의 재조직과 더불어 자가용이라는 신화를 수정"하는 것에 대해서 언급하기 시작했다. "**운송 문제를 해결하면**, 사업의 본성이 변형되어 **국가의 메커니즘이 근본적으로 변화될 것이다**." 그에 따라, 이동 대중들의 운송 능력은 모든 곳에서 억압당했으며 축소됐다. 속도나 연료를 제한하는 것부터 말 그대로 순전히 자가용을 억압하는 것에 이르기까지, 자동차를 둘러싼 신화는 병참학적 국가의 주된 역사적 대행자라는 노동자를 둘러싼 신화와 더불어 온갖 탄압 속에서 사라져갔다. 우리가 잘 알고 있듯이, 엔리코 베를링구에르가 설파한 긴축 경제는 이탈리아 공산당 내부에까지 재앙과도 같은 반향을 불러일으켰다. 이것은 스파르타의 정치 체계가 겪은 재앙에 견줄 만한 일이었다. 그렇지만 이 일은 의심할 바 없이 뤼쿠르구스 체제의 종말, 즉 수세기 동안 습격을 개시하는 일만 배워왔던 까닭에 그런 임무가 갑자기 중단되자마자 자신들의 실존을 위해서 도대체 무슨 일을 해야 할지 더 이상 알지 못하게 됐던 스파르타인들의 사회가 뤼쿠르구스 체제의 해체 뒤에 겪었던 아노미 상태 같은 것이라고 말하는 게 더 정확할 것이다. 만약 서구인들에게서 자동차나 모터사이클을 앗아간다면, 그들에게 할 수 있는 일이 뭐가 남겠는가? 1897년 다음과 같이 말한 블로흐 후작의 예언을 완수하는 것 외에는 말이다. "전쟁은 양측 그 누구도 우세를 점할 수 없는 일종의 막다른 골목이 되어버렸다. 양측 군대는 끊임없이 서로를 위협하면서도 정작 결정적인 공격을 하지 못한 채 서로 마주보고만 있게 될 것이다. 이것이 미래이다. 전투는 없다. 기근만이 있을 뿐이다. 살육도 존재하지 않을 것이다. 다만 국가의 파산과 사회 체계의 붕괴만이 존재할 테니."

불확실한 균형 상태가 섣부른 행동으로 위협받을 처지에 놓인 상황에서라면, 안전은 운동의 부재와 동일시될 수 있다. 그리고 의지의 억제라는 확장된 프롤레타리아트화는 움직임의 억압과 동일시될 수 있을 것이며 실업의 증가야말로 이런 상황을 보여주는 가장 적절하고 분명한 모습일 것이다. 우리는 사회 사업을 재분배한다. 우리는 육체적으로나 정신적으로 장애를 갖고 있는 사람들의 행위, 그리고 장애자 올림픽의 기록에 주목한다. 우리는 움직일 수 없는 육체의 무능력이 그리 중요한 문제가 아니라는 새로운 믿음을 강요한다. 또다시 정말 **이상하게도**, 군대는 이런 **박애주의적** 행위 뒤에 숨어 있다. 지체 부자유 어린이들을 정신병동에서 구해내고자 아무것도 없는 상태에서 어린아이들을 위한 시설을 만들었던 시골 사제 오지올 신부의 회고록을 다시 한번 읽어봐라. "우리의 아이들 중 한 명이 '군대에 있다'는 말을 들을 때마다 방문객들은 놀라곤 했다. 이 말은 불행하기 그지없는 우리의 장애 아동이 징집됐다는 뜻이 아니다. 우리는 그저 우리에게 수많은 도움을 준 군대의 자금으로 이 건물을 지었다고 말하고 싶을 뿐이다."

이 시설의 끔찍하기 이를 데 없는 목표("요람에서 무덤까지!")를 정식화한 것도 바로 이 군대 자금을 총괄했던 말벡 장군이었다. 그렇지만 군대는 그밖에 다른 어떤 일도 한 적이 없다…….

결국, 사회적 원조의 재분배는 옛날의 프로이센이 1914년에 그렇게 했던 것처럼, 지체 장애자들을 움직이게 만들려는 목적을 갖고 있었던 셈이다. 경찰 보조원처럼 비겁한 밀고 행위를 한 시민들에게 보상을 해줘야 한다고 정부가 주장하게 되자, 재정적 원조는 일종의 보수나 봉급의 형태를 띠었다. 이 분할할 수 없는 안전은 고통받던 노인들, 그다지 많지 않은 연금과 수입만을 얻을 뿐 경제 체계에서 배제된 노인들 속에서 최후의 프롤레타리아트, 사회 전체의 열광적인 선동 한 가운데에서도 꿈쩍하지 않는 주의깊은 파수꾼을 구별해낸다. 우리는 마치 딴 세계에 있는 듯한 이 존재, 관리 센터와 연결된 손목시계만한 전자 경보장치를 손목에 차고 있는 나이든 노인을 거리에서 만나게 될 것이다. 군대(특히 공군)에서 재정적 원조를 받아 여러 가지 일을 수행한 〈델타7 재단〉[7]을 통해서 질베르 코토는 이런 종류의 사회 활동을 처음으로 시작했다. 주로 폭격 때문에 귀가 멀어 청각 보조장치를 받게 된 베트남 어린아이들이나, 경찰서의 중앙컴퓨터에 접속된 경보 장치가 장착되어 있는 무료 전화기를 받은 노인들이 이런 활동의 수혜자였다. 이런 활동 뒤에는 내무부뿐만 아니라 프랑스 전역에 있는 사회원

---

7) Fondation Delta 7. 1973년 2월 23일, 프랑스의 사업가 코토(Gilbert Cotteau, 1931~)가 창립한 사회활동 단체로서, 초창기 발기인이 7명이어서 이런 명칭이 붙여졌다고 한다. 이 단체는 사회에서 이뤄지는 일체의 배척/배제에 맞선다는 목표 아래 어린이, 가족, 젊은이, 불구자, 노인문제 해결에 전념을 기울였다. 청각 장애인들의 위한 보조장치 제공, 병을 앓거나 몸이 불편한 노인들을 위한 '원격경보'(Télé-alarme) 시스템 도입 등이 이들이 입안한 프로그램들이다.

조 사무실들의 연합 단체와 보건부도 있었다.

고령 시민들의 안전을 위한 운동을 벌이자는 내용의 포스터들과 각종 시청각 자료들, 바로 이런 기만적인 선전물들이 마치 경찰을 동원하기 위한 명령이 여기저기에 방송되는 것처럼 양로원, 클럽, 회관 등을 통해서 널리 유포되고 있다. 그리고 이것들은 말만하면 공짜로 제공된다.

사회의 또 다른 계층에게는, 안전이라는 필요가 또 다른 형태로 조작됐다. 무릇 옛날부터 귀금속과 금본위제는 '안전한 가치'(valeur-refuge)〔일종의 피난처(기댈 수 있는 것)가 될 수 있는 가치〕, 즉 근심걱정을 덜어주는 구제책이자 개인의 안전을 나타내주는 상징이었다. 잘 알고 있듯이, 일종의 '보험' 과도 같은 이 가치는 그 어떤 교환 체계에서도 자유롭게 이용될 수 있다. 그렇지만, 오늘날 금이라는 안전한 가치가 화폐 체계의 기초적 본위(本位)로 사용된다는 데 제기되는 의문들은 프랑스 혁명 직전의 로 은행 사건[8]을 연상시킨다. 당대의 사회적 '안전'을 붕괴시킨 그 사건 말이다. 그리고 우리는 스파르타인들의 국가가 비전투시에 귀금속을 사용하지 않으려 했던 이유를 바로 여기, 즉 핵 질서의 한가운데에서 볼 수 있다(자국 시민들의 신중함을 국가 방위에 철저히 활용했던 이 국가는, 각 개인들을 라케다이몬의 전쟁기계에 완전히 종사하도록 만드는 식으로 이들에게서 자기보호 수단을 빼앗았다).

---

8) Les événements de la banque Law. 1719~20년 당시 영국인으로서는 최초로 프랑스의 재정총감 자리에 올랐던 로(John Law, 1671~1729)가 북아메리카 미시시피 강 유역의 프랑스령 개발을 위해 설립했던 〈미시시피회사〉(The Mississippi Company)가 지폐 남발과 투기 때문에 붕괴되면서 일어난 일련의 경제 공황. 이 공황은 프랑스의 경제를 1백 년 전으로 후퇴시켰다는 평을 들었을 만큼 대단한 사건이었다.

생산의 코드 자체는 늘 '소비의 무한한 집적소(集積所)'에 맞춰져 있다. 그렇지만, 이 소비는 총체적인 안전의 소비가 되어버렸다. 방어라는 반사작용을 유토피아적으로 이용하게 되면 생산의 미학과 본성 자체가 변형되어 버린다. 기업 개혁의 의미는 권력이 그 개혁에 부여하는 의미와는 완전히 다르기 마련이다. 따라서 "그다지 좋지도 않고 이름(상표)도 없는 생산물"이 출시됐는지 안 됐는지도 모르는 사이 시장에 등장하게 된 것도 주목할 만한 일인 듯하다. 대량으로 소비되는 상품은 '경제적'인 이유로, '이름이 적히지 않은' 하얀색 라벨을 달고 출시되기 마련이다. 그래서 회사의 요란한 상표가 보이지 않는 것이다. 이런 상품은 별다른 광고 없이 판촉된다. 그래서 우리는 이런 상품을 '자유로운 생산물'이라고 부를 수 있을 것이다. 다른 말로 하자면, 이런 상품은 마치 낡아빠진 호객 행위 같이 의심스럽기 그지없는 판촉 활동에 더 이상 의존하지 않는다. 이제부터는 (광고의) 배척이 광고를 하는 것보다 상품을 더 많이 파는 수단이 된다. 바로 이런 방식으로 우리의 사회적 실존이 보호라는 목적에 따라 새롭게 조직되는 것이다. 만약 소비자 보호단체가 광고를 자제하라고 기업들에게 요구하게 된다면, 그 이유는 앞서 살펴봤던 〈고등국방연구소〉 연구원들처럼, 여타 생산력이 정보 영역에서 자신의 생산력을 증진시키려 하기 때문일 것이다. **국내 시장을 둘러싼 전쟁에 뒤이어 등장한 것은 군사 시장을 둘러싼 전쟁이다.** 군사 시장은 더 이상 민주주의적 동맹을 겨냥한 소비/생산의 체계가 아니다. 오히려 군사 계급이 직접 플레비사이트를 행사하려는 체계, 좀더 정확히 말하자면 무기 분야의 기술적·산업적 증진을 목표로 삼는 체계이다. 1976년 4월 포르투갈 대통령 선거에 출마하는 데 실패한 직후, 마리오 수아레스는 다음과 같은 성명을 발표했다. "정치인들과 함께 국가를 운영할 필요가 내게는 없다. 군인들이나 전문가들과도 국가를 훌륭하게 운영할 수 있다." 중국의 새로운 지도부들도 이와 유사한 담화를 발표했다. 페루나 1976년의 포르투갈에서 '군사적 사회주의'가 태어난 것이 아니다. 1930년대에 베를린에서 처음으로 그 모습을 드러낸 것도 아니고, 19세기에 비스마르크나 나폴레옹 3세나 '사회적 제국주의'와 더불어 등장한 것도 아니다. 정치적 부르주아지라는 협력자를 배제한다는 것은 오로지 과학적·기술적 결과에만 근거한 전략적 꿈이 실현된다는 것을 뜻할 뿐이다. 결국에는 군대 자체도 필요하지 않게 될 군사 국가라는 전략적 꿈이(갈루아 장군이 주장한 최소의 핵심 전력론).[9]

클라우제비츠가 보기에, 정치적 국가[정부]는 일찍부터 "[군사력의] **완전한 폭발**을 막는 **비전도성 차단벽**"[10]이었다. 군사 계급이 지닌 야망의 본질은 원자력이 가져온 상황이 투영되어 있는 듯한 이런 언급에서 완벽하게 드러난다. "[장군이자 국가의 수장인—지은이] 보나파르트는 전쟁을 신속하고 무자비하게 절대적 전쟁의 수준으로 끌어올려 놓았다. 그는 적이 굴복할 때까지 **쉴새없이** 전쟁을 수행했다. 적의 반격도 이와 거의 동일한 에너지로 쉴새없이 일어났다. 이런 전쟁 현상에 대한 엄격한 추론을 통해서 우리가 **전쟁의 순수 개념**으로 회귀하는 것

---

9) 프랑스의 전략이론가 갈루아(Pierre-Marie Gallois, 1911~)가 드골에게 제안한 중급핵국가론(中級核國家論)을 말한다. 이 이론은 프랑스의 핵무장과 그에 따른 재래식 상비군의 축소를 골자로 했다.
10) 클라우제비츠, 「제2장 : 절대적 전쟁과 현실적 전쟁」(제3부 8편), 『전쟁론』, 369쪽.

은 당연하고 필연적이지 않은가?"[11] 역학적 능률은 국가기계의 중요한 특성이다. 그리고 질주학적 진보의 최종 단계인 핵 국가는 전략 계산기(컴퓨터)의 도움을 받아 이 개념의 응집력을 보증할 수 있게 됐다. 최후의 군사적 프롤레타리아트, 즉 공화국의 대통령이자 이제 곧 사라져 버릴 군대의 최고사령관인 인물의 의지 없는 신체는 이 궁극적인 전쟁기계에 직면해, 그리고 이 전쟁기계에 탑승해 본의 아니게 정지하게 됐다. 대통령의 신체는 머나먼 옛날, 양측의 포화 한가운데에 놓이게 된 징집 병사의 신체와 닮아 있다. 그가 마지막으로 취할 수 있는 행동은 또다시 습격이 될 수밖에 없을 것이다.

---

11) 클라우제비츠, 같은 책, 370쪽.

비 상 상 태

미국이 실시한 최초의 수소 폭탄 실험(태평양, 1954년 4월 1일)

1848년 J. F. 풀러 소장은 루크레티우스의 말을 살짝 바꿔 이렇게 썼다. "오늘날 태양 아래에서 숨을 쉬고 있는 모든 동물들이 종족을 보존할 수 있게 된 것은 자신들의 명민함, 아니면 용기, 아니면 속도 덕택이다. 그렇지만 우리 앞에 원자력 에너지의 시대가 열리게 된 이제부터는 이 세 가지 본질 중에 속도가 최우선시될 것이다." 이 전쟁[핵을 사용한 제2차 세계대전]이 독특한 이유는 바로 이처럼 결정적인 가속화를 분명히 보여줬다는 데 있다(『사막의 스크린』).

> 속도는 전쟁의 정수(精髓)다.
> ― 손자[1]

거리[간격]의 축소는 곧 공간의 부정이기에, 그 경제적·정치적 귀결을 좀체 측정할 수 없는 전략적 현실이 되어가고 있다.

일단 **시간을 확보하기 위해서 지형을 포기**해버릴 경우, 군사 기동은 아무 의미도 없게 된다. 오늘날, 시간을 획득한다는 것은 전적으로 벡터의 문제이다. 그동안 영토는 발사체 때문에 그 중요성을 점점 잃어왔다. **실제로, 속도의 비-장소성**[즉, 속도를 통해서 장소에 구애받지 않게 된 상황]**이 지닌 전략적 가치는 장소의 전략적 가치를 결정적으로 대체해왔다.** 그리고 시간의 소유라는 문제는 영토의 전유라는 문제로 되살아났다. 알프레드 베게너가 묘사한 영토의 운동과 상당히 흡사하게 지리적 축소가 발생하게 되자, 이항적인 '불의 운동'이 새로운 의미를 얻게 됐

---

[1] 원문은 "兵之情主速"으로서, 그 뜻은 "용병을 하는 데 있어 주안점은 속도에 있다"이다. 이 구절은 『손자병법』(孫子兵法) 제11편 「구지」(九地)의 두번째 절에 나오는 말로서, 손자의 용병법을 압축해 표현한 구절이라는 평가를 받는다. 다음을 참조하라. 손자, 김광수 옮김, 『손자병법』, 책세상, 1999, 350쪽.

다. 운동과 운송장치에 **침투**할 수 있는 불의 능력과 불의 **파괴** 능력을 구분하는 것이 '적합성'을 잃게 된 것이다.* 초음속(항공기, 로켓, 방송 전파)의 벡터가 등장함으로써, 침투와 파괴는 하나가 되어갔다. 먼 거리에서 어떤 행동을 즉각적으로 수행할 수 있다는 것은 곧 준비되어 있지 않은 적을 패배시킬 수 있다는 뜻일 뿐만 아니라 특히 일종의 장(場)이자 거리이며 물질인 세계를 패배시킬 수 있다는 뜻이기도 하다.

즉각적인 침투, 그도 아니면 즉각성에 근접해가는 침투는 주변 공간의 조건[상황]을 즉각적으로 파괴할 수 있게 됐다. 운송장치의 작동(정확성, 사정거리, 속도)이 점점 더 가속화되면서 오늘날에는 공간-거리에 이어 시간-거리까지 사라지고 있기 때문이다.

이때부터 이항적인 **불의 운동**은 내파(內破)와 외파(外破)라는 이중 운동을 지시하기 위해서만 존재하게 됐다. **내파의 힘**은 저 옛날부터 존재했던 음속 미만의 운송장치들(교통 수단, 발사체)이 지녔던 침투 능력을 되살려 냈으며, **외파의 힘**은 고전적인 분자적 폭발의 파괴 능력을 부활시켰다. 이 역설적인 원인, 즉 **외파와 내파의 동시 발생**에 의해서, 새로운 전쟁기계는 이중의 사라짐을 결합했다. **핵분열 속에서 이뤄진 물질의 사라짐과 운송적 절멸을 통해 이뤄진 공간의 사라짐**을. 그렇지만, 우리는 견제[핵 억지력]를 통해 평화적 공존이라는 균형이 이뤄지고 있는 상황 속에서, 물질의 분열은 끊임없이 지연되고 있지만 거리의 소멸은 그렇지 못하다는 점을 지적해야만 한다. 반세기가 조금 안 되는 사이

---

*Alfred Wegener, *La genèse des continents et des océans. Théorie des translations continentales*, Paris : Librairie Nizet et Bastard, 1937. 이 책은 독일에서 나온 제5판을 옮긴 책이다.

에, 지리적 공간은 신속함이 증대될 때마다 계속 줄어들었다. 1940년대 초까지도 군함의 '공격 능력'이 **노트**로 계산됐다면, 1960년대 초부터는 **마하**로, 즉 1시간당 몇 천 킬로미터라는 식으로 신속함이 측정됐다. 게다가 최근에 실시되고 있는 고에너지 연구 덕택에 우리는 곧 레이저 무기의 등장과 더불어 빛의 속도에 도달하게 될 것이다.

"전략은 우리가 힘을 기울여야 할 지점들을 선택하는 것을 의미한다"[2]라고 레닌이 주장하긴 했지만, 우리는 이제 이 '지점들'이 더 이상 **지정학적 거점**이 아니라는 사실을 받아들여야만 한다. 왜냐하면 오늘날 우리는 어떤 주어진 지점에서 다른 어떤 지점으로도 극히 짧은 시간에, 몇 미터 안팎에까지 도달할 수 있기 때문이다. 우리는 **지리적 국지화**가 분명히 그 전략적 가치를 잃었으며, 거꾸로 그만큼의 가치가 벡터, 즉 영구적인 운동 중에 있는 **벡터의 탈국지화**에 부여됐다는 점을 인정해야만 한다. 그 운동이 공중이나 땅 위에서 이뤄지든, 물밑이나 지하와 같은 곳에서 이뤄지든 그것은 문제가 되지 않는다. 이제 중요한 것은 이동하는 신체의 속도, 그리고 그 경로를 들키지 않는 것뿐이다.

---

2) 비릴리오가 착각을 한 듯하다. 이 말을 한 것은 레닌이 아니라 그람시이다. "전략적 우위성이란……자신들의 군사력을 '여기저기 그때 그때마다' 가장 위험한 지점으로 기동시키고 집중시킬 수 있는 능력에 근거한다." 안토니오 그람시, 이상훈 옮김, 『그람시의 옥중수고 1』(정치편), 거름, 1999, 271쪽. 레닌이 한 말 중 (내가 찾아본 바로는) 이와 가장 비슷한 말은 레닌이 1902년 8월 1일과 9월 1일에 걸쳐 『이스크라』(*Iskra*, 제23/24호)에 기고했던 글에 실려 있다. Vladimir Ilyich Lenin, "Revolutionary Adventurism", *Collected Works*, Vol. 6, Moscow : Progress Publishers, 1964, p. 195. 레닌은 이 글에서 볼셰비키는 "원칙적으로 폭력과 테러리즘을 거부하지 않는다"라는 유명한 말을 남기기도 했는데, 곧바로 본문에 인용된 것과 '비슷한' 말을 덧붙였다. "우리는 대중들의 직접적인 참여를 가져오고 그런 참여를 보장할 수 있도록 **주도면밀하게 계획된 한에서**, 이런 형태의 폭력을 준비해야 한다고 주장한다"(강조는 인용자).

기계화된 무력 운동의 전쟁이 등장한 이래로, 우리는 **브라운 운동**[3] **식의 전략**, 즉 전략지정학적으로 지구를 균질화해 수행됐던 고대의 인민 전쟁이나 지리적 전쟁을 부활시킨 시간적·진자(振子)운동적 전쟁에 도달하게 됐다. 이런 균질화는 이미 19세기 때부터 알려졌는데, 특히 영국인이었던 머킨더의 '세계-섬' 이론에 의해서 알려졌다. 이 이론에 따르면 유럽, 아시아, 아프리카가 단일한 대륙으로 조직되면 아메리카에 손해를 입힐 수 있게 된다.[4] 이 이론은 오늘날 국지화가 실패한 나머지 거의 달성된 것처럼 보인다. 그렇지만 우리는 단지 벡터적 활동의 영향 때문에 전략지정학적 지점의 중요성이 사라진 것은 아니라는 점을 지적해야만 한다. 해양 제국주의와 대기(大氣) 제국주의가 이런 균질화를 추구하고 결국 획득하게 된 이래로, **공간을 전략적으로 축소화**하는 것은 시대의 명령이 됐기 때문이다.

1955년, 샤생 장군은 이렇게 말했다. "지구가 둥글다는 사실은 군

---

3) Brownian Movement. 1827년 영국의 식물학자 브라운(Robert Brown, 1773~1858)이 발견한 현상으로서, 액체나 기체 안에 떠다니는 미소 입자의 불규칙한 운동을 말한다. 물체가 어느 정도의 크기를 가지는 경우에는 주변에 있는 액체 분자의 충돌이 개개로는 불균등할지라도 통계적으로는 균등화되므로 물체를 움직이지 않으나, 그 물체가 미크론 단위의 미소 입자가 되면 충격의 불균형이 커져 운동의 형태를 취하게 되는 현상이다. 1905년 아인슈타인이 이론적으로 입증해 유명해졌다. 비릴리오는 가타리가 말하는 '분자 혁명'과 비슷한 개념으로 이 표현을 쓴 듯하다.

4) Theory of World-Island. 영국의 지정학자 머킨더가 『지리학 저널』(*Geographical Journal*, 제23권)에 발표한 논문 「역사의 지리적 중심」(The Geographical Pivot of History, 1904)에서 제기한 주장. 1904년 1월 25일 왕립지리학협회에서 행한 강연 내용을 정리한 이 글에서 머킨더는 유럽과 아시아를 하나로 합친 '유로-아시아'(Euro-Asia)를 '세계-섬'이라고 상정한 뒤, 이곳 '핵심부'(Heartland, '주축 지역'(Pivot Area))의 북쪽 지역인 동유럽(특히 러시아)를 정복하는 세력이 세계를 지배할 수 있다고 주장했다. 이 논문은 다음에 재수록됐다. Halford John Mackinder, *Democratic Ideals and Reality : A Study in the Politics of Reconstruction*, London : Constable & Co. Ltd., 1919. 제7장 '각주 32번' 참조.

사적 관점에서 충분히 연구되지 않았다." 이때부터 지금까지 이런 연구가 진행되어 왔다. 그렇지만 무기 탄도학이 발전하면서, 지구는 계속 줄어들었다. 이제 지구는 더 이상 한 덩어리로 뭉쳐지게 될 대륙이 아니라, 군비 '경쟁'이 진척되어 가는 리듬에 맞춰 점점 축소되는 행성이 되어 가고 있다. 매우 이상한 일이긴 하지만, 지각을 이루는 여러 판(板)이 움직인다고 말한 지구물리학자 베게너와 대지가 전략지정학적으로 융합되고 있다고 말한 머킨더의 논의에서 모두 엿볼 수 있는 대륙의 이동은 세계가 대지적으로나 기술적으로 수축되어 가고 있는 현상(오늘날 인공적으로 조성된 위상학적 우주에 침투해 들어갈 수 있도록 해주는 현상)에 길을 내줬다. 즉, **지구의 모든 표면에 직접적으로 접촉할 수 있게 된 현상**에 말이다.

고대에 벌어졌던 도시들 간의 대결, 민족들 간의 전쟁, 해양 제국들과 대륙 열강들 간의 끊임없는 분규는 전대미문의 대립적 상황, 즉 **모든 국지성**[국지적 장소]**과 모든 사건이 나란히 놓이게** 되는 상황에 길을 내주면서 어느날 갑자기 모두 자취를 감춰버렸다. 이 행성 전체가 '임계량 (臨界量)[5]' 즉 접촉 시간이 극도로 축소된 나머지 생겨난 침전물, 엊그제까지만 해도 거리라는 완충물(이 완충물은 갑자기 시대착오적인 것이 되어버렸다)에 의해 분명히 구분됐고 분리돼 있었던 장소와 요소들이 두렵기 그지없는 마찰을 빚어내는 곳에 지나지 않게 되어버렸다. 1915년에 출판된 『대륙과 대양의 기원』에서, 알프레드 베게너는 이렇

---

5) Masse Critique. 핵분열 물질이 연쇄 반응을 일으킬 수 있는 최소의 질량('임계 질량')을 말한다. 좀더 정확히는 핵분열에서 발생하는 중성자와 흡수·누설로 없어지는 중성자가 평형을 이뤄 연쇄반응이 원활하게 지속되는 상태를 말한다.

게 말했다. [각 대륙이] 서로 연결될 수 있다는 사실을 고려해보건대, 틀림없이 애초부터 **지구는 단 하나의 표면만을 가졌을 것**이라고, 그리고 지구는 머지 않아 오직 단 하나의 경계면만을 가지게 될 것이라고.

따라서 만약 대립이나 지각 변동의 양식이 그 본질적인 부산물로 속도를 등장시킨 것이라면, 사실상 현재의 '군비 경쟁'은 **거리, 다른 말로 하자면 행동의 장으로서의 세계에 종말을 가져오는 쪽으로 나아가는 '경쟁의 군비화**'에 불과할 것이다.

억지력[특히, 핵 억지력]이라는 용어는 이런 상황, 즉 무장을 통해 이뤄지는 보호를 무기 자체가 대체하게 된 상황의 애매함을 보여주고 있다. 공격할 수 있는 능력, 또는 공격 자체는 전략 무기의 '외파적' 특성을 확실히 방어해낼 수 있지만 벡터의 작동에서 나오는 '내파적' 특성까지 모두 막아낼 수는 없다. 믿을 만한 '공격력'을 유지하려면 역으로 엔진의 힘, 다른 말로 지리적 공간을 아무것도 아닌 것으로 또는 거의 아무것도 아닌 것으로 만들 수 있는 능력을 끊임없이 개량할 필요가 있기 때문이다. 바로 이런 상황에서 애매함이 등장하게 되는 것이다. 사실상, 속도의 맹렬함이 없다면 무기의 맹렬함도 그다지 두려워할 만한 것이 못 된다. **따라서, 오늘날 무장 해제는 무엇보다도 제일 먼저 감속을 의미한다.** 즉, 종말을 향한 경쟁을 진정시키는 것이다. **이런 경쟁의 속도**(서로를 파괴할 수 있는 수단의 속도)**를 제한하지 않는다면, 그 어떤 조약도 전략 무기를 제한하지 못할 것이다.** 이제부터 전략의 본질적인 목표는 그 자체만으로도 1초를 몇 등분으로라도 쪼갤 수 있도록 해주는 수단, 게다가 행동의 자유를 확보하는 데 없어서는 안 될 수단을 통해서 가능해진 일반적 탈국지화의 비-장소성을 유지하는 것이기 때문이다. 풀러 장군이 다음과 같이 적어놓은 것처럼 말이다. "전투를 하던 사람들이 서로 투창을 던지며 싸웠던 시대에 이 무기의 속도는 상대방이 그 궤적을 뚜렷이 볼 수 있고, 자신의 방패로 그 무기의 효력을 받아넘길 수 있을 정도밖에 안 됐다. 그렇지만 투창 대신 탄환이 쓰이자마자, 무기의 속도가 엄청나게 빨라져 받아넘기는 것이 도저히 불가능해졌다." 이제 자신의 신체를 살짝 움직여 이런 무기를 피하는 것은 불가능해졌다. 그렇지만 무기의 사정 범위를 벗어난다면 전혀 불가능한 것도 아니었다. 예컨대 방패 뒤에 숨지 않고 참호에 들어가 엄폐하면, 간단히 말해서 공간과 물질을 활용한다면 그것도 가능했다.

오늘날에는 습격이 초음속의 속도로 이뤄져 경계 경보를 울리기까지의 시간이 단축됐기 때문에 [적의 공격에 맞서] 탐지, 확인, 응수할 시간이 거의 없다. 그래서 기습 공격을 받을 경우, 최고 권력자는 요격 미사일을 발사할 수 있는 방어 체계의 가장 낮은 단계[방어 체계의 단계가 낮을수록 위급한 상황이다]를 서둘러 승인하는 식으로, 최종 결정을 내릴 수 있는 자신의 권위를 포기해야 할 위험에 처할 수밖에 없다. 따라서 두 정치적 초강대국[미국과 구소련]은 요격 미사일 방어 체계를 동시에 포기한다는 협상을 통해서 이런 상황을 피하고 싶어했다.

공간이 부족해진 상황에서 적극적인 방어를 하려면, 최소한 개입할 수 있는 시간이 필요하다. 그런데 상호 파괴의 수단이 가속화되면 이 시간이라는 '군수품'이 사라져버린다. 따라서 이제 남은 것이라고는 핵무기가 지닌 메카톤급의 폭발력에 맞서 스스로의 힘을 증강하기보다는 지속적이고 예측할 수 없으며 상궤를 벗어난 운동, 그렇기 때문에 전략적으로 효율적인 일련의 운동을 통한 수동적인 방어밖에 없다. 적어도 당분간은 그럴 수밖에 없으리라. 실제로, 오늘날의 전쟁은 전적으로 시간과 공간의 제약에서 얼마나 벗어날 수 있느냐에 좌우된다. 우리가 지금까지 살펴봤듯이, 끊임없이 성능을 향상시키며 벡터를 복잡화한 **기계화된 기동**이 오늘날 특정 지형에서의 **전술적** 기동을 완전하게 대체할 수 있었던 이유가 바로 여기에 있다. 에이레 장군도 『무기의 역사』 서두에서 이 점을 지적한 바 있다.[6] 그의 언급에 따르면, **군비 프로그램은 전략의 본질적 요소 중 하나로 정의되고 있다.** 고대의 재래식 전쟁에서는 전장에서의 군사 기동이 논의됐다. 물론 오늘날에도 군사 기동은 존재한다. 그러나 '전장'은 더 이상 필요 없게 됐다. 즉각적인 침략이 영토의 침략을 대신하게 된 것이다. 이제 초읽기는 전투에서 볼 수 있는 흔한 장면, 마지막 한계가 되어버렸다.

세균이나 측지(測地), 그도 아니면 기상관측의 측면에서 전개되는 전쟁은 두 적대 블록[미국과 구소련]에 의해서 쉽사리 금지될 수 있다. 실제로, 전략무기 제한협정(SALT-1)에서 문제가 된 것은 더 이상 파괴력이 아니었다. 그보다는 오히려 벡터, **핵 누출의 벡터**가 문제시됐다. 좀더 정확히 말하자면 핵의 운용이 문제시된 것이다. 그렇게 된 이유는 간단하다. (분자나 핵의) 외파로 인한 돌풍이 해당 지역을 도저히 살 수 없는 곳으로 만들어버린다면, (운송장치와 벡터의) 내파로 인한 돌풍은 반응 시간과 정치적 결정을 내릴 시간을 즉각 무용하게 만들어버리기 때문이다. 만약 30년 전부터 핵으로 인한 외파가 **공간을 둘러싼 전쟁의 주기를 완성했다면,** 20세기의 끝 무렵에는 (영토에 대한 정치적·

---

6) Charles Ailleret, *Histoire de l'armement*, Paris : PUF, n° 301, 1948.

경제적 침투를 능가하는) 내파가 **시간을 둘러싼 전쟁**의 개시를 알렸다. 적대감이 전혀 표명되지 않는 완전히 평화로운 공존 상태에서, 아마도 또 다른 형태의 교전이 일어나지는 않을 것이라고 확신되던 상황에서, 신속함이 우리를 이 세계에서 해방시켜줬다. 우리는 사실을 직시해야만 할 것이다. 오늘날 속도는 전쟁이라는 사실을, 그것도 최후의 전쟁이라는 사실을 말이다.

그렇지만 일단 1962년으로, 쿠바 미사일 위기(1962년 10월 22일~11월 2일)라는 중요한 사건으로 되돌아 가보자. 이 당시에 두 초강대국은 전쟁을 선포할 것인가 말 것인가를 **15분** 내에 결정해야 했다. 미국의 입장에서 보자면, 카스트로의 섬에 장착될 러시아의 로켓은 곧 이 시간이 **30초**로 줄어든다는 위협과도 같았다. 케네디 대통령은 무조건적인 거부가 가져올 모든 위험에도 불구하고, 도저히 이런 상황을 받아들일 수 없었다. 우리는 사태가 어떻게 돌아갔는지 잘 알고 있다. 결국 양국 간에 **직통전화선**(핫라인)이 개통되어, 양국의 수장이 상호 연결된 것이다!

이로부터 10년이 지난 1972년, 즉 통상적인 경보발령 대기시간이 몇 초(탄도미사일의 경우에는 19초, 그리고 위성 무기의 경우에는 단 2초)로 낮춰진 바로 그때에, 닉슨과 브레즈네프는 모스크바에서 첫번째 전략무기 제한협정에 서명했다. 사실상, 이 협정은 (적군/상대방이 주장하듯이) 무기의 양을 제한한다기보다는 '인간의' 정치적 능력을 보존한다는 목적을 갖고 있었다. 그도 그럴 것이, 신속함이 끊임없이 발전된 나머지 핵전쟁을 선포할 것인가 말 것인가를 결정할 수 있는 시간이 오늘 내일 안에 **숙명의 단 1초**로 줄어들 위험이 있었기 때문에, 그래서 결국 간편하게 완전 **자동화**된 방어 체계가 국가 수장의 성찰 능력과 결정 능력을 박탈해버릴 위험이 있었기 때문이다. 그 이래로 교전 여부의 결정은 전략컴퓨터 프로그램의 일부가 되어버렸다. 그 파괴 능력(핵미사일이 장착된 잠수함 한 대만으로도 5백 개의 도시를 파괴할 수 있다)으로 말미암아 **총력전의 등가물이 된 뒤**, 전쟁기계는 전략 계산기의 반사 작용 덕택에 곧 전쟁 여부를 결정하는 당사자가 되어버렸다. 그렇다면 억지력을 행사하는 데 있어서 '정치적' 이성에게는 도대체 무엇이 남게 될 것인가? 1962년 당시, 드골 장군으로 하여금 대중들이 보통 선거를 통해서 공화국 대통령을 선출하도록 만들겠다고 결심할 수밖에 없었던 이유들 가운데 하나가 억지력에 대한 신뢰였다는 점, 그리고 국민 투표를 통해서 정당성을 확보하는 것이야말로 이 억지력에 필요한 기본 요소였다는 점을 상기해보자.[7] 억지력이 자동화된 상황에서 결국 남는 것은 무엇일까? 결정이 자동화된 상황에서,

공간의 전쟁이 가져온 **포위 상태**가 시간의 전쟁이 가져온 **비상 상태**로 뒤바뀌는 데에는 고작 몇십 년밖에 걸리지 않았다. 이 기간 동안, 정치인들이 이끌던 정치적인 시대는 국가장치에 의한 비정치의 시대로 대체됐다. 이런 체제의 등장에 직면해, 이 시간적 현상 뒤에 뭔가가 있는 것은 아닐까 의심해보는 것도 현명한 일이리라. 20세기가 저물어 갈 무렵부터, **유한한 세계의 시간은 종말을 맞이하게 됐다**. 이제 우리는

---

[7] 드골은 『칼날』(*Fil de l'épée*, 1932)이라는 저서에서 "힘은 인민에 대한 법률을 만들고, 그 운명을 지배한다", "국가 방위의 광휘(光輝) 없이는 정치가의 위대한 광영(光榮)도 존재하지 않는다"라고 말했는데, 훗날 드골주의에 골자가 되는 이런 주장에 의거, 드골은 1962년 핵무기 강화를 중심으로 하는 군비의 현대화를 통해서 프랑스의 국제적 지위 향상을 도모했다. 제8장 '각주 9번' 참조.

쿠바 미사일 위기 대책회의(워싱턴, 1962년 10월 15일)
민주주의란 정확히 무엇인가? 그것은 나누는 것이다. 무엇을 나누는가? 의사결정을 나누는 것이다. 그러나 동시대의 사회에서는 의사결정이 놀랄 만큼 짧은 시간의 한계 속에서 이뤄진다. 운송 수단과 전송 수단의 혁명이 민주적인 통제를 넘어서는 속도로 의사결정이 이뤄지게 만들었기 때문이다. [기계적 습격과 더불어 등장한] 상대적 속도 대신에 [핵무기의 등장과 더불어 등장한] 절대적 속도가 사용됨으로써 민주주의의 본질 자체가 위협받고 있는 것이다(『비릴리오와의 대화』).

IV. 비상 상태 253

한편으로 **자동화**에 세례를 베풀면서, 다른 한편으로는 역설적이게도 **행동이 축소화**되기 시작한 시기를 살아가게 된 것이다. 앤드류 스트래톤은 이렇게 쓴 바 있다.

"우리는 흔히 자동화가 인간의 오류 가능성을 없애준다고 믿는다. 사실을 말하자면, 자동화는 오류 가능성이 행동 단계에서가 아니라 구상 단계에서 발생하도록 만들어놓았을 뿐이다. 오늘날 우리는 위험하기 그지없는 몇 초의 착륙시간 동안 조종사가 직접 통제하는 것보다 자동장치로 유도하여 비행기를 착륙시키는 것이 훨씬 사고의 위험이 적은 정도에 이르렀다. 사람들은 앞으로 핵무기가 자동적으로 통제되는 전례 없는 단계, 즉 인간이 결정을 내릴 때보다 오류의 여지가 훨씬 줄어들 단계에까지 이를 수 있을지 궁금해 할 것이다. 그렇지만, 이런 진보의 가능성은 이 체계에 개입할 것인가의 여부를 인간이 결정할 수 있는 시간을 훨씬 축소시키거나 완전히 없애버릴 위험이 있다."

뛰어난 지적이다. 요새화된 도시와 갑옷이 사라진 이래로 시간이 단축되고 영토적 공간이 소멸되어 가자, 이전과 이후라는 관념은 즉각적인 결정을 통해서 '현재'를 사라져버리게 만든 전쟁 형태의 과거와 미래를 지칭하게 됐을 뿐이다.

따라서, 상상의 능력보다는 예상의 능력이 궁극적인 능력일 것이며, 바로 그렇기 때문에 통치한다는 것은 예견하고 모의 실험을 해보고 그 실험을 기억한다는 것과 **다름없을** 것이다. 오늘날 '연구소'가 궁극적인 능력의 청사진, 곧 유토피아의 능력을 지닌 것처럼 보이게 된 것도 이 때문이다. 물질적 공간의 상실은 시간 외에 어떤 것도 통치할 수 없는 상황을 가져왔다. 결국, 각 벡터에서 어렴풋이 나타난 **시간부**

(Minstére du Temps)는 가장 거대한 운송장치의 규모로, 즉 **국가-벡터**로 완성될 것이다. 토지와 지역을 분배하던 지리학적 역사는 시간이 **단일하게 통합**됨으로써 완전히 끝날 것이다. 그리고 '기상학'(氣象學) 이외에는 권력과 견줄 만한 것이 아무것도 없게 될 것이다. 그리고 이 불확실한 허구 속에서 속도는 갑자기 숙명, 일종의 진보 형태, 다시 말해서 각각의 속도가 시간의 '현'(縣)[하부지역] 같은 것이 되는 '문명'이 되어버릴 것이다.

머킨더가 말했듯이 압력은 늘 똑같은 방향으로 가해진다. 오늘날에는 사물과 장소를 즉각적으로 **전환**시키는 것이 지정학의 단일한 방향이다. 포슈가 주장했듯이, 전쟁을 떠올릴 때 화약이 폭발할 미래, 즉 '화염이 들끓을 장소'를 떠올리는 것은 잘못된 일이다. 전쟁은 언제나 운동의 장소, 즉 속도를 생산해내는 장소였으니까. 억지력이 등장함으로써 **기계를 활용한 돌파**, 운동을 둘러싼 전쟁의 마지막 형태인 이 돌파는 **분리**될 수 있는 것과 **구별**될 수 있는 것을 모두 없애버렸다. 그리고 이런 무차별성은 정치적 맹목성과도 일치한다. 우리는 1959년 1월 7일에 드골 장군이 발표한 법령, 평시와 전시를 더 이상 구분할 수 없게 만들어버린 이 법령을 통해서도 이 점을 확인할 수 있다.[8] 더군다나 이와 똑같은 시기에, 전쟁 기간은 몇 년에서 며칠로, 심지어는 몇 시간으

---

8) 1959년 1월 7일과 9일, 드골은 제5공화국의 대통령으로 선출된 뒤 소득분배 정책과 알제리 민족자결 정책을 연달아 발표했다. 드골이 취임하던 때는 알제리와의 전쟁이 내전의 양상을 띨 정도였는데, 드골은 후자의 정책을 통해 알제리와의 분쟁을 평화적으로 해결하고 전자의 정책을 통해 자국 노동자들을 안심시켜 프랑스 경제를 부흥시키려 했다. 특히 '결과에의 참여'(1960~1986), '자본에의 참여'(1986~1998), '의사결정에의 참여'(1998~현재)로 이어진 드골의 소득분배 정책은 프랑스의 경제를 안정시켰을 뿐만 아니라, 다른 유럽 국가들의 모델이 되기도 했다. 본문의 맥락으로 보건대 비릴리오는 후자의 정책을 말하는 듯하다.

로 줄어들었다. 비록 이 법칙을 승인하기 전에 베트남이라는 예외적인 사례를 염두에 둬야 하겠지만 말이다. 1960년대에는 또 다른 변화가 찾아왔다. **전시에서 평시의 전쟁으로**, 즉 사람들이 아직까지도 '평화 공존'이라고 부르는 **총력적 평화로의** 이행이 그것이다. 상호파괴 수단의 속도가 맹목적이라고 해서 지정학적 예속 상태에서 해방됐다는 말은 아니다. 그보다는 정치적 행위가 자유롭게 이뤄지는 장으로서의 공간이 절멸됐다는 말이다. 치명적이기 이를 데 없는 추진력을 보려면 철도, 항로, 자동차 도로 등의 하부구조가 가하는 통제와 제약을 참조할 필요가 있다. 속도가 빨라질수록, 자유도 그만큼 빨리 줄어들기 때문에 어쩔 수 없었으리라. 결국, 기계 장치의 자가-추진력은 자동화의 자기 충족성을 수반하게 됐다. 실시간 행동이 필요한 상황이 오게 될 경우, 정치 분야에서는 경주용 자동차의 운전사가 자신의 움직임이 치명적인 파국을 불러올지도 모른다는 가능성을 경계하지 않을 때 일어나는 일이 곧바로 재현된다.*

일례로, 위기 상황을 살펴보자. "1967년 6일 전쟁[제3차 중동 전쟁 (6월 4일~9일)]이 발발했을 때 존슨 대통령은 한 손으로는 제6함대를 지휘하고, 또 한 손에는 핫라인을 든 채 백악관을 지휘하고 있었다. 이스라엘이 미국의 정찰선 리버티 호를 공격해 제6함대의 항공 모함 중 한 대가 개입할 수밖에 없는 상황이 오자마자 양측 사이의 연결은 필수 불가결해졌다. 모스크바는 워싱턴과 마찬가지로 레이더 스크린에

---

* 통제의 측면에서 보자면, 실시간이란 '시간적 장'(champ temporel)의 내부에서 인지, 결정, 행동이 서로 영향을 주고받게 되는 작용을 뜻한다.

잡힌 모든 블립〔전자 형태로 표시되는 영상〕을 세심하게 확인했다. 러시아인들이 항로를 바꿔 집합한 비행선단의 행위를 공격 행위로 해석하지 않을까? 바로 이런 상황에서 핫라인이 필요하다. 워싱턴은 핫라인을 통해서 이번 작전의 이유를 모스크바에 곧바로 설명했고, 모스크바는 이 설명에 수긍했다"(하비 휠러).[9]

이렇듯 실시간으로 이뤄지는 전략적·정치적 행위의 사례를 보자면, 사실상 국가의 수장은 '최고 키잡이'이다. 그렇지만, 인민들의 역사적 지도자들이 보여줬던 뛰어난 자질은 겨우겨우 자신의 기계를 조종하는 무미건조하고 평범하기 이를 데 없는 '시험 조종사'의 조종술에 길을 내주게 되었다. 이런 '위기 상황'이 지난 뒤 수십 년이 흘렀고, 그 사이에 군비 경쟁은 정치적 안전의 여백을 훨씬 더 좁혀버렸다. 그래서 우리는 인간이 적절하게 정치적 행위를 수행할 가능성이 '비상상태' 속에서 사라져버리게 될 임계점(臨界點)에 훨씬 더 가까이 다가서게 됐다. 컴퓨터 시스템, 그리고 전략과 정치의 현대적 계산기 등이 상호 연결된 탓에 아마도 정치인들 간의 전화통화가 중지될 그런 지점까지 말이다(대공 미사일과 비행기가 마주칠 수 있는 궤도를 산출해내는 일련의 복잡한 방정식을 푸는 것이 컴퓨터가 수행한 최초의 임무였다는 사실을 상기해보라).

여기에서 우리는 '수륙양용 세대'를 탄생시킨 요소들이 서로 충돌하는 무시무시한 광경을 보게 된다. 즉, **정보의 즉각성이 즉각적으로 위기를 야기하게** 될 만큼 두 행위 당사자들이 극도로 근접하게 됐으며,

---

9) Harvey Wheeler and Eugene Burdick, *Fail-Safe*, New York : Dell Pub. Co., 1962.

행위의 축소화가 이성 능력을 연약하기 그지없게 만들어버린 것이다. 특히, 후자의 경우는 행위가 벌어지는 장으로서의 공간이 축소된 결과이기도 하다.

컴퓨터 키보드 위에서의 미세한 운동, 그도 아니면 보호용 테이프로 감싼 폭탄 상자를 휘두르는 '비행기 공중 납치범'의 운동은 최근까지 상상조차 할 수 없었던 파국적인 사건을 연쇄적으로 불러일으킬 수도 있다. 우리는 무책임한 집단이 핵폭탄을 포획할 위험이 점점 더 높아지고 있다는 점은 물론이거니와, 핵폭탄을 보유하고 있거나 탈취한 자들이 특정한 벡터 안에서 무책임해질 수 있는 위험마저 점점 더 높아지고 있다는 사실을 곧잘 무시하려든다.

1940년대 초에 국경에서 파리까지 가는 데에는 도보로 6일이 걸렸으며 자동차로는 3시간, 비행기로는 1시간이 걸렸다. 오늘날에는 어디에서든지 몇 분 안에 파리까지 도착할 수 있으며, 어떤 지점에서 그 지점의 끝까지도 몇 분 안에 갈 수 있다. 따라서 몇 년 전부터 존재해왔던 경향, 즉 (쿠바 미사일 위기 때처럼) 자신이 지닌 파괴 수단을 적의 영토에 좀더 가까이 **가져가려던** 경향이 역전됐다. 오늘날에는 지리적 제약에서 벗어나는 것, 벡터의 진보를 가져올 뿐만 아니라 그 범위를 확장시킬 **퇴각**의 운동이 진행되는 경향이 있다(미국의 잠수함에 장착된 신형 미사일 트라이던트가 좋은 예가 될 것이다. 포세이돈 미사일의 사정거리가 4~5천 킬로미터였던 반면에, 트라이던트 미사일의 사정거리는 8천~1만 킬로미터에 이른다[10]).

따라서 (미국과 구소련의) 상이한 전략 핵 부대들은 더 이상 목표물인 대륙의 지역을 정찰할 필요가 없게 될 것이며, 이제부터 자신들의 영토 내에 숨어 있을 수 있게 될 것이다. 이 사실은 이들이 지정학적 형태의 교전을 폐기했다는 점을 확인시켜준다. 측지(測地)를 통한 전쟁이 상대적으로 폐기된 뒤 우리는 미국이 파나마 운하의 통치권을 포기한 것과 같이 전진기지가 폐기되는 광경을 보게 될 것이다. 이 광경이야말로 이 시대, 시간을 둘러싼 전쟁의 시대를 알리는 징후이다.

그렇지만 우리는 이런 전략적 퇴각이 "지형을 포기해 시간을 벌려는" 재래식 부대의 **퇴각**과 더 이상 아무런 공통점이 없다는 점을 지적해야만 한다. 탄도의 벡터 범위가 확장됨에 따라 이뤄진 퇴각 속에서, **사실상 우리는 (고정되어 있거나 이동하는) 전진기지의 공간을 포기해 시간을 번다. 그렇지만, 우리는 우리의 힘을 소진시켜 이 시간을 얻는 것이다.** 적의 힘이 아니라 우리가 지닌 엔진의 수행 능력을 소진시킴으로써 말이다. 왜냐하면 적도 우리와 대칭적으로 지정학적 제약에서 벗어날 것이기 때문이다. **너무 빨리 발전해버린 까닭에 마치 각 당사자들의 병기 자체가 자기 (내부의) 적이 되어버리는 식으로 만사가 진행되는 것이다.** 화기(火器)를 쏜 뒤 반동이 일어나는 것과 마찬가지로, 고성능 탄도의 내파적 운동은 전략 부대의 활동 영역을 축소한다. 실제로 적/상대가 상호파괴 수단을 철수하는 대신에 그 사정거리를 늘린다면, 이런 수단의 최고 속도는 이 수단을 사용할 것인가 말 것인가를 결정할 시간 자체를 완전히 없애버릴 것이다. [군비 경쟁이라는] 이 게임의 당사자들이 요

---

10) '포세이돈 미사일'(Poseidon Missile)은 미 해군의 잠수함 발사탄도미사일로서 1968년 수중발사실험에 성공한 뒤 1971년부터 핵 잠수함에 실전 배치됐다. '트라이던트 미사일'(Trident Missile)은 포세이돈 미사일의 개량형으로서 1982년부터 실전 배치됐으며 유도 장치가 부착됐다(포세이돈은 그리스 신화에 나오는 바다의 신이며, 트라이던트는 포세이돈의 상징인 삼지창[三枝槍]을 뜻한다).

격 미사일로 적의 미사일을 막아낸다는 계획을 1972년 모스크바에서 포기하고 난 5년 뒤부터 이들은 신속함이라는 장점을 폐기한 채 일시적인 이득을 얻기 위해 대륙간 탄도미사일의 보유 대수를 늘려갔다. 양측은 속도가 높아져서 생길 결과, 즉 혁명 이후의 모든 군대에게 **속도의 민첩성**이 가져올 결과를 한편으로는 은근히 기대하면서도 또 한편으로는 두려워하는 듯하다.

오늘날 전략무기 제한협정이 야기한 이 기이한 **역행**에 직면해, 억지력이라는 원칙으로 회귀한 것은 현명한 일이다. 고대의 무기를 투척하든 신형 무기를 발사하든지 간에, 이런 행위의 본질적인 목적은 결코 적을 죽인다거나 적의 재산을 파괴한다는 데 있는 것이 아니다. 오히려 적을 단념케 만드는 것, 다시 말해서 **적의 움직임을 강제로 중단**시키는 것이 그 목적이다. 이런 물리적 운동이 맹렬한 공격의 형태를 띠든, 아니면 공격당하는 측이 공격하는 측을 저지하는 [방어의] 형태를 띠든 간에, "전쟁의 능력은 곧 운동의 능력이다." 중국의 어느 전략가는 이 사실을 다음과 같이 표현했다. "자신들이 원할 때마다, 그리고 원하는 대로 오고갈 수 있으며, 흩어졌다가 다시 결집할 수 있는 군대는 언제나 막강하다."(SE. MA.)[11]

그렇지만 지난 몇 년 동안, 이런 운동의 자유는 적의 저항 능력이나 반격 능력 때문이 아니라 [전쟁에] 사용되는 벡터가 개량된 까닭에 지금까지 방해를 받아왔다. 억지력은 화력의 단계, 즉 외파적 단계를

---

11) 고대 중국의 병법서 가운데 하나인 『사마법』(司馬法, 1책 5편) 아니면, 『사기』(史記)에 손자에 대한 기록을 남긴 사마천(司馬遷, B. C. 145?~86)을 말하는 듯하다. 문맥상으로는 전자가 맞는 것 같은데, 일본어판 옮긴이도 그렇게 옮겨 놓았다.

순식간에 뛰어넘어 벡터의 운동 단계에 도달한 듯하다. 마치 전세계적 차원에서 이뤄지는 전략 게임의 행위자들이 아직까지 완벽하게 숙달하지 못했는데도, 핵 억지력의 최종 단계가 도래한 듯이 말이다. 우리는 여기에서 또다시, 현재의 병참학적 현실을 이해하기 위해 무기의 전략적·전술적 현실로 되돌아가야만 한다. 손자가 말한 대로, "무기는 불길한 징조를 드러내는 도구이다."[12] 무기는 사용되기 이전부터 두려움의 대상, 즉 일종의 **위협**으로서 두려운 것이었다. 무기의 '상서롭지 못한' 성격은 세 가지 요소로 나뉠 수 있다.

- 무기가 창안되고 생산될 때 드러나는 무기 성능의 위협
- 적에게 맞서 무기를 사용한다는 위협
- 인명에 치명상을 입히거나 재화를 파괴하는 등 무기를 사용해서 생긴 결과

불행하게도 뒤의 두 요소는 잘 알려져 있을 뿐만 아니라 오랫동안 탐구되어 왔던 반면에 첫번째 요소, 즉 [새로운] **무기의 창안이라는** (병

---

12) 비릴리오가 착각한 듯하다. 이 말은 손자가 한 말이 아니라, 고대 중국의 병법서 『위료자』 (尉繚子, 1책 31편)를 썼다고 알려져 있는 위료(尉繚, B. C. 212?~280?)가 한 말이다. 서구에서 가장 권위를 인정받은 『손자병법』 번역서 중 하나가 대영박물관 동양 서적 문서부의 부관리인이자 중국학자였던 길즈(Lionel Giles, 1875~1958)가 1910년 영어로 옮긴 판본인데 길즈는 『손자병법』의 "구변"(九變, 제8편) 첫번째 절, 특히 "군주의 명령에는 따르지 않아야 할 명령도 있다"(君命有所不受)라는 부분에서 『위료자』의 위 구절(원문은 다음과 같다. "무기는 해로운 도구이며, 분쟁은 덕 德에 상치되고, 군사 지휘자는 국가의 명을 거부한다")을 인용하고 있다. 아마 이 때문에 본문에 인용된 구절이 손자의 말이었다고 비릴리오가 착각한 듯하다. 물론 손자가 기원전 6세기 인물이고 위료가 기원전 3세기 인물이니 위료가 손자의 말을 그대로 인용한 것일 수도 있으나, 적어도 『손자병법』에는 위 구절이 없다.

참학적으로) **불길한 징조**는 잘 알려져 있지 않다. 그러나, 억지력이라는 문제가 발생하는 단계는 바로 이 단계이다. **적이 신형 무기를 발명하지 못하도록 만들거나, 그 성능을 개선하지 못하도록 막을 수 있을까?** 절대 그럴 수 없다.

따라서 우리는 다음과 같은 딜레마에 처하게 된다.

핵무기를 사용하겠다는 위협(두번째 요소)은 핵무기가 실제로 사용되어 생기는 끔찍함(세번째 요소)을 예방해준다. 그래도 후자와 같은 일이 생길 위협은 계속 남기 마련이며, 그래서 억지력이라는 전략이 묵인된다. 따라서, 우리는 첫번째 요소로 특징지워지는 위협 체계를 개발할 수밖에 없다. 즉, **상호파괴 수단이 새로운 성능을 갖추게 될 것이라는 불길한 징조를 보여주는 것이다.** 간단히 말하자면 이것은 전투 수단을 끊임없이 정교하게 만든다는 것이자 기술을 활용한 돌파, 즉 뛰어난 병참학적 기동으로 전략지정학적 돌파를 대체한다는 것이다. 먼 옛날 우리가 재래식 무기 때문에 운동을 그만두지 못했다면, 오늘날에는 **이 새로운 무기 때문에 군비 경쟁을 그만두지 못한다.** 게다가 그 기술적(질주학적) 논리에 의해서 이 무기는 기하급수적으로 발전하게 되어 있다. 파괴 엔진의 개수가 아니라, 그 엔진의 힘이 증가되는 까닭에(현대의 무기인 로켓 수천 발이 두 차례의 세계대전에서 사용됐던 수백만 발의 발사체에 버금간다는 점만을 생각해봐도 알 수 있다) 전세계적 차원에서 발휘되는 그 엔진의 **성능**이 말이다. 수소 폭탄의 등장과 더불어 무기의 파괴력이 가능성의 한계에 다다를 정도가 되자, 또다시 적의 '병참 전략'은 침투 능력과 무기 활용의 유연성을 높이는 쪽으로 맞춰졌다.

따라서 공포를 통해서 균형을 잡겠다는 것은 전쟁이 산업화되던 시기, 그러니까 불균형이 영속화되고 끊임없이 확대되어갔을 뿐만 아니라 아무런 목적 없이도 새로운 파괴 수단을 발명할 수 있었던 시기에 등장한 순진한 환상에 불과하다. 또 한편으로, 우리는 우리가 이미 생산해낸 것을 마냥 파괴할 수 없을 뿐만 아니라(군사 산업의 '폐기물'은 핵 산업의 폐기물만큼이나 재활용하기가 어렵다), 그런 것들이 [재]출현할 위협마저 피할 수 없다는 사실을 스스로 입증해왔다.

한 마디로 말해서 전쟁은 실행 단계에서 구상 단계로, 즉 우리가 살펴봤듯이 **자동화**라는 특징을 지닌 단계로 이동했다. 새로운 파괴 수단의 출현을 통제할 수 없게 된 까닭에, 억지력은 일련의 자동 현상, 일체의 정치적 선택이 결여된 산업·과학의 역진적(逆進的) 진행과 마찬가지인 것이 되어버렸다. 이 새로운 무기는 '전략적'이 되어갔기 때문에, 즉 공격과 수비를 결합시켰기 때문에, 우리로 하여금 군비 경쟁의 운동을 멈출 수 없도록 만들어버렸다. 그리고 이런 경쟁에서 생산된 '병참학적 전략' 때문에, 우리는 전쟁을 막기 위한 필수 요소로서 파괴 수단을 생산하는 것이 불가피해졌다. 이런 파괴 수단을 생산해야 한다는 불가피성이 또다시 파괴의 불가피성을 불러오는 이 악순환. 오늘날 전쟁기계는 전쟁에 전념할 뿐만 아니라, 적/상대의 자유로운 운동을 박탈함으로써 그들의 주적(主敵)이 되기도 한다.* 어쩔 수 없이 억지력이라는 '명예 없는 고역'에 끌려 들어간 우리의 주인공들은 그때 이래로 '최악의 정치'를, 좀더 정확하게 말하자면 '최악의 비정치'

---

* 핵미사일을 탑재한 전략잠수함 하나가 제2차 세계대전에서 사용된 모든 폭탄을 합쳐놓은 파괴력을 보유한다.

를 수행하게 됐다. 언제가 됐든 전쟁기계가 전쟁 자체를 결정할 수 있도록 만들 수밖에 없는 정치, 그래서 자기 충족성, 즉 **억지력의 자동화**를 완벽하게 충족하도록 만들 수밖에 없는 그런 정치를 말이다.

이렇듯 **억지력**과 **자동화**라는 두 용어가 함축적으로 결합됐다는 점을 눈여겨본다면, 우리는 하비 휠러가 상세히 언급한 바 있던 동시대 군사적·정치적 사건의 구조적 중추를 훨씬 더 잘 이해할 수 있다. "권력 집중은 기술적으로 가능했기 때문에 정치적으로 필수적인 것이 됐다." 이 짤막한 언급은 생-쥐스트의 유명한 금언을 떠올리게 해준다. "인민들이 억압될 수 있는 바로 그때, 인민들은 억압된다."[13] 차이점이 있다면 기술적·병참학적 억압은 더 이상 '인민'에게만 관심을 두는 것이 아니라 '의사결정권자'에게도 관심을 둔다는 데 있다. 옛날만 해도 기동(전쟁 능력과 동등한 것으로 여겨져 왔던 운동 능력)의 자유가 확보되려면 때때로 하급 부대들에게까지 권력이 위임되어야 했지만, 상호파괴 수단이 향상되어 기동의 여지가 축소된 오늘날에는 국가의 수장이 될 유일한 의사결정권자에게 책임이 극도로 집중되어야 한다. 그렇지만 이런 식의 모순은 아직 끝나지 않았다. 이 모순은 군비 경쟁에 따라 새로운 벡터량의 속도로 계속 진행되어, 언젠가 이 최후의 인간〔최종 의사결정권자〕까지 추방할 것이다. 사실상 이 운동은 발사체의 수를 제한하며, 〔다른 누군가와〕 협의할 기회를 빼앗긴 개인의 결정을 아무것도 아닌 것으로, 또는 거의 아무것도 아닌 것으로 만든다. 그리

---

13) M. J. Mavidal et M. E. Laurent, eds., *Archives parlementaires de 1787 à 1860, première série (1787 à 1799)*, 2d, ed., 82 vols., Paris : Dupont, 1879~1913, p. 391.

고 이 기동은 오늘날 우리로 하여금 영토와 전진기지를 버리도록 만들고 있으며, 언젠가 우리로 하여금 정치적 장의 절대적 축소화, 곧 **자동화**를 위해서 유일한 인간의 의사결정까지 폐기하도록 만들 것이다.

만약 프리드리히 대왕이 살던 시기에 **승리한다는 것은 전진한다는 것**이었다면, 억지력의 지지자들에게는 **퇴각**한다는 것, (속도가 대량으로 생산해내는) 특정한 운동량을 **우리가 생각하는 방향과 반대되는 방향으로** 분출해 생기는 제트 엔진의 반동 추진력과 질주학적 진보가 혼동될 만큼 닮게 되는 지점에 인민들과 개인을 남겨둔 채로라도 떠나는 것이 곧 승리였다.

전략 무기를 둘러싼 가상의 제한이 아니라 **전략 자체의 제한**과 동시에 벌어지고 있는 전쟁, 즉 동과 서 사이에서 진행되고 있는 **퇴각**[후퇴]**의 전쟁** 속에서 수소 폭탄의 힘은 운송적 내파의 힘을 증가시키고 있는 경쟁에 필요한 인공적 지평의 기능을 한다. 적들의 **신념에 찬 행동** 때문이 아니라 침투 능력의 진보를 저지할 수 없기 때문에, 전략은 더 이상 **가장 중요한 지식**으로 받아들여질 수 없다. 무기와 수단뿐만 아니라 명령이 지니게 된 자동화라는 성격은 우리의 이성 능력을 거부한다. 따지지 말라! 우리로 하여금 행동과 결정의 자유는 물론이고 구상의 자유까지 억누르도록 만든 억지력이 프리드리히 2세의 이 명령을 완수한다. 무기 체계의 논리는 점점 더 군사적 범위를 빠져나가고 있으며, [해당 체계의] 연구와 개발을 책임진 기술자를 움직여 자기 충족성을 확실하게 확보하려는 쪽으로 나아가고 있다.

2년 전, 알렉상드르 상귀네티는 이렇게 쓴 바 있다. "한 지역의 철도역을 파괴할 수 있는 폭탄을 운반하기 위해 공격용 비행기를 만든다는 생각 자체가 점점 더 불가능해지게 됐다. 예비 부품만 해도 수백만 달러나 되기 때문이다. **이것은 단지 비용당 효과의 문제가 아니다.**" 현실적 전쟁의 논리, 즉 전술 핵무기를 운반할 수밖에 없기 때문에 (공중의) 벡터를 작동하는 것 자체가 자동적으로 그 벡터의 파괴력을 높일 수밖에 없게 되는 이 논리는 공격용 비행기에만 국한되지 않는다. 이 논리는 국가장치의 논리가 되어가고 있기도 하다. 이 역작용은 상호파괴수단의 생산이 야기한 병참학적 귀결이다. 따라서 **핵무기의 위험, 그리고 핵무기가 보여주는 군사 체계의 위험은 핵무기가 터질지도 모른다는 위험이라기보다는, 지금 존재하고 있는 핵무기가 우리의 정신을 내파할지도 모른다는 위험이다.**

　이 현상을 간추려 보도록 하자.

- 두 발의 폭탄〔히로시마와 나가사키에 투하된 핵폭탄〕이 태평양 전쟁을 종결시켰다. 그 이래로 평화적 공존을 보장하려면 수십 척의 핵 잠수함만으로도 충분해졌다.
　이것이 이 현상의 **산술적**〔수량적〕(numérique) 측면이다.

- 다양한 종류의 수소 폭탄용 핵탄두가 등장했고 전술 핵무기가 급격히 발전해 나아감에 따라, 우리는 〔재래식 화기에 쓰일〕 화약 장전량이 축소되는 광경을 보게 됐다.
　이것이 이 현상의 **용적적**(volumétrique) 측면이다.

- 전략 무기를 해저와 지하로 옮겨놓아 거추장스러운 방어 장비를 지

표면에서 제거하게 되자 눈에 보이는 거점과 전진기지의 수도 줄어들었고, 더 이상 세계를 팽창시킬 필요도 없게 됐다.

이것이 이 현상의 **지리적** 측면이다.

- 일찍이 온갖 [군사] 작전을 수행해왔던 총사령관들, 전략가들, 장군들은 이제 자신들의 지위가 하락했고, 단 한 명뿐인 국가의 수장을 위해서 온갖 잡다한 작전만을 수행하게 됐다는 점을 깨닫게 됐다.

이것이 이 현상의 **정치적** 측면이다.

그렇지만 이런 양적·질적 감소는 멈추지 않는다. 이제는 시간 자체가 더 이상 충분히 존재하지 않게 됐다.

- 끊임없이 팽창해 이미 초음속에 다다른 벡터량을 고에너지, 즉 우리를 빛의 속도에 다다를 수 있게 해줄 고에너지가 대체했다.

이것이 이 현상의 **시공간적** 측면이다.

비전도성 차단벽인 국가의 정치적 상대성[군사 능력(혹은 습격 능력)의 편차]이 가져온 시간에 뒤이어, 상대성의 정치가 비시간[시간-없음(부재), 혹은 시간의 결핍]을 가져왔다. 클라우제비츠가 두려워했던 **완전한 폭발**은 비상 상태와 더불어 발생하게 됐다. 그리고 속도의 폭력은 정주(定住)이자 법이 됐으며, 세계의 운명이자 세계의 목적이 되어 버렸다.

1977년 8월

해설 >> 속도와 유목민
―우리는 저항할 수 있는가?

이재원(옮긴이)

1968년 5월 15일 파리. 5일 전의 '바리케이드의 밤' 때 경찰이 강행한 폭력적 진압에 항의하기 위해 국립미술학교, 뤽상부르 공원, 퐁네프 다리를 지나 2만 5천여 명의 학생, 예술가, 지식인이 오데옹 국립극장을 점거하려 모여들고 있었다. 같은 시간, 소르본 대학에서는 일군의 학생들이 리슐리외 강당을 가득 매운 채 사전 집회를 열고 있었다. 강단에는 머리가 조금씩 벗겨지기 시작했지만, 적당히 햇빛에 그을린 피부와 단단한 체구를 지닌 중년 남자가 연설을 하고 있었다. 바로 그때 공산주의자로 보이는 어느 학생이 연사에게 느닷없이 질문을 던졌다.

"소르본 대학의 담벼락에 씌어 있는 낙서를 보셨습니까? '모든 권력을 상상력에게로'라니! 말도 안 되지 않습니까? 권력은 상상력이 아니라 노동자 계급에게 가야죠."

"그렇군요, 동지. 그런데 동지는 노동자 계급에게도 상상력이 있다는 걸 부정하는 겁니까?"

연사의 이런 재치 있는 반문에 박수가 터져 나왔는지 야유가 터져 나왔는지는 '현장'에 없었던 관계로 잘 모르겠으나, 그 뒤로 30여 년 동안 20여 권의 저서를 쏟아내며 당시의 경험을 이론적으로 성찰하는 데 전념했던 이 반문의 당사자는 자신의 재치에 적잖이 만족했던 듯싶다. 훗날 그 문제의 당사자 비릴리오는 자신이 건축 이론가에서 정치 이론가로 변모하게 된 이 순간을 "나는 오데옹 극장을 점거하면서 역사로 들어갔다"라는 말로 즐겁게 회고한 바 있으니 말이다.

독자 여러분이 지금 손에 들고 있는 이 책 『속도와 정치』(1977)는 이처럼 흥미로운 일화와 더불어 역사로 들어가게 된 비릴리오가 선보인 '사실상'의 데뷔작이다. 무릇 독창적인 이론가들의 데뷔작들이 대부분 그렇듯이, 이 책도 처음 선보였을 때에는 많은 사람들을 어리둥절하게 만들었다고 한다. 특히 이 책 이전에 발표됐던 두 권의 저서 『벙커의 고고학』(1975)과 『영토의 불안전성』(1976)에서도 그 싹을 보이긴 했지만, 이 책은 새로운 개념들의 향연이라고 불러도 무방할 만큼 비릴리오 자신의 독특한 개념들로 가득 찬 책이었기 때문이다.

아마도 이 책의 개념들 중 초창기의 독자들을 가장 당혹스럽게 만들었을 개념은 비릴리오가 자신의 작업을 스스로 규정한 개념인 '드로몰로지'(dromologie)일 것이다. 오늘날 가장 규모가 큰 지식 시장을 형성하고 있는 영미권의 학자들뿐만 아니라, 밉살스러울 정도로 정확한 서평을 자랑하는 『르몽드』조차도 이 개념을 '속도학'('속도철학')으로 잘못 옮겼을 정도이다. 비릴리오도 분명히 밝힌 바 있지만, 드로몰로지의 접두어인 그리스어 '드로모스'(dromos/$\delta\rho\acute{o}\mu o\varsigma$)는 "경주(장), 달리는 행위, 민첩한 움직임"이라는 뜻이다(속도를 뜻하는 그리스어는

'타코스'[tachos/τάχος]이다). 그러므로 드로몰로지는 '속도의 논리'라기보다는 '경주의 논리'를 뜻한다(Virilio, 1997 : 47). 물론 비릴리오가 속도를 둘러싼 은유를 많이 쓰고 있으니 속도학이라는 표현을 써도 그리 이상해보이지는 않겠지만, 정작 그의 논의에서 문제가 되는 것은 속도 그 자체라기보다는 속도를 둘러싸고 벌어지는 일종의 투기, 그로 인한 **역사의 '가속도'** (가속화)라는 점에서, 그리고 곧 살펴보겠지만 '속도'라는 표현은 '경쟁'이라는 표현이 함축하는 바, 그러니까 역사를 결투·투쟁·전쟁의 연속으로 바라보는 비릴리오의 지독히 현실적인 세계관을 잘 드러내 보여주지 못한다는 점에서 다소 부적절한 표현이라고 생각된다.[1]

『속도와 정치』 대 『천 개의 고원』

그렇다면 '경주의 논리'라는 드로몰로지는 정확히 무엇이며, 이 개념이 함축하고 있는 바는 무엇일까? 그리고 더 나아가서 (그리고 궁극적으로) 경주의 논리로 탈영토화된 세계에서 **저항은 과연 어떤 형태를 띨 것인가?** 나는 지금부터 이런 궁금증을 간략히 살펴보려고 하는데, 특히 들뢰즈·가타리의 『천 개의 고원』(특히 제9장, 제12장, 제13장)과 비릴리오의 저서를 비교해보는 방식을 택하려고 한다. 『천 개의 고원』은

---

1) 프랑스어 '비테스'(vitesse)나 독일어 '게슈빈디그카이트'(geschwindigkeit)는 영어 '스피드'(speed)보다 '드로모스'의 어원에 훨씬 더 가깝다. 나는 일단 '속도'와 '경주'라는 뜻을 (느슨하게라도) 모두 함축해보려는 의도로 '질주'라는 표현을 선택했는데, 이 표현이 원래 뉘앙스를 잘 살렸는지는 좀더 따져봐야 할 듯싶다. 이 글에서는 논의의 편의상 발음 그대로 표기했다.

비릴리오를 다룬 2차 문헌들 가운데 국내에서 쉽게 구해볼 수 있는 유일한 문헌일 뿐만 아니라, 들뢰즈·가타리가 비릴리오의 작업을 상당히 우호적으로 인용하고 있는 (즉, 문제의식이 상당히 비슷한) 저서이기도 하다. 따라서, 이들을 서로 비교해보는 것은 비릴리오의 논의만 정리하는 것보다 비릴리오의 문제의식을 좀더 명확하게 드러내 보여줄 수 있는 방법 가운데 하나일 것이다.

먼저 이들의 차이점에서부터 출발해보자. 들뢰즈와 가타리는 『천 개의 고원』 곳곳에서(가장 직접적으로 인용한 부분은 대략 15군데 정도이다) 비릴리오의 논의에 거의 전적으로 공감을 표시하는데, 딱 '한 군데'에서만 반론을 펼친다. 다소 길긴 하지만 논의의 편의를 위해서 그대로 인용해보자.

> 비릴리오의 텍스트는 아주 중요하며 참으로 독창적이다. **우리에게 곤란을 안겨주는 유일한 점은 우리에게 아주 다른 것으로 보이는 세 부류의 속도를 그가 동질화한다는 점뿐이다.** (1) 유목적, 또는 혁명적 경향의 속도(폭동, 게릴라전), (2) 국가장치에 의해 규제, 변환, 전유되는 속도(공공도로의 관리), (3) 전세계적 차원에서 총력전을 벌이는 조직, 또는 (현존함대에서 핵 전략[핵 억지력]에 이르기까지) 전 지구적 차원에서 이뤄지는 과잉무장에 의해 복권된 속도. 비릴리오는 **상호 작용하고 있다는 이유로 이 세 부류의 속도를 동일하게 다루는 경향**이 있으며, 전반적으로 속도는 '파시즘적' 성격을 갖고 있다고 비난한다. 그러나 위의 구별을 가능케 해준 것은 바로 그의 분석이다(들뢰즈·가타리, 2001 : 745).[2)]

들뢰즈·가타리의 지적은 정확하다. 확실히 비릴리오는 그들이 밝힌 세 부류의 속도를 모두 언급하지만, 굳이 그 속도들의 차이점을 부각하지는 않는다. 그렇지만 비릴리오가 그렇게 하는 이유는 들뢰즈·가타리의 지적처럼 이 세 부류의 속도가 '상호 작용' 하고 있다고 판단해서라기보다는, 그런 구별 자체가 무의미해진 상황이 이미 도래했기 때문이다.

〈도표 1〉에서도 볼 수 있듯이,[3] 비릴리오가 보는 현대 사회는 역사(혹은 일상의 속도)의 가속화와 공간의 축소화로 인해서 '극의 관성' (Inertie polaire)이 이뤄진 사회이다. 비릴리오의 주장에 따르면 극의 관성이란 극한에 다다른 속도 속에서 이뤄지는 정주, 혹은 지리적 공간의 현존이 '임계점' 에 들어선 상황(지리적 공간의 소멸)을 말한다. 비릴리오가 즐겨 쓰는 비유를 빌려 말해보자면 떠나기도 전에 도착해 있는 여행객(Virilio and Lotringer, 1997 : 72), 고속 열차를 타고 여행하기에 전혀 움직일 필요가 없는 승객, 한군데 앉아서도 전세계의 주식 시장을 넘나들 수 있는 투자자(Virilio and Lotringer, 2002 : 71), 모든 전쟁이 끝난 뒤에야 영토를 점령할 수 있게 된 군인(Armitage, 2001 : 192)의 상황인 것이다. 따라서 극의 관성은 뭔가를 하기 위해 한 지점

---

2) 이하 모든 인용문은 옮긴이가 문맥에 맞게 부분적으로 수정했으며, 특별한 언급이 없는 한 모든 강조 표시(고딕체)도 옮긴이가 한 것이다. 이 책 『속도와 정치』에서 인용한 구절은 괄호 안에 쪽수만 병기했다.
3) 이 도표는 독자 여러분의 이해를 돕기 위해서, 옮긴이가 비릴리오의 논의를 상당히 '무리하게' 도식화해놓은 것이다. 그러므로 비릴리오의 논의를 좀더 면밀하게 살펴보려는 분들은 이 도표에 현혹되지 않기를 바란다.

〈도표 1〉 드로몰로지로 본 비릴리오의 세계

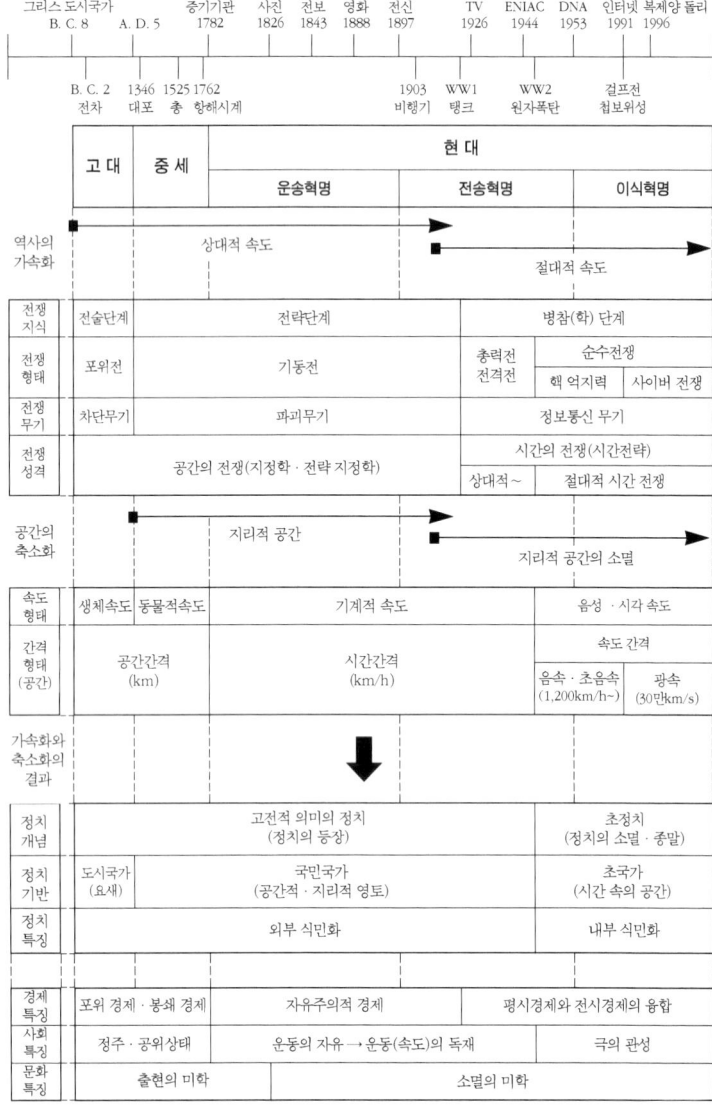

* WW1, WW2 → 제1차 · 제2차 세계대전

에서 다른 지점으로 굳이 이동할 필요가 없게 된 상황이자 운동 자체를 박탈당한 상황(운동의 독재)이다. 그리고 이렇듯 운동의 독재에 근거한 것이기에 사람이나 사물의 부동성에 근거한 고전적인 의미의 관성과는 그 성격도 전혀 다르다(Virilio and Lotringer, 1997 : 68). 다시 말해서, 극의 관성은 동물적 신체(인간)를 단지 넘어지게 만드는 것으로 끝나기보다는 고갈과 죽음(하워드 휴스의 사례를 참조하라), 그도 아니면 마비 상태에 빠뜨린다(Virilio and Lotringer, 1997 : 74, 77 ; Armitage, 2001 : 155).

그렇다면 우리는 들뢰즈·가타리가 비릴리오의 이런 논의를 짐짓 모른 체 했다고, 그도 아니면 전혀 들어본 적이 없었기 때문에 잘못된 판단을 내렸다고 생각해야 하는 것일까?『극의 관성』은『천 개의 고원』이 나온 뒤 10년이 지나서야 발표됐기 때문에? 그렇게 생각할 수 있는 여지도 있겠지만, 그건 별로 설득력이 없을 듯싶다. 왜냐하면 비릴리오는 이미『영토의 불안정성』,『속도와 정치』,『인민 방어와 생태 투쟁』(1978)에서 그 표현은 다를지언정 극의 관성이라는 개념으로 포착한 현대 사회의 변화를 정확히 설명하고 있기 때문이다.

이 점은 극의 관성을 가져온 역사의 가속화와 공간의 축소화가 어떻게 시작됐는지를 살펴보면 잘 알 수 있다. 비릴리오의 설명에 따르면, 운송혁명과 더불어 만개하기 시작한 과학기술(특히 기계적 운송장치) 자체의 속도가 가속화되어 이런 상황이 비롯된 것이며(이 책의 제7장「프롤레타리아트의 종말」을 참조), 우리는 군사 분야에서 이 점을 **가장 뚜렷**이 볼 수 있다.

비릴리오가 역사의 분기점으로 삼고 있는 시점은 최초의 '총력전'

이 전개된 제1차 세계대전, 그리고 히로시마와 나가사키에 두 발의 원자폭탄을 떨어뜨려 '핵 억지력'을 등장시킨 제2차 세계대전이다. 먼저 총력전은 완전한 의미의 '총동원령'이다. 비릴리오에 따르면 이 현상을 가장 잘 요약해주는 것은 총력전에 부응하는 전쟁 지식, 즉 '병참학'이라는 개념인데, 그는 이 개념을 설명하기 위해서 1945년경에 발표된 미 국방부의 성명서를 즐겨 인용한다. "병참학은 **전시에나 평시에나 상관없이 국가의 모든 능력이 군대로 이전되는 과정이다**"(Virilio and Lotringer, 1997 : 24). 비릴리오는 전쟁이 끝난 뒤에도 총력전이 지속되는 이유는 바로 이와 같은 병참학 개념 때문이며, 이로 인해서 전시(경제)와 평시(경제)의 구분 자체가 사라졌다고 지적한다.

그렇지만 이런 총력전을 가능케 한 것이 기계적 운송장치의 발전이라는 점을 잊어서는 안 된다. 이 점은 기계적 운송장치의 발전에 조응하는 전쟁 무기체계의 변화, 즉 고대의 차단 무기(해자, 성벽, 요새, 보루, 갑옷)에서 중세의 파괴 무기(창, 화살, 대포, 기관총, 미사일)로, 결국에는 정보통신 무기(망루, 신호·정보, 전신·전화, 레이더, 인공위성)로 발전해 나아간 무기 체계의 발전 과정을 살펴보면 잘 알 수 있다. 간단히 말해서 증기기관의 등장으로 만개하기 시작한 기계적 운송장치가 경제 분야에서는 대량 생산·대량 소비를 가능케 했다면(따라서 병참학의 등장을 가능케 했다면), 군사 분야에서는 대규모 병력을 신속하게 동원할 수 있는 습격 수단과 연락망의 등장을 가능케 한 것이다.

갈수록 가속화된 과학기술의 속도는 기계적 운송장치의 속도를 가속화하는 것으로만 그치지 않았다. 그것은 파괴 무기의 속도도 가속화했다. 바야흐로 핵무기가 등장하게 된 것이다. 비릴리오의 논의에서 제2차 세계대전이 중요한 이유는 이 두번째 세계 전쟁이 핵무기를 통해서 핵 억지력이라는 새로운 개념을 불러왔기 때문이다. 그렇다면 핵 억지력은 정확히 무엇을 뜻하는가?

[핵 억지력은] 무장을 통해 이뤄지는 보호를 무기 자체가 대체하게 된 상황의 애매함을 보여주고 있다. […] 고대의 무기를 투척하든 신형 무기를 발사하든지 간에, 이런 행위의 본질적인 목적은 결코 적을 죽인다거나 적의 재산을 파괴한다는 데 있는 것이 아니다. 오히려 적을 단념케 만드는 것, 다시 말해서 **적의 움직임을 강제로 중단**시키는 것이 그 목적이다(248, 260).

비릴리오의 또 다른 설명. "우리는 서로를 겨냥해 수행되는 전쟁을 그만뒀다. […] 그렇지만 우리는 군비 경쟁, 우주 경쟁, 정보 수단의 발전(인공위성, 즉각적인 의사소통 수단)을 통해서 서로를 더욱더 위협하고 있다"(Virilio and Petit, 1999 : 34). 즉, 핵 억지력은 개인이나 사회, 혹은 문명의 종말이 아니라 **인류라는 종 자체의 종말**을 야기할 수도 있는 핵무기의 등장으로 인해 생겨난 현상(Virilio and Lotringer, 1997 : 130)이지만, 전쟁 자체의 종말이라기보다는 '또 다른 수단'을 통한 포염 없는 전쟁의 지속인 것이다. 바야흐로 우리는 '순수 전쟁' (Guerre pure)(아니면 '순수 권력' [Pouvoir pure])의 도래를 목도하게 된 것이다.

순수 전쟁이란 손자의 군사적 이상, 즉 "싸우지 않고도 적을 굴복시키는 것"(不戰而屈人之兵 ; 손자, 1999 : 89)의 도착적 형태이다. 따라서 "순수 전쟁이란 [단순한] 평화나 전쟁이 아니며, 흔히 사람들이 생각하듯이 '절대적' 전쟁이거나 '총력전'인 것도 아니다"(Virilio, 1990 : 35). 오히려 그것은 실제의 전쟁이 아니라 "과학 속에서 작동하는 영구 전쟁"이거나 "병참학적 전쟁"(Virilio and Lotringer, 1997 : 27, 119)이며, 그도 아니면 '총력적 평화'(256)다. 전쟁은 전쟁이지만 포염 없는 전쟁, 평화는 평화지만 눈에 보이지 않는 화염으로 뒤덮인 평화!

간단히 정리하자면 병참학, 핵 억지력, 순수 전쟁은 훗날 비릴리오가 극의 관성이라고 부르게 되는 상황을 다른 식으로 포착한 개념이다. 이 점은 비릴리오가 순수 전쟁을 '문화적 자살'이라고 부른다거나, 순수 전쟁의 목적은 또 다른 형태의 의지 없는 신체를 창출하는 것("무의식이야말로 순수 전쟁의 목적이다")이라고 말한 데에서 분명해진다 (Virilio and Lotringer, 1997 : 60, 122).

그러므로 우리는 비릴리오가 병참학, 핵 억지력, 순수 전쟁 등을 강조하는 이유를 충분히 알고 있었고 그 이유에 공감했던(들뢰즈·가타리, 2001 : 809, 894 ; 특히 제9장 「미시정치와 절편성」을 참조하라) 들뢰즈·가타리가 그의 논의를 제대로 이해하지 못했기 때문에 이견을 보였다고 말하기보다는 뭔가 다른 데에서 그 이유를 찾는 것이 훨씬 더 나을 것이다.

호주의 문화연구자 크로건도 순수 전쟁이라는 상황이 도래했기에 비릴리오는 들뢰즈·가타리처럼 세 부류의 속도를 구별하지 않았다고 옳게 지적했지만, 그는 이들이 이렇게 이견을 보이는 이유를 나와는 다른 점에서 찾았다. 크로건의 말을 빌리자면, 들뢰즈·가타리는 자신들이 (비릴리오와 달리) 현대 과학기술의 창조적 궤적을 포착할 수 있다고 믿었으며, 좀더 궁극적으로는 그 자신들이 국가('원국가' [Urstaat]) 대 전쟁기계라는 정적이고 초역사적인 도식에 매여 있었기 때문에 이런 이견이 빚어졌다는 것이다(Crogan, 1999 : 23~24, 32).[4]

그렇지만 차라리 내가 보기에는 모든 소수적 정치 이론의 궁극적인 관심사, 즉 **"어떻게 저항을 사유할 것인가?"**를 둘러싼 서로의 관점 차이 때문에 이런 일이 벌어진 듯하다. 이 점은 명시적으로 드러나 있지 않은 들뢰즈·가타리와 비릴리오의 차이점을 살펴보면 더욱더 명확해진다.

우선 비릴리오는 들뢰즈·가타리처럼 운동과 속도를 구별하지 않는다. 들뢰즈·가타리의 설명에 따르면 운동은 '외연적'(연장적)이고, 속도는 '내포적'(강밀도적)이기 때문에 구별된다. 좀더 쉽게 말하자면, 운동은 한 지점에서 다른 지점으로 옮겨가는 폐쇄된 이동(신체의 상대적 성격)을 뜻하는 반면에 속도는 어떤 지점에서라도 갑자기 솟아오를 수 있는 우발성(신체의 절대적 성격)을 뜻한다(들뢰즈·가타리, 2001 : 732). 따라서 운동이 '도로'나 '둔중함'(Gravitas)[중력]과 관계 있다면, 속도는 '길'이나 '신속함'(Celeritas)[무-중력]과 관계 있다고도 볼 수 있다. 좌우간, 들뢰즈·가타리에게 이런 구별이 중요한 이유는 전자가 기존의 궤적을 '재생산'한다면, 후자는 '따라갈' 뿐이기 때문이다(들뢰즈·가타리, 2001 : 712~716). 다시 말해서, 따라가기는 재생산

---

4) 원래 크로건의 글은 다음의 책에 실려 있다. Patrick Crogan, 'Theory of State : Deleuze, Guattari, and Virilio on the State, Technology and Speed," *Angelaki*, vol. 4, no. 2, Special Issue : Machinic Modulations, London : Routledge, 1999, pp. 137~148. 그렇지만 국내에서 이 자료를 구할 수 없었던 나는 이 책을 편집한 아미티지 교수에게 부탁해 MS 워드 파일로 받았다. 내가 인용하는 쪽수는 이 파일상의 쪽수이다.

하기에서 찾아보기 힘든(혹은 거의 불가능한) '일탈 가능성'이나 '새로운 궤적의 생산'을 함축하는 것이다.

나는 들뢰즈·가타리가 운동과 구별해놓은 속도가 저항(혹은 혁명적 경향의 확보) 가능성과 관련 있다고 이해한다. "탈주선을 그리는 환원 불가능한 역동성"인 '−되기'를 "가속 운동, 운동의 절대 속도"로 규정한 것(들뢰즈·가타리, 2001 : 451, 555)이나, "단지 유목민만이 절대적 운동, 즉 속도를 갖고 있으며 소용돌이 운동 내지 회전 운동은 본질적으로 전쟁기계에 속하는 것"(들뢰즈·가타리, 2001 : 732)이라고 언급한 부분이 특히 그런 심증을 갖게 만든다.[5] 이렇게 보자면 "아주 다른 것으로 보이는 세 부류의 속도를 왜 동질화했느냐?"라는 들뢰즈·가타리의 점잖은 반론 밑에는 "왜 혁명의 가능성을 낳는 속도를 탐구하지 않느냐?"라는 그들의 뜨거운 열정이 펄펄 끓고 있는 셈이다.[6]

그러나 유동성, 이동, 운동, 속도, 동원 자체를 굳이 구별하지 않는 비릴리오의 사고방식은 "〔적의〕 흉내를 내다가는 쉽게 복병을 만난다"는 그람시의 사고방식과 더욱더 닮은 듯하다(그람시, 1999 : 273). 들뢰

---

5) 어떤 점에서 들뢰즈·가타리의 이런 구별은 운동의 자유(이동의 자유)를 혁명의 핵심으로 바라보는 맑스주의의 전통과도 닿아 있다고 볼 수 있다. 특히, 들뢰즈·가타리의 이론적 동지라고 할 수 있는 네그리의 다음과 같은 언급과 비교해보라. "대중의 운동은 새로운 공간들을 나타내며, 대중의 여행은 새로운 거주지들을 세운다. 자율운동은 대중에게 적합한 장소를 규정하는 것이다"(네그리·하트, 2001 : 502). 특히, 제4부 3장의 「끝없는 길(전지구적 시민권)」이라는 단락 전체를 참조하라. 그리고 기동전과 진지전의 차이를 언급하면서 '속도', '가속된 시간', '결정적 진군'을 이야기하는 그람시의 논의도 참조하라(그람시, 1999 : 277).
6) 흥미롭게도 크로건의 지적에 따르면, 위 세 부류의 속도가 상호 작용하고 있다는 점에 더 많이 신경 쓰는 것은 정작 비릴리오라기보다는 들뢰즈·가타리 자신들이라고 한다(Crogan, 1993 : 28~30). 예컨대 다음의 언급을 참조해보라. "총력전이나 인민 전쟁, 또는 게릴라전이 서로에게서 어떻게 전쟁 방법〔각자의 속도〕을 차용하는가를 보라"(들뢰즈·가타리, 2001 : 744).

즈·가타리의 표현을 빌리자면, 오늘날 절대적 속도에 도달할 수 있는 유일한 당사자는 그렇게 되는 데에 필요한 스톡을 충분히 비축해놓은 국가(좀더 정확히 말하면 전쟁기계를 집어삼킨 국가)밖에 없다는 것이 비릴리오의 생각인 것이다. 다시 말해서 "모든 사회적 범주를 아무런 구분 없이 **속도의 질서에 종속된 무명의 병사로**"(227 : 원문 강조) 만들어버린 것은 군산복합 민주주의(국가권력)이며, 따라서 절대치에 도달한 속도는 권력 고유의 무기이다. 그러므로 "처음부터 적에 대해 압도적인 우위성을 지니지 않는 한, 이쪽이 원하는 전쟁 형태를 임의로 선택할 수는 없는"(그람시, 1999 : 275) 노릇인 셈이다. 비릴리오에게 절대적 속도가 축복이라기보다는 재앙인 이유가 바로 여기에 있다. "내가 '극의 관성'이라는 표현을 쓸 때에는 절대적 속도에 관해서 언급하고 있는 것이다"(Armitage, 2001 : 154).

그렇다면 우리는 자연스럽게 들뢰즈·가타리가 말하는 절대적 속도와 비릴리오가 말하는 절대적 속도 사이에는 뭔가 차이가 있다는 점을 깨닫게 된다. 비릴리오가 말하는 절대적 속도는 비교적 이해하기 쉽다(〈도표 1〉 참조). 그것은 과학기술의 급격한 발전(가속화)으로 인해서 더 이상 시속(km/h)이 아니라 마하(1,200km/h)로, 더 나아가서 광속(30만km/s)으로 측정되는 전쟁 무기의 속도이자, 정치적 의사결정의 시간을 "**숙명의 단1초로**"(251 : 원문 강조) 줄어들게 만들어버린 속도(따라서 성찰 능력과 결정 능력을 박탈해버릴 위험이 있는 속도)이다.

한편, 들뢰즈·가타리가 말하는 절대적 속도를 이해하려면 우리는 그들이 말하는 속도로 되돌아가야만 한다. 그들에게 속도란 빠르기와 상관없는 그 무엇, 그들의 표현을 빌리자면 '강밀도'의 등가물이다.

그렇다면 강밀도란 것은 도대체 무엇인가? 내가 이해하는 한, 그것은 '임계점'(한 상태에서 또 다른 상태로 넘어가는 지점)에 도달할 수 있을 만큼 **응축된 힘이나 그 상태를 유지할 수 있는 힘**이다. 그래서 그것은 내포적인 것이다. 그렇다면 그들에게 절대적 속도란 이 응축된 힘이 최고치에 도달한 상태인가? 그렇기 때문에 그것은 중력에서 벗어나는 자유 행동이 될 수 있으며, 기존의 궤적에서 소용돌이 모양으로 솟구쳐 공간을 점유할 수 있게 되는 것일까(들뢰즈·가타리, 2001 : 763)?

'중력에서 벗어나는 자유 행동, 그것은 물리 법칙에 어긋나는 것 아닌가'라고 반문하기에는 이르다. 들뢰즈·가타리에게 중력이란 지표 위에 있는 물체를 지구 중심으로 끌어당기는 힘이기도 하지만, 어떤 고정된 한 곳에 붙들려 있는 '고착 상태'의 은유이기도 하기 때문이다. 따라서 우리는 들뢰즈·가타리에게 절대적 속도란 **절대적인**(자유로운) **이동 가능성**이라고도 볼 수 있다. 주의. 들뢰즈·가타리의 중력이 고착 상태의 은유이듯이, 이들의 이동은 공간적 위치의 변화인 동시에 어떤 상태의 변화를 지칭하는 은유이기도 하다. 이 점은 들뢰즈·가타리가 자신들의 속도를 선사하는 '유목민'(Nomade)을 살펴보면 더욱 더 분명해진다.

"우리는 오히려 진정한 유목민을 생각하고 있다. [……] 유목민은 이동하지 않는다"(들뢰즈·가타리, 2001 : 920). 그들의 또 다른 주장. "물론 유목민도 움직이지만 그는 실제로는 앉아 있는 것이다. [……] 유목민은 **기다리는 방법**을 알고 있다. 그는 **무한한 인내력**을 갖고 있다"(들뢰즈·가타리, 2001 : 920).

들뢰즈·가타리가 옳다. 이리저리 이동하는 것만으로는 유목민이 될 수 없다. 유목민은 '기다리는 방법'을 알고 있어야 하며, '무한한 인내력'을 갖고 있어야 한다. 그런데 도대체 그들은 무엇을 기다리고, 무엇을 인내하는 것일까? 또 다른 삶의 영토, 또 다른 삶, 또 다른 사유와 가치, 아니 오히려 **저항의 창출 가능성**이라고 봐야 되지 않을까?

그렇지만 저항에는 미리 전제된 의사일정이 없고, 다수결로 이뤄지는 것도 아니며, 저항 예고지수가 따로 존재하는 것이 아니기에 그들은 기다려야 한다. 그리고 그 가능성을 창출할 기회가 희미하게나마 깨어나는 순간까지 인내해야 한다. 그렇다면 유목민은 태곳적 이래로 지속되어온 메시아적 기다림을 되받아 수행하는 자이다. "메시아적 기다림, 그것은 감시, 무장해제되지 않은 희망을 지키는 고집스런 불침번이다"(벤사이드, 2003 : 82). 그러나 유목민이 기다리고 인내하는 메시아는 세속적 메시아, 즉 "지금-여기 위기의 순간에 정치적 혁명을 일궈내는 우리 자신"(벤사이드, 2003 : 82)이다. 또 한번 들뢰즈·가타리가 옳았다. "유목민은 절대성에 대한 감각을 갖고 있는데, 그것은 기묘하게도 무신론적이다"(들뢰즈·가타리, 2001 : 735).

그래서 이제 우리는 유목민에게 절대적인 이동 가능성이 필요한 이유를 이해할 수 있다. 유목민은 그토록 인내하며 기다려온 위기의 순간, 저항의 순간이 포착될 때, 언제 어디서라도 그곳으로 갈 수 있어야 된다. 또 그렇게 할 수 있어야 '진정한 유목민'이다. "제자리에서의 여행"(들뢰즈·가타리, 2001 : 921)이라는 기이한 역설은 이렇게 가능해지는 것이다. 그들은 '고집스런 불침번'이므로. 맑스는 일찍이 '맑은 정신으로 깨어 있는 의식'을 지녀야 하는 근대 최초의 유목민, 즉 프롤레타리아트의 과제에 대해서 언급한 바 있다…….

이렇듯 들뢰즈 · 가타리의 절대적 속도는 사실상 자기 내면의 강밀도를 높이기 위한 속도이다. 따라서 그들의 절대적 속도는 내면으로 향하는 경향이 있으며,[7] 그렇기 때문에 자발적 이동에 가깝다. 그렇지만 물리적 개념의 속도를 논의하고 있는 비릴리오가 주목하고 있는 유목민은 타의에 의해서 이동하는 자, 추방된 자, 망명길에 오른 자, 이주민(이민자)이다. 즉, 어원 그대로 존재하는 자인 것이다(유목민은 '유랑', '방랑'을 뜻하는 그리스어 '노마스'[Nomas/$\nu o\mu\alpha s$]의 파생어이다). 따라서 그는 들뢰즈 · 가타리와는 달리 이렇게 말한다. "유목민이란 더 이상 한 지역에 머무를 수 없는 자, 임시직을 찾아 이곳에서 저곳으로 표류하는 존재이다"(Virilio and Petit, 1999 : 72).

그러므로 비릴리오는 (들뢰즈 · 가타리의) 유목민이 구현한/할 절대적 속도를 통해서가 아니라, 문자 그대로의 유목민을 양산한 과학기술의 절대적 속도에 맞서서 저항의 창출 가능성을 찾으려 한다. 그 역시 고집스런 불침번이기는 마찬가지이나, 그가 깨어 있는 것은 (정치적으로) 세속화된 메시아와 조우하기 위해서가 아니라, (군사적으로) 세

---

[7] 그렇기 때문에 들뢰즈 · 가타리의 유목민(혹은 유목주의)은 일찍이 보들레르가 초대한 바 있는 여행의 '정치적' 판본이 될 가능성, 즉 자족적인 '정치적' 여행이 될 위험에 항상 노출되어 있다("보라, 방랑기 있는/ 저 배들이⋯⋯땅 끝에서 모여드는 것은/ 네 욕망 일일이 채워주기 위해서지"[보들레르, 1995 : 46]). 보들레르의 '위대한' 후예들, 즉 비트 세대와 티모시 리어리의 전통을 갖고 있는 미국의 아나키스트 하킴 베이가 이미 들뢰즈 · 가타리의 유목주의를 '정신적 유목주의'(Psychic Nomadism)로 해석하고 있는 것을 참조하라(Bey, 1991 : 특히, 제3장 「일시적 자율지대」를 볼 것). 미국의 페미니스트 브라이도티도 이와 비슷한 노선을 취한다. "유목적 상태란 문자 그대로 이동하는 행위라기보다는 **일련의 관습이 전복**되는 상태이다"(Braidotti, 1994 : 5). 어떻게 보면, 이런 위험은 들뢰즈 · 가타리가 스스로 자초한 것일 수도 있다. 특히 들뢰즈는 어느 인터뷰에서 이렇게 말한 바 있다. "모든 강밀도는 부동의 강밀도입니다. 강밀도는 **꼭 외부 공간일 필요는 없는** 특정 공간이나 체계에 스스로를 흩뿌립니다"(Stivale, 1998 : 5).

속화된 적-그리스도의 동태를 면밀히 관찰하기 위해서이다. "우리는 과학기술 앞에서 잠들기보다는 그것과 맞서 싸워야 한다. 나는 과학기술 앞에서 절대 잠이 들어본 적이 없다"(Armitage, 2001 : 157).

비릴리오는 『인민 방어와 생태 투쟁』에서 과학기술의 속도가 가속화되는 과정(그리고 그에 따라 시시각각 변했던 권력의 전쟁 형태)을 좇으며 각 단계에 부응했던 저항의 형태를 검토한 바 있다. 전쟁 형태의 변화는 다음과 같이 요약될 수 있다. "만약 보방의 시대에는 이 세상의 **거주할 수 있는 곳**에서만 전쟁이 벌어질 수 있었다면, 오늘날에는 상황이 완전히 바뀌었다. 이제 전쟁은 **거주할 수 없는 모든 곳**을 점령하는 것이 됐다"(Virilio, 1990 : 58). 다시 말해서, 지리적 영토를 무대로 해서 벌어졌던 전쟁은 이제 점점 더 지리적 영토가 아닌 데에서까지 벌어지게 됐다. 절대적 속도에 다다른 무기 체계의 등장이 지리적 공간을 소멸시켰다는 비릴리오의 주장은 바로 이런 뜻이다. 지리적 공간의 소멸이란 지리적 공간 자체가 흔적도 없이 사라졌다는 뜻이 아니라, 그 지정학적 가치가 점점 더 축소됐다는 뜻인 것이다.

이 말은 거꾸로 보자면, **저항을 창출하는 데 필요한 공간 자체도 사라져가기 시작했다**는 말과 같다.[8]

따라서 저항 세력들이 그 상황에 부응하는 저항 형태를 창안했다는 것은 당연한 일이다. 예컨대, 19세기 당시 (훗날 제1차 세계대전으로

---

8) 모든 사회운동은 자신들만의 고유한 유동적 공간을 창출하려는 경향이 있다는 르페브르의 논의를 참조하라. "'삶을 변화시켜라!', '사회를 변화시켜라!' 이런 교훈들은 그에 적절한 공간을 생산하지 못한다면 아무런 의미도 없다"(Lefebvre, 1991 : 59). 특히, 제2장 「사회적 공간」을 참조하라.

만개할) 총력전에 필적할 만한 화력과 기동력을 지녔던 나폴레옹의 프랑스군이 스페인을 침략했을 때, 스페인 인민들은 '**영토 없는 저항**'을 창안했다(Virilio, 1990 : 50). 대포라는 프랑스군의 가공할 만한 화력이 그들이 거주하던 곳을 거주 불가능한 곳으로 만들었기 때문이다. 비릴리오의 말을 빌리자면, 스페인 인민들의 저항과 더불어 '한 지점에서 전개되는 시민 방어'의 시대는 종결됐다. 바야흐로 게릴라전이라는 '시간의 저항'이 탄생하는 순간이다.

수백 년이 지난 뒤, 미국이 베트남 인민들을 상대로 전개한 생태전쟁(즉, 적들의 주거 환경뿐만 아니라 그들의 자연까지 파괴하는 초토화 전략)은 또 다른 저항 형태를 낳았다. 이제 (파괴된) 한 지점에서 (파괴되지 않은) 다른 지점으로 신속하게 움직이며 저항하는 것 자체가 불가능해진 것이다. 그러므로, "〔베트남〕 인민들의 생존은 '~아래에 존재하는 것'[9]을 지속과 동화시키는 데 달려 있었다"(Virilio, 1990 : 52). 이런 상황에서 베트남 인민들이 창안한 것이 '**신체 없는 저항**'이다. 그들은 땅을 파고 들어갔다. 즉, 자신들의 신체를 적들의 시야에서 완전히 사라지게 만들어버린 것이다. 이것이 '사라짐〔소멸〕의 저항'이다.

그렇다면, 파고 들어갈 땅마저 권력에게 빼앗긴다면 어떤 형태의 저항이 가능한 것일까? 그 답은 자신들의 땅에서 내쫓긴 1970년대의 팔레스타인 인민들이 보여줬다. "전쟁은 자신의 영토를 타인의 영토에

---

9) 비릴리오는 여기에서 라틴어 '섭스타레'(substare)라는 표현을 쓰는데, 그의 설명에 따르면 이 표현은 '~아래에 존재〔하는 것〕'(to stand〔be〕 under)이다. 이 단어에서 '실체'(substance)라는 단어가 파생된 이유도 여기에 있다. 즉, 실체란 어떤 현상이나 물체의 배후(아래)에서 변화 없이 존재하는 그 무엇이다.

까지 확장할 때 존속된다"(Virilio, 1990 : 57). 따라서 권력이 아직까지 완전히 점령하지 못한 영토에서 저항을 시작하면 된다. 그곳은 바로 미디어이다. 팔레스타인 해방기구의 투쟁은 TV를 통해서 자신들의 투쟁 소식을 보고 듣는 전 세계의 4백~5백만 미디어 시청자들을 염두에 둔 투쟁이었다. 자신들의 정체성을 법적으로 인정해줄 영토를 잃어버린 팔레스타인 인민들은 전세계 시청자들의 기억을 영토 삼아 자신들의 정체성을 보장받으려 했던 것이다. 영토는 빼앗겼지만 정체성까지는 빼앗기지 않으리라! 따라서 비릴리오는 이들의 저항을 **'환영적 정체성'(Phantasmal)의 저항**이라고 본다. 그리고 이들과 더불어 "인민들의 방어는 더 이상 국가적 영토의 방어와 동시에 발생하지 않게 됐다"(Virilio, 1990 : 58).

그렇다면 한번 더, 권력이 이런 모든 저항 형태를 능가하게 될 힘을 지니게 된다면, 즉 절대적 속도를 확보하게 된다면 이제는 어떤 저항 형태가 가능한 것일까? 권력의 절대적 속도가 극의 관성을 가져온 나머지 "모든 사람들이 아무 움직임 없이 집에 틀어박힌 채 커뮤니케이션 네트워크로 연결되어 있는……누에고치 같은 사회"(Virilio, 1993 : 75), 그래서 **권력의 절대적 속도가 사회 전체를 맘대로 탈영토화할 수 있게 된 사회**에서라면 말이다. 비릴리오와 들뢰즈 · 가타리가 서로 수렴하는 지점, 그들이 공동의 기반으로 삼고 있는 지점이 바로 여기이다. "들뢰즈 · 가타리와 내가 탈영토화라는 주제에 분명히 동의한다는 것은 하나도 놀랄 것 없는 일이다"(Armitage, 2001 : 40).

비릴리오가 보기에 현대 사회는 권력의 절대적 속도가 지배하는 사회이다. 따라서 더 이상 속도로는 권력을 제압할 수 없다. "오늘날

[권력의] 과학기술은 기존의 인민 방어 형태를 모조리 능가해버렸다. [……] 오늘날의 인민들에게 속도란 시대에 뒤떨어진 것이 됐다"(Virilio, 1990 : 71, 89). 권력의 속도에 다다르고자 핵무기를 탈취하려 했던 팔레스타인의 무장 세력들, 스스로 파괴 기계가 되려 했던 〈붉은 여단〉의 지도자 레나토 쿠르치오의 비극이 바로 여기에서 발생한다. "우리가 스스로 군사적 인간[군사인]이 되려고 할 때, 그것은 더 이상 인민 방어가 아니다"(Vriilio and Lotringer, 1997 : 111)라는 역설.

비릴리오가 『소멸의 미학』(1980)을 시작으로 『해방의 속도』(1995)를 거쳐, 최근의 『미지수』(2003)에 이르는 과정을 통해 '피크노렙시'(Picnolepsie), 즉 '중단', '방해'의 개념에 천착하게 된 이유가 바로 이런 역설에서 벗어나기 위해서이다.

중단[방해]이란 **속도를 변화시키는 것**이다. 예컨대 모든 지속에 맞설 때까지 확산되는 총파업은 농민 혁명이 창안한 바리케이드와 마찬가지로 결코 얕잡아볼 수 없는 발명품이었다. 왜냐하면 총파업은 [기존 질서의 지속을 비롯해] 일체의 지속에 맞서는 방법이기 때문이다. 총파업은 (바리케이드처럼) 공간을 방해한다기보다는 지속을 방해한다. 총파업은 **시간 속에 쌓아 놓은 바리케이드**이다(Virilio and Lotringer, 1997 : 40~41).

권력에게 있어서 중단이란 일종의 시스템 장애, 균열, 그도 아니면 '사고'(Accident)이다. 사실상, 절대적 속도에 도달함으로써 권력은 사고를 자신의 속성으로 삼게 됐다. 다른 식으로 말하자면 오늘날 속도의 가속화는 사고, 그것도 '총체적 사고'(Accident totale)를 낳는다. "범선이나 증기선을 발명한다는 것은 곧 난파를 발명한다는 것이다. 마찬가지로 열차의 발명은 탈선의 발명이며, 자가용의 발명은 고속도로상에서 벌어지는 연쇄 충돌의 발명이고, 공기보다 무거운 물체(비행기나 기구)를 날게 만든다는 것은 추락의 발명이다"(Virilio, 2003 : 24). 과학기술이 가져온 속도의 가속화를 면밀히 추적한 비릴리오의 잠정적인 결론이 바로 이것이다. 그렇다면 이제부터 저항은 이 속성을 활용해야 한다는 말일까? 의식적으로 '시간 속에' 사고를 일으킴으로써? 그래서 권력(자본)의 시간이 지속되는 것을 막음으로써?[10]

"물론, 그것으론 충분하지 않다. 지금 당장으로서는 인민 저항의 상황이 매우 좋지 않다"(Virilio and Lotringer, 1997 : 109). 그렇지만, 아니 바로 그렇기 때문에 "우리는 **속도를 정치화해야만 한다**. 생체적 속도(살아 있는 존재의 속도, 성찰[사유]의 속도)이든, 기계적 속도이든. 우리는 이 두 속도를 모두 정치화해야만 한다. 우리는 이 모두이기 때문이다"(Virilio and Lotringer, 1997 : 109). 그렇다면 우리는 이제 비릴리오의 드로몰로지가 무엇인지 알 수 있다. 드로몰로지는 속도라는 개념으로 역사를 다시 쓰겠다는 또 다른 학문적 담론이기 이전에 속도를 사유해, 속도에 맞서 저항을 사유하겠다는 정치학인 셈이다.

절대적 속도를 확보한 권력의 탈영토화에 맞서 들뢰즈·가타리와

---

10) 현대 자본주의 사회의 '사회적 시간'을 '표이적'(漂移的) 시간(Erratic Time)으로 규정하고 있는 구르비치의 논의와 비릴리오의 논의를 비교해보라. "표이적 시간이란 [사회의] 리듬이 출현과 소멸 사이에서 불규칙하게 진동하는 시간이다. 즉, 지속 안에서 마치 수수께끼와도 같이 일련의 틈이 생겨나는 시간이다"(Gurvitch, 1964 : 31~32). 중단은 이 '수수께끼와도 같은' 틈을 벌려놓는 전술인가?

비릴리오는 서로 다른 방향으로 나아갔다. 그렇지만 그들은 공통의 지반 위에서 출발했기에, 그들의 다름은 사실상 다름이 아닐 수도 있다. "들뢰즈·가타리와 내가 상호 영향을 받았다고는 생각하지 않는다. 오히려 우리는 상호 수렴됐다"(Armitage, 2001 : 40)라고 말했을 때, 비릴리오가 하고 싶었던 말은 정작 이 뜻이 아니었을까? 비유컨대 그들은 자기들 나름대로의 '아곤'(Agon)을, 그러니까 적대 없이 경쟁하면서 새로운 것을 창안하고 창조하려고 노력한 것이 아닐까?

"권력에서 상상력이라는 것이 의미하는 바는 아무것도 없다. 권력을 장악하는 것은 상상력이 아니라 조직력이다. 정치란 욕망이 아니라 행동인 것이다"(비에 등, 1996 : 122)라는 말로의 말에는 일말의 진실이 있다. 비릴리오도 말로가 의미하는 바를 잘 알고 있었고, 일정 부분 그에게 동의했다. 그렇지만 리슐리외 강당에서 상상력을 언급하며 역사로 들어간 비릴리오에게는 여전히 상상력이 중요했다. "갈릴레오의 저서는 정치적이다. 코페르니쿠스나 아인슈타인의 저서도 정치적이다. [……] 이 세계를 바라보는 관점을 바꾼다는 것, 그것은 곧 정치를 변화시킨다는 것을 뜻하기 때문이다"(Armitage, 2001 : 95). 세계를 바라보는 관점을 바꾼다는 것, 거기에는 상상력이 필요할 테니.

* * *

"번역은 번역되는 자 아니면 번역하는 자 둘 중에 하나는 죽게 되어 있는 사생결단의 결투이다." 독일 낭만주의 운동의 지도자 가운데 한 명이며 뛰어난 셰익스피어 번역자로도 알려져 있는 아우구스트 빌헬름 폰 슐레겔의 이 말을 처음 들었을 때, 나는 지나친 농담이라고 생각했다. 그런데 아니었다. 슐레겔이 옳았다. 이 책 『속도와 정치』를 우리말로 옮기는 과정은 그야말로 피를 말리는 '사생결단의 결투'였다!

독자들에게는 '번역되는 자'가 죽게 되는 것이 해피엔딩이겠으나, 그다지 모질지도 못하고 이런 승부를 즐기지도 못하는 '번역하는 자'의 심성 탓에 이번 결투는 무승부로, 아니 좀더 솔직하게 말하면 전자의 근소한 판정승으로 끝난 것 같다. 몇 권 안 되는 책을 번역하면서 나름대로 잭 더 리퍼 식의 '우아한' 작업 방식을 고수하리라 다짐했으나, 결국 양아치 식의 '막 되먹은' 싸움을 하고야 말았다. 물론 결과적으로는 내 나름대로 전자에게 '죽기 일보직전'의 치명상을 입혔다고 생각하나, 판단은 고스란히 독자 여러분의 몫이니 잡담은 이쯤에서 그만두도록 하자.

이번 책을 옮기면서도 많은 분들에게 도움을 받았다. 국내에서 구하기 힘든 보방의 저서를 구해준 경원대 도서관 대출과의 최문정 씨, 중세 요새에 관련된 책을 구해준 서강대 대학원 정치외교학과 박사과정의 김정한 선배, 비릴리오의 여러 책들을 구해준 이화여대 대학원 경영학과의 권은희 선배와 연세대 대학원 국어정보학과의 송길용 씨, 『속도와 정치』의 독일어 판본과 그밖에 여러 관련 자료들을 구해준 중앙대학교 교지편집실 〈중앙문화〉의 후배들(류해준, 최철웅, 강보민, 박길동, 우상길, 이민아, 장현욱)과 고려대 일어일문학과의 장유순 씨에게 감사의 말을 전한다. 이 분들의 도움이 없었다면 지금처럼 각주를 달 수 없었을 것이다.

비릴리오의 미궁에 빠져 헤맬 때마다 자신들의 박학다식으로 아리아드네의 실을 짜 보내준 분들에게도 감사의 말을 전해야겠다. 비릴리오를 명쾌하게 소개해 줬을 뿐만 아니라, 국내에서 구하기 힘든 2차 문헌들을 구해준 영국 노섬브리아 대학 통합학문학과의 존 아미티지 교수, 그리고 느닷없이 보낸 질문들에 친절히 답변해준 영미권의 비릴리오 번역자 크리스 터너, 경북대학교 행정학과의 김윤상 교수, 특히 『속도와 정치』의 일본어 판본을 꼼꼼히 대조하는 데 자신들의 휴가를 아낌없이 써주신 서울공업고등학교 일본어 선생님 정연홍 선배와 다카하시 미호코 씨, 이 분들의 도움은 큰 힘이 되어줬다.

한정 없이 늘어지던 일정에도 눈살 한 번 찌푸리지 않고 본인을 믿어줬을 뿐만 아니라 너무나 '좋은' 작업 조건을 제공해주신 그린비 출판사의 유재건 사장님, 비릴리오에게 치명적인 일격을 맞아 비틀거릴 때마다 본인에 대한 '기이한 소문'(당사자도 생전 처음 들어본)을 들려주며 전의를 가다듬게 만들어주신 김현경 편집장님, 꼼꼼히 본문을 교정·교열해주신 박순기 씨에게도 감사의 말을 전한다. 이 분들이 없었다면 이 책은 훨씬 뒤늦게야 세상의 빛을 봤을 것이다.

마지막으로, 비릴리오의 작업을 처음 알게 해주신 중앙대학교 영어영문학과의 강내희 교수님, 본인의 직업적 '외도'를 부추겼을 뿐만 아니라 격려까지 해준 훌륭한 친구이자 동지이며 '보스'인 〈도서출판 이후〉의 이일규 선배, 특히 '인류지대사'를 코앞에 두고도 엉뚱한 일에 한눈이 팔려 준비 과정을 소홀히 한 본인에게 늘 따뜻한 웃음을 보내준 평생의 동지이자 친구인 최은진 씨에게는 언제나 특별한 감사의 마음을 전하고 싶다.

2004년 1월 30일

| 참고문헌 |

비릴리오의 저작 목록은 이 책의 부록에 실려 있는 관계로, 본문에서 직접 쪽수를 인용하지 않은 한 여기에서는 생략했다.

Albertsen, Niels, and Bülent Diken. (2001) "Mobility, Justification, and the City," *Nordic Journal of Architectural Research*, vol. 14, no. 1, Stockholm: The Nordic Association for Architectural Research.

Armitage, John., ed. (2001) *Virilio Live: Selected Interviews*, London: Sage.

Bey, Hakim. (1991). *T. A. Z: The Temporary Autonomous Zone, Ontological Anarchy, Poetic Terrorism*, New York: Autonomedia.

Braidotti, Rosi. (1994) *Nomadic Subjects: Embodiment and Sexual Difference in Contemporary Feminist Theory*, Columbia: Columbia University Press.

Brügger, Niels. (1999) "Critical Introduction to the Work of Paul Virilio," J. Beckmann ed., *Speed: A Workshop on Space, Time, and Mobility*, Copenhagen: The Danish Transport Council.

Crogan, Patrick. (1999) "Theory of State: Deleuze, Guattari, and Virilio on the State, Technology and Speed," *Angelaki*, vol. 4, no. 2, Special Issue: Machinic Modulations, Sept., London: Routledge.

Doran, Peter. (1994) "States of Insecurity: Ecology, Modernity and The Globali-sation of Risk," P. Dunleavy and J. Stanyer ed., *Contemporary Political Studies*, vol. 1, London: Political Studies Association of Great Britain.

Gurvitch, Georges. (1964) *The Spectrum of Social Time*, Myrtle Korenbaum trans., Dordrecht: D. Reidel Publishing Company.

Kroker, Arthur. (1992) "Paul Virilio: The Postmodern Body as a War-Machine," *The Possessed Individual: Technology and The French Postmodern*, New York: St. Martin' Press.

Lefebvre, Henri. (1991) *Production of Space*, Donald Nicholson-Smith, trans., London : Blackwell.

Luke, Timothy W., and Gearoid O. Tuathail. (1998) "Thinking Geopolitical Space : The Spatiality of War, Speed, and Vision in the Work of Paul Virilio," M. Crang and N. Thrift ed., *Thinking Space*, London : Routledge.

Stivale, Charles J. (1998) "V as in Voyages : Gilles Deleuze with Claire Parnet," J. Sellars and D. Walker ed., *Nomadic Trajectories*, Warwickshire : Warwick Journal of Philosophy.

Virilio, Paul. (1990) *Popular Defense and Ecological Struggles*, Mark Polizzoti trans., New York : Semiotext(e).

_____. (1993) "Marginal Groups," *Daidalos*, no. 50, Dec. Berlin : Daidalos.

_____. (2003) *Unknown Quantity*, Chris Turner et. als., trans., Paris/New York : Fondation Cartier pour l'art contemporain/Thames & Hudson.

Virilio, Paul, and Sylvère Lotringer. (1997) *Pure War*, Mark Polizzoti trans., New York : Semiotext(e).

_____. (2002) *Crepuscular Dawn*, Mike Taormina trans., New York : Semiotext(e).

Virilio, Paul, and Philippe Petit. (1999) *Politics of the Very Worst*, New York : Semiotext(e).

그람시, 안토니오. (1999)『그람시의 옥중수고 1 : 정치편』, 이상훈 옮김, 거름.

네그리, 안토니오/마이클 하트. (2001)『제국』, 윤수종 옮김, 이학사.

들뢰즈, 질/펠릭스 가타리. (2001)『천 개의 고원』, 김재인 옮김, 새물결.

보들레르, 샤를. (1995)『보들레르 시선집』, 박은수 옮김, 민음사.

비에, 크리스티앙/장-폴 브리엘/장-뤽 리스펠. (1996)『앙드레 말로 : 인간의 조건이란 무엇인가?』, 은위영 옮김, 시공사.

벤사이드, 다니엘. (2003)『저항 : 일반 두더지학에 대한 시론』, 김은주 옮김, 도서출판 이후.

손자. (1999)『손자병법』, 김광수 옮김, 책세상.

부 록

폴 비릴리오의 저작들

1. 폴 비릴리오 저작 목록

(1975) *Bunker archéologie*, Paris : Centre Georges Pompidou, Centre de Création Industrielle. [(1991) 2nd. Edition, Paris : Demi-Cercle. 「1945년/1990년」(1945/1990)이라는 새로운 후기 첨부]
_____ (1994) *Bunker Archaeology*, trans. George Collins, Princeton : Princeton Architectural Press.

(1976) *L'Insécurité du territoire*, Paris : Stock. [(1993) 2nd. Edition, Paris : Galilée. 「극한의 한계에서 극한의 근사치로」(Postface : De l'extrême limite à l'extrême proximité)라는 새로운 후기 첨부]

(1977) *Vitesse et politique. Essai de dromologie*, Paris : Galilée.
_____ (1986) *Speed and Politics*, trans. Mark Polizzotti, New York : Semiotext(e).

(1978a) *Défense populaire et luttes écologiques*, Paris : Galilée.
_____ (1990) *Popular Defence and Ecological Struggles*, trans. Mark Polizzotti, New York : Semiotext(e).

(1978b) *La Dromoscopie ou la lumière de la vitesse*, Paris : Minuit.

(1980) *Esthétique de la disparition*, Paris : Balland. [(1989) 2nd. Edition, Paris : Galilée. 새로운 서문 첨부]
_____ (1991) *Aesthetics of Disappearance*, trans. Philip Beitchman, New York : Semiotext(e).

(1984a) *L'Espace critique*, Paris : Christian Bourgois.

_____ (1991) *The Lost Dimension*, trans. Daniel Moshenberg, New York : Semiotext(e).

(1984b) *Guerre et cinéma I. Logistique de la perception*, Paris : l'Etoile. 〔(1991) 2nd. Edition, Paris : Galilée. 새로운 서문 첨부〕

_____ (1989) *War and Cinema : The Logistics of Perception*, trans. Patrick Camillier, London : Verso.

(1984c) *L'Horizon negatif. essai de dromoscopie*, Paris : Galilée.

_____ (1986) *Negative Horizon*, trans. Mark Polizzotti, New York : Semiotext(e).

(1988) *La Machine de vision*, Paris : Galilée.

_____ (1994) *The Vision Machine*, trans. Julie Rose, Bloomington : Indiana University Press.

(1990) *L'Inertie polaire*, Paris : Christian Bourgois.

_____ (1999) *Polar Inertia*, trans. Patrick Camillier, London : Sage.

(1991) *L'Écran du désert. chronique de guerre*, Paris : Galilée.

_____ (2002) *Desert Screen : War at the Speed of Light*, trans. Michael Degener, New York : Continuum.

(1993) *L'Art du moteur*, Paris : Galile.

_____ (1995) *The Art of the Motor*, trans. Julie Rose, Minneapolis : University of Minnesota Press.

(1995) *La vitesse de libération*, Paris : Galilée.

_____ (1997) *Open Sky*, trans. Julie Rose, London : Verso.

(1996) *Un paysage d'événements*, Paris : Galilée.

_____ (2000) *A Landscape of Events*, trans. Julie Rose, Mass. : MIT Press.

(1998) *La Bombe informatique*, Paris : Galilée.

_____ (2000) *The Information Bomb*, trans. Chris Turner, London : Verso. 〔국역 : 배영달 옮김, 『정보과학의 폭탄』, 울력, 2002.〕

(1999a) *Stratégie de la déception*, Paris : Galilée.

_____ (2001) *Strategy of Deception*, trans. Chris Turner, London : Verso.

(1999b) *Peter Klasen*, Paris : Expressions Contemporaine.

(1999c) *Ville panique*, Paris : Galilée.
(2002a) *La Procédure silence*, Paris : Galilée.
_____ (2003) *Art and Fear*, trans. Julie Rose, New York : Continuum
(2002b) *Ce qui arrive*, Paris : Galilée.
_____ (2002) *Ground Zero*, trans. Chris Turner, London : Verso.
(2003) *Unknown Quantity*, Paris/New York : Fondation Cartier pour l'art contemporain/Thames & Hudson. [An Pamphlet of "Ce qui arrive," Exhibition conceived by Paul Virilio, November 29th 2002 till March 30th 2003, Fondation Cartier pour l'art contemporain, 261 Boulevard Raspail, 75014 Paris, France]

2. 폴 비릴리오 대담집

(1983) *Pure War*, with Sylvère Lotringer, New York : Semiotext(e).
(1996) *Cybermonde, la politique du pire*, Entretien avec Philippe Petit, Paris : Textuel.
_____ (1999) *Politics of the Very Worst*, trans. Michael Cavaliere and Sylvère Lotringer, New York : Semiotext(e).
(1997) *Voyage d'hiver*, Entretiens avec Marianne Brausch, Marseille : Parenthèses.
(1998) *The Virilio Reader*, ed. James Der Derian, London : Blackwell.
(2001) *Virilio Live : Selected Interviews*, ed. John Armitage, London : Sage.
(2002) *Crepuscular Dawn*, with Sylvère Lotringer, New York : Semiotext(e).
(2003) *The Accident of Art*, with Sylvère Lotringer, New York : Semiotext(e).

3. 폴 비릴리오 기고·편집물

(1975) *Le Pourrissement des sociétés*, Paris : Union générale d'Editions.
(1978) *Architecture d'ingénieurs XIXe-XXe siècles*, Paris : Centre de Création Industrielle.

(1980) *Le Nouvel Ordre gendarmique*, Paris : Seuil.

(1983) *La Crise des dimensions. la représentation de l'éspace et la notion de dimension*, Paris : l'UDRA-ESA (Unité de recherche appliquée-Ecole spéciale d'architecture).

(1983) *Portes de la ville*, Paris : Centre de Création Industrielle.

(1986) *Reinhard Mucha*, Paris : Musée National d'Art Moderne.

(1987) *Jean Nouvel*, ParisL Institut Française d'Architecture.

(1989) *De l'instabilité*, Paris : Centre National des Arts Plastiques.

(1991) *L'Odyssée du virtuel*, Paris : Dossiers de l'Audiovisuel. INA Numéro 40.

(1992) *100 affiches françaises à Saint-Petersbourg*, Paris : SNG (Syndicat national des graphistes). [(1992) *100 French Posters*, Paris : Demi-cercle. 새로운 판본]

(1994a) *Yann Kersalé*. L'Instant Lúmière, Paris : Hamzan.

(1994b) *Atom Egoyan*, Paris : Distributed Art Publications.

_____ (1994) *Atom Egoyan*, ed. Carole Desbarats, New York : Distributed Art Publications.

(1996) *Architecture principe*, 1966 et 1996, Besançon : L'Imprimeur.

_____ (1996) *The Function of the Oblique : The Architecture of Claude Parent and Paul Virilio 1963~1969*, ed. and trans. Pamela Johnston, London : Architectural Association Publications.

_____ (1997) *Architecture Principe, 1966 and 1996*, trans. George Collins, New York : Form Zero Editions.

인명 찾아보기

아래에 간략히 소개되어 있는 인명 설명들은 분량이 일정치 않다. 특히 국내에는 거의 자료가 없어서 못 찾은 사람들도 있고, 찾았더라도 단순 정보밖에 없는 경우가 많았다. 설명이 짧게 끝난 사람들은 이런 경우라고 보면 될 것이다. 본문 내용을 이해하는 데 중요하다고 판단된 사람들에 대해서는 설명을 다소 길게 했다. 인명 옆의 숫자는 해당 인물이 나오는 본문 페이지를 가리킨다.

갈란 Yvon Garlan(1933~) 171
프랑스의 역사학자. 현존하는 최고의 그리스 전문가라고 알려져 있으며, 현재 렌느 II대학(프랑스 북서부 브르타뉴 주 일레빌렌 현)의 명예교수로 재직 중이다. 주요 저서로는 『고대 그리스의 노예제』(Les esclaves en Grèce ancienne, 1982), 『고대 그리스에서의 전쟁과 경제』(Guerre et économie en Grèce ancienne, 1989) 등이 있다.

갈루아 Pierre-Marie Gallois(1911~) 238
프랑스의 전략이론가. 파리 법과대학을 거쳐 베르사유 공군학교를 졸업한 뒤, 1954~57년 나토 사령부에서 근무하며 프랑스의 각종 고등군사학교(IHEDN, ESGA, ESGN, CSI 등)에서 교편을 잡았다. '중급핵국가론'을 제창하여 드골의 세계 전략의 이론을 뒷받침한 것으로도 유명하다. 주요 저서로 『핵 시대의 전략』(Stratégie de l'âge nucléaire, 1960) 등이 있다.

게클램 Bertrand du Guesclin(1320~1380) 184
프랑스의 장군. 1356~57년 영국군의 렌 포위 공격을 물리치고 1364년 '자크리의 난'이 일어났을 때 나바라공 카를로스 2세(1332~87)의 군대를 대파했다. 1369년 국왕의 명령으로 스페인의 카스티야 왕국을 도운 뒤 1370년 프랑스 최고 원수로 임명됐다. 영국에게 빼앗긴 영토의 대부분을 재정복하는 데 혁혁한 공을 세웠으나, 요새 포위공격 도중 전사했다.

괴링 Hermann Wilhelm Göring(1893~1946) 104, 139
독일의 군인. 제1차 세계대전 당시 독일 공군의 영웅이던 괴링은 1922년 나치에 가입한 뒤, 1933년 히틀러가 정권을 잡자마자 프로이센 내무장관 겸 공군사령관에 임명됐다. 게슈타포('비밀국가경찰〔Geheime Staatspolizei〕)의 창설자이기도 한 그는 제2차 세계대전 종전 뒤 뉘른베르크 국제군사재판소에서 사형선고를 받자 음독 자살했다.

괴벨스 Joseph Goebbels(1897~1945) 50, 51, 52, 193
독일의 정치인. 제1차 세계대전 때 소아마비로 굽은 다리 때문에 병역을 거부당한 뒤 하이델베르크 대학에 들어가 1922년 박사학위를 받았다. 1924년 나치에 가담하고 1926년 베를린의 나치 선전기관 〈공격〉(Der Angriff)의 수장이 되어 두각을 나타냈으며, 1928년 선전감독관이 됐다. 최후까지 히틀러에 충성했던 그는 히틀러가 자살한 다음날 가족과 함께 자살했다.

구데리안 Heinz Wilhelm Guderian(1888~1954) 81
독일의 군인. 제1차 세계대전의 패배 뒤 전차부대의 확충을 주장하며 '전격전'(Blitzkrieg) 계획을 수립, 1939~41년 폴란드, 프랑스, 러시아를 차례로 침공한 기갑부대를 직접 이끌기도 했다. 히틀러 암살기도 사건 이후 육군 참모총장 대리가 되었으나 히틀러의 간섭으로 자신의 작전이 무시되자 1945년 3월 군에서 물러났고 이듬해 연합군의 포로가 됐다.

그라크 Julien Gracq(1910~) 152
프랑스의 소설가. 본명은 '루이 프와레'(Louis Poirier). 1938년 『아르골 성(城)에서』(Au château d'Argol)를 발표하며 주목을 받은 뒤 초현실주의와 독일 낭만주의(특히 노발리스)의 영향 아래 악과 구원의 문제에 천착한 작품들을 주로 발표했다. 주요 작품으로 『음산한 미남』(Un beau ténébreux, 1945), 『시르트의 강변』(Le Rivage des Syrtes, 1951) 등이 있다.

네차예프 Sergei Gennadievich Nechaev(1847~1882) 217
러시아의 혁명가. 1869년 제네바에서 바쿠닌(Mikhail Bakunin, 1814~76)과 교류하면서 "목적이 수단을 정당화한다"라는 예수회의 신조에 근거해 소책자 『혁명가의 교리문답』(Katikbizis Revoliutsionnoi, 1869)을 출판했다. 혁명을 위해서는 철의 규율을 지닌 비밀 결사를 조직해야 한다고 주장했으며 1869년 러시아로 돌아가 〈인민의 재판〉(Narodnaia Rasprava), 〈인민의 의지〉(Narodnaia Volia) 같은 혁명 결사를 조직해 활동하다가 1871년 체포된 뒤 옥사했다.

단눈치오 Gabriele D'Annunzio(1863~1938) 222
이탈리아의 작가. 『악마의 식물이 자라는 봄날』(Le primavere della mala pianta, 1880), 『죽음의 승리』(Il trionfo della morte, 1894) 같은 시와 소설을 발표하며 민족주의적 색채가 강한 감각적 이미지로 큰 명성을 얻었다. 제1차 세계대전이 발발하자 공군에 입대한 단눈치오는 종전 직후 피우메의 영유권 보장이라는 연합군 측의 약속이 실현되지 않자(이탈리아는 유고슬라비아의 항구 도시 피우메의 영유권을 보장받고 연합군에 참전했다), 1919년 12월 12일 직접 부대를 이끌고 피우메를 점령하는 사건을 일으켰다. 이때 그의 부대원들이 입고 있던 검은색 제복은 훗날 파시스트의 상징물이 됐다. 무솔리니가 좋아했던 얼마 안 되는 작가 가운데 하나였던 단눈치오는 1937년 무솔리니에 의해 〈왕립이탈리아학술원〉의 의장으로 임명됐으나 그 자리에 오르기 며칠 전에 사망했다.

도른베르거 Walter Dornberger(1895~1980) 104
독일의 엔지니어. 1914년 독일군에 입대한 뒤, 1925년 〈샤를로텐부르크 기술연구소〉(Die Technische Hochschule Charlottenburg)에서 만난 폰 브라운(Wernher von Braun, 1912~77)과 함께 로켓을 연구했다. 제2차 세계대전 중인 1944년 V-2(탄도미사일의 시초)를 개발했고, 종전 직후에는 전범 재판을 면하게 해준다는 조건으로 동료 연구자 40여 명과 함께 미국으로 건너가 핵미사일과 유도탄 연구를 강요받았다.

드 샤르댕 Pierre Teilhard de Chardin(1881~1955)   142, 215, 216, 220

프랑스의 신학자 겸 인류학자. 1922년 소르본 대학에서 고생물학 박사 학위를 받은 뒤 중국과 남아프리카를 돌아다니며 발굴 활동에 전념하던 중 1929년 북경원인(北京原人〔호모 에렉투스〕)을 발견해 유명해졌다. 1950년 프랑스 아카데미 회원에 선출된 뒤, 진화론과 창조론을 화해시키려다 교단의 분노로 집필을 금지당했으나 사후에 『인간의 현상』(La Phénomène humain, 1955), 『신성한 환경』(Le Milieu divin, 1957) 같은 주저가 출판됐다.

라 로크 François de La Rocque(1885~1946)   231

프랑스의 군인이자 정치인. 1928년 육군에 입대한 뒤 제1차 세계대전에서 심각한 부상을 입고 퇴역했으나 육군 총사령관 포슈의 통신장교로 리프 전쟁(1919~26)에 참가하며 명성을 얻었다. 종전 직후인 1931년 극우 단체 〈불십자가단〉(Croix-de-Feu)의 의장이 되어 활발히 활동하다가 1936년 〈프랑스 사회당〉(Parti social français)을 창설하였고 제2차 세계대전 중에는 페탱 원수(Henri-Philippe Pétain, 1856~1951)의 비시 정부에 합류했다. 1944년 프랑스가 해방된 뒤 독일로 망명, 그곳에서 사망했다.

라부아지에 Antoine Laurent Lavoisier(1743~1794)   180

프랑스의 화학자. 1789년 『화학요론』(Traité élémentaire de chimie, 1789)을 발표해 큰 명성을 얻었다. 그는 질량불변의 법칙, 원소 개념, 33개의 원소표를 체계적으로 소개한 이 책으로 현대 화학의 기틀을 다졌으나, 프랑스 혁명 당시 징세 청부인이었다는 죄목으로 1794년 5월 8일 단두대에서 처형되었다.

라살레 Ferdinand Lassalle(1825~1864)   130

독일의 사회주의자. 1848년 혁명에 참여하면서 맑스·엥겔스와 교류, 1863년 독일 최초의 노동자 정당이자 훗날 〈독일사회민주당〉(Sozialdemokratische Partei Deutschlands)이 될 〈독일노동자동맹〉(Allgemeinen Deutschen Arbeiterverein)을 조직했다. 자신의 희곡『프란츠 폰 지킹엔』(*Franz von Sickingen*, 1858)을 두고 맑스와 벌인 논쟁으로도 유명하다.

라 시부티 Louis-François Poumiés de la Siboutie(1789~1863) 77

프랑스의 의사. 1847년 무릎을 다친 뒤로 요양 차원에서 프랑스 전역을 돌며 일기를 썼다. 그가 쓴 일기『파리 의사의 회고록』(Souvenirs d'un médecin de Paris, 1847~63)에는 당대의 의학이나 보건 상태뿐만 아니라, 1814~15년의 나폴레옹 전쟁이나 1848년 혁명 등 굵직굵직한 사건들도 기록되어 있다.

라첼 Friedrich Ratzel(1844~1904) 81

독일의 지리학자. 훗날 '지정학'(Geopolitik)으로 알려질 정치지리학을 체계화한 인물로서 인간의 주체성(『인류지리학』[*Anthropogeographie*, 1882~91])과 국가의 발전 과정(『정치지리학』[*Politische Geographie*, 1897])을 환경/영토의 측면에서 분석했다. 주요 관심사는 인간의 이주·문화의 차용, 인간과 인간을 둘러싼 물리적 환경의 여러 요소들 간의 관계에 있었다. 이후 그의 학문은 하우스호퍼(Karl Ernst Haushofer, 1869~1946)에 의해 나치의 침략 정책을 정당화하는 이론으로 탈바꿈했다.

라피트 Jean-Claude Laffitte(1781~1854) 112

멕시코만 연안과 미시시피 강 유역을 지배했던 프랑스의 해적. 1812년 미군의 의뢰를 받아 영미 전쟁에 참전하여 뉴올리언스에서 미군이 영국군을 격파하는 데 도움을 줬다. 1932년 무역상으로 변신한 라피트는 1847년 맑스와 엥겔스를 만나『공산주의당 선언』의 초고를 읽은 뒤 출판 비용을 빌려줬다고 알려져 있다(Jean Merrien, *Histoire mondiale des pirates, flibustiers et négriers*, Paris: Grasset, 1959). 영미전쟁 당시 라피트의 활약상을 담은 영화도 있는데, 율 브리너(Yul Brynner, 1915~85)가 라피트 역을 맡은『해적』(1958)이 그것이다.

러셀 Jane Russell(1921~) 209
미국의 영화배우. 1941년 하워드 휴스에게 발탁되어『무법자』(*The Outlaw*, 1943)에 출연해 인기를 얻었다. 정작 내용보다 〈제작법규협회〉(Production Code Admistration)와의 선정성 논쟁으로 더 유명했던 이 영화에서 러셀은 38인치에 달하는 자신의 풍만한 가슴을 처음 선보였다. 자신에게 '외팔보 브라'(Cantilever Bra)를 선물한 휴스와 염문을 뿌리기도 했다. 주요 작품으로『신사는 금발을 좋아해』(*Gentlemen Prefer Blondes*, 1953) 등이 있다.

레셉스 Ferdinand-Marie de Lesseps(1805~1894) 125
프랑스의 외교관이자 공학자. 1827년 튀니스 영사관을 시작으로 각종 외교관계 업무를 맡다가 수에즈 운하의 개발을 입안, 1854년 수에즈 운하 굴착권을 획득했다. 1869년 운하 공사에 성공해 큰 명성을 날렸으나 1879년 파나마 운하 개발을 주도하다가 경영상의 문제와 공사 지연 등으로 1889년 파산했다.

로 John Law(1671~1729) 236
프랑스에서 활동한 영국의 재정가(財政家). 1705년『화폐와 무역』(*Money and Trade Considered: With a Proposal for Supplying the Nation with Money*)이라는 저작을 통해 공공 은행이 발행한 은행권만을 화폐로 사용해야 국가의 부가 증진될 수 있다는 주장을 펼쳤다. 이 주장에 근거해 공공 은행의 조폐권(造幣權)과 무역독점권을 골자로 은행 개혁안을 만들었던 로는 자신의 개혁안을 받아준 루이 15세에 의해 1720년 프랑스 재정총감 자리에까지 올랐으나, 1719~20년에 발생한 경제공황의 책임을 지고 사직했다.

룀 Ernst Röhm(1887~1934) 77
독일의 군인. 1919년 히틀러를 만난 뒤 〈갈색 부대〉(나치돌격대)를 결성해 나치 세력의 확산에 일익을 담당했으나, 이 부대가 룀의 사조직이 되는 것을 두려워한 히틀러와 갈등을 빚어 1925년 사임했다. 1930년 〈갈색 부대〉 수장으로 복귀, 정규군을 이 부대의 통제 아래 두려하다가 1934년 히틀러에게 숙청됐다.

루게 Friedrich Ruge(1894~1985) 161

독일의 군인. 1914년 임관해 제2차 세계대전 때 제독으로 임명되어 롬멜과 공동 작전을 수행하다가, 1945년 5월 영국군에 생포된 뒤 이듬해 석방됐다. 1952년 서독의 초대 해군사령관에 임명되기도 했던 루게는 1961년 은퇴한 뒤, 튀빙겐 대학의 정치학 교수로 재직하며 저술 활동에 전념했다. 주요 저서로 『태평양에서의 결심』(*Entscheidung im Pazifik*, 1951), 『해전의 역사』(*Der Seekrieg 1939~1945*, 1954) 등이 있다.

루부아 François Michel Le Tellier, Marquis de Louvois(1639~1691) 171

프랑스의 군인이자 정치인. 1666년부터 프랑스 군대를 개편해 프랑스 육군을 창설했으며, 1677년 군사장관이었던 부친의 직위를 물려받았다. 총검과 수발총(燧發銃)을 도입하고, 포병·공병대와 보병의 협조 체계를 완성했으며, 민병제(民兵制)를 실시한 것으로 유명하다. 루이 14세의 재정총감이었던 콜베르가 평화주의자였다면, 루부아는 철혈 정책을 지지했던 군국주의자였다.

루쇠르 Louis Loucheur(1872~1931) 129

프랑스의 정치인. 원래 군수품 제조업자였던 루쇠르는 1917년 프랑스 무기성의 장관으로 임명된 뒤 전문 관료(기술관료)의 중요성을 옹호하며 두각을 나타냈다. 종전 뒤인 1919년에는 산업재건부 장관이 되어 프랑스의 경제를 근대화했던 대표적인 전문 관료였다. 그는 1928년 노동부 장관이 되어 주택문제 해결에 전념하다가 공직에서 은퇴했다.

뤼쿠르구스 Lycurgus(? ~ ?) 145, 146, 147, 148, 189, 233

스파르타의 헌법을 제정한 인물로서, 스파르타인들이 섬기던 신이라는 설도 있다. 고대 그리스의 역사가인 헤로도토스(Herodotos, B. C. 484~425)의 『역사』(*Historiae*)를 통해서 처음 소개됐는데, 그 기록에 따르면 기원전 6~7세기의 인물이다. 메세니아 전쟁(B. C. 736~668)을 거친 뒤 제정됐기 때문에 그의 헌법 체계는 군사적 성격이 강했다고 한다.

르낭 Ernest Renan(1823~1892)   125

프랑스의 역사학자. 1863년 『기독교 기원사』(*Histoire des origines du christianisme*, 총 8권/1883년 완간)의 첫번째 권인 『예수의 생애』(*Vie de Jésus*)를 발표하면서 큰 명성을 얻었다. 1878년 프랑스 아카데미의 회원으로 선출된 뒤 1883년 콜레주 드 프랑스의 총장이 된 르낭은 예수의 신성을 부정했으며 자연을 신뢰했고 이성의 진보를 믿었다.

르노델 Pierre Renaudel(1871~1935)   140

프랑스의 정치인. 1905년 조레스(Jean Jaurès, 1859~1914)와 더불어 제1차 인터내셔널의 프랑스 지부이자 사회당의 전신이 된 〈국제노동자협회 프랑스 지부〉(Section française de l'internationale ouvrière, SFIO)의 창당에 투신, 1914년부터 당 기관지 『인류』(*L'Humanité*)의 편집장을 맡았다.

르벨 Jean-François Revel(1924~)   197

프랑스의 우파 언론인. 『렉스프레스』(*L'Express*) 기자로 활동하면서 신보수주의를 이데올로기적으로 정당화한 『민주주의는 어떻게 멸망하는가』(*Comment les dmocraties finissent*, 1983)를 발표하며 주목을 받았다. 최근에는 유럽 지식인들의 반미 정서를 신흥종교에 비유한 『반미주의라는 강박』(*L'Obsession anti-americaine : Son fonctionnement, ses causes, ses inconsequences*, 2002)을 발표해 큰 논란을 빚었다.

리비우스 Titus Livius(B. C. 59~A. D. 17)   149, 151, 152

고대 로마의 역사가. 아우구스투스 황제(Augustus, B. C. 63~A. D. 14)에게 발탁된 뒤, 40년 동안 로마 건국부터 아우구스투스 황제의 세계 통일에 이르기까지의 역사를 기술한 『도시의 건국에서부터』(*Ab Urbe Condita*, 일명 '로마 건국사')를 저술했다. 이 책은 총 142권 중 35권밖에 현존하지 않지만(제1~10권, 제21~45권), '로마사 연구의 성서'로 알려져 있다.

리요테 Louis Hubert Gonzalve Lyautey(1854~1934) 144

프랑스의 군인. 1873년 프랑스 육군 장교로 임관한 뒤, 1894년 인도차이나의 프랑스 식민지화를 완수했다. 1896년에는 아프리카 남동쪽의 마다가스카르섬에서 반(反)프랑스 반란에 대한 무력 진압과 동화 정책을 병행해 유능한 식민지 개척자로 명성을 떨쳤다. 그 뒤 모로코 총독(1912~25)을 거쳐 육군 장관으로 승진했고, 제1차 세계대전 당시 전쟁성 장관(1916~17)을 역임했다.

마레 Etienne Jules Marey(1830~1904) 157

프랑스의 생리학자. 1868년 콜레주 드 프랑스의 교수가 되었으나, 전공보다는 영화 촬영기의 발명자로 더 유명하다. 1887년부터 동물과 곤충의 움직임을 면밀히 관찰하려는 목적으로 1초당 1백 장의 이미지를 촬영할 수 있는 '크로노포토그래피'(chronophotography)라는 기계를 만들어 영화 발달에 기여했다.

마르셰 Georges Marchais(1920~1997) 195, 201

프랑스의 공산당 지도자. 제2차 세계대전 당시 독일군 포로로 잡혀 강제노동을 당했으나 곧 탈주, 레지스탕스에 참여했다. 1947년 프랑스 공산당에 입당했으며 1972년 당 서기장에 올랐다. 1973년 3월 국민의회(하원)에 진출한 이후 꾸준히 의석을 지켰다. 1976년 제22차 프랑스 공산당 대회에서 프롤레타리아 독재의 포기를 선언하고 이탈리아 공산당·스페인 공산당 등과 함께 유로코뮤니즘을 제창했다.

맥루한 Herbert Marshall Mcluhan(1911~1980) 209

캐나다의 미디어 비평가. 미국 교육방송협회 미디어 프로젝트 주임(1955), 토론토 대학 문화기술연구소 소장(1963)을 역임하며 『구텐베르크 은하계』(*The Gutenberg Galaxy*, 1962), 『미디어의 이해』(*Understanding Media*, 1964) 같은 저서들을 발표하였다. 전자 미디어가 서구 문명에 미칠 영향을 예견해 팝 문화의 대부라는 명성을 얻었다.

머킨더 Halford John Mackinder(1861~1947)   221, 246, 247, 255
영국의 지정학자. 1905년 옥스퍼드 대학을 졸업하고 1909년 하원의원에 당선된 후 식민지 정책에 깊숙이 관련했다. 1904년에 발표한 『민주적 이상과 현실』(Democratic Ideals and Reality)이라는 저서에서 그가 제창한 세계-섬 이론은 발표 당시에는 영국과 미국의 군 지도부에게 거의 주목을 받지 못했으나, 하우스호퍼에 의해 나치 대외정책의 기초가 됐다.

메스린 Jacques Mesrine(1936~1979)   70
프랑스의 유명한 범죄자. 알제리 전쟁 참전용사(1956~59)였던 메스린은 1962년 1월 17일 절도죄로 처음 체포된 이래 5건의 무장강도 사건, 4건의 살인 사건, 6차례의 사기 사건 등에 연루되었고, 총 4차례 탈옥에 성공해 악명을 떨쳤다. 1970년 중반부터 극좌 게릴라들과 연계를 맺었던 메스린은 1979년 9월 10일, 매복 중이던 경찰과 총격전을 벌이던 와중에 사살됐다.

모리스 Hermann-Maurice, comte de Saxe(1696~1750)   106
프랑스의 군인. 1733년 폴란드 왕위계승 전쟁에 참전해 공을 세워 1744년 장군에 임명됐고, 오스트리아 왕위계승 전쟁(1740~48)에서도 승승장구하여 루이 15세로부터 총사령관에 임명됐다. 상드(George Sand, 1804~76)의 증조부로도 유명한 그는 자서전 『나의 꿈』(Mes Rêveries, 1757)에서 "전투에서 승리하는 것은 규모가 큰 부대가 아니라 훌륭한 부대이다"라는 명언을 남기기도 했다.

바라데즈 Jean Baradez(1907~1971)   153
프랑스의 군인. 아마추어 고고학자였던 바라데즈는 프랑스 공군 수색대 대령으로 재직 중이던 1945년, 현대적인 군사 장비를 이용하여 고대 로마의 유적지(도로, 요새, 국경)를 항공 촬영해 지리학의 방법론을 확대시켰다.

바레르 Bertrand Barére de Vieuzac(1755~1841)   67, 68, 71
프랑스의 혁명가. 국민공회의 일원으로 공안위원회의 대변인을 역임하며 프랑스 혁명에 주도적으로 참여하였다. 그러나 1794년 7월 27~29일 로베스피에르(Maximilien François Marie Isidore de Robespierre, 1758~1794)와 생-쥐스트가 처형된 뒤 공포 정치에 가담한 죄로 수감됐다. 루이 18세가 왕위에 오른 1815년에 프랑스에서 추방됐다.

바뵈프 François-Noël Babeuf(1760~1797) 68, 173, 216
프랑스의 혁명가. 별칭은 '그라쿠스 바뵈프'(Gracchus Babeuf). 빈농 출신으로 프랑스 혁명 당시 봉건제의 완전 폐지, 공화정 확립, 법과 신분의 평등, 교육과 취직의 기회 균등, 토지 사유 제한 등을 주장했다. 로베스피에르가 몰락한 뒤 비밀결사를 조직해 무장봉기를 꾀했으나(이른바 '바뵈프의 음모') 사전에 발각되어 처형당했다.

발벨 Jean-Baptiste, Marquis de Valbelle(1627~1681) 196
프랑스의 유명한 해적. 아홉 살 때부터 배를 탔던 그는 노예선 함장이 되면서부터 '호랑이'(Le Tigre)라는 별명으로 불렸는데, 그의 소문을 들은 루이 14세에게 발탁되어 44년 동안 왕에게 충성을 바쳤다. 그의 전기로는 다음을 참조하라. Charles de la Ronciere, *Valbelle 'Le Tigre,' marin de Louis XIV*, Paris: Editions Bernard Grasset, 1935.

베게너 Alfred Lothar Wegener(1880~1930) 243, 247
독일의 기상학자이자 지구물리학자. 1915년 자신의 '대륙이동설'을 체계화한 『대륙과 대양의 기원』(*Die Entstehung der Kontinente und Ozeane*, 1915)을 발표. 고자기학(古磁氣學)의 발전에 큰 영향을 끼쳤다. 1924년 오스트리아 그라츠 대학의 기상학·지구물리학 교수가 되었으나, 그린란드 탐험 조사에 나선 1930년, 그린란드의 빙원(氷原)에서 행방불명됐다.

베를링구에르 Enrico Berlinguer(1922~1984) 201, 233
이탈리아의 정치인. 1943년 이탈리아 공산당에 입당한 뒤 1972년 당 서기에 임명됐다. 소련에 적대적이었던 그는 1975년 스페인 공산당 서기장 카리요(Santiago Carrillo, 1915~)와 대담을 나눈 뒤 소련군의 체코 침공(1968)을 비판하며 '유로코뮤니즘'을 제창했다.

베버리지 William Henry Beveridge(1879~1963) 231, 232
영국의 경제학자. 1902년 옥스퍼드 대학을 졸업하고 1919년 이후 런던정치경제대학 학장으로 재직하다 1937년 모교의 총장으로 선출됐다. 1942년 『사회보험과 관련사업』(Social Insurance and Allied Service)을 통하여 '베버리지 플랜'으로 알려진 사회보장 정책을 입안해 큰 명성을 얻었으며, 『자유 사회의 완전 고용』(Full Employment in a Free Society, 1944)이란 저서를 통해 공공 지출의 계획화를 주창하기도 했다. 1944년 자유당 하원의원이 됐으며, 1946년 귀족 작위를 받았다. 주요 저서로 『자발적 행동』(Voluntary Action, 1948) 등이 있다.

보노 Jules Joseph Bonnot(1876~1912) 85
프랑스의 아나코-생디칼리스트. 1907년 '보노 패거리'(bande à Bonnot)라는 범죄단을 결성했다. 뛰어난 사격술로 유명했던 보노는 범죄를 저지를 때 도주용 차량을 처음 이용한 것으로도 유명했다(특히 상류층의 차를 훔쳐 쓸 것, 차체를 변형할 것, 번호판을 바꿀 것 등 그 이용 방법을 체계화하기도 했다). 보노는 1912년 4월 27일 공화국 근위대에게 사살됐다.

보방 Sébastien Le Prestre de Vauban(1633~1707) 60, 62, 66, 71, 124, 175, 180
프랑스의 군인. 축성술과 조원술(造園術)에 능통해 1667년 루이 14세의 재상 마자랭(Jules Mazarin, 1602~61)에게 기용된 이후 1707년까지 3백여 개의 고성을 요새화하고 37개의 요새를 신축했을 뿐만 아니라, 군항과 운하의 건설도 담당해 프랑스 국경 지방을 완전히 요새화했다. 실전에 참호를 최초로 도입한 것으로도 유명한 보방은 성곽의 벽면에 경사를 주고, 진흙 도랑·갱도·포곽·병행호를 구축하여 적의 공격 속도를 줄이고 아군의 사각(死角)을 없애는 방식도 창안했다. 그가 저술한 『포위 공격에서 지켜야 할 지침에 관한 비망록』

(*Mémoire pour servir d'instruction dans la conduite des sièges*, 1699)과 『요새화된 공간의 공격과 방어에 관한 논고』(*Traités de l'attaque des places fortes et de leur défense*, 1703)는 프랑스 군사아카데미의 교재로 채택됐을 만큼 그 정교함을 자랑했다. 말년에 자신의 정치적 저술들을 『유흥』(*Oisivetés*, 1706)이라는 제목으로 출판하기도 했다.

볼드윈 James Baldwin(1924~1987) 207

미국의 흑인 작가. 성적 갈등이라는 관점에서 인종 문제를 다뤄 많은 논쟁을 불러일으켰으나, 기존의 흑인 작가들과는 달리 흑인이기 이전에 한 사람의 미국인이라는 관점에서 인종 문제를 다루기도 해 도덕주의적이라는 비판을 받았다. 주요 작품으로 『또 다른 나라』(*Another Country*, 1962), 『찰리 나리를 위한 블루스』(*Blues for Mr. Charlie*, 1964) 등이 있다.

부시 Vannevar Bush(1890~1974) 87

미국의 물리학자 겸 전기공학자. 1932년 MIT 공학부장이 되었고, 1940년 대통령 직속 국방연구위원회인 〈미국 과학연구·개발국〉(U. S. Office of Scientific Research and Development)의 초대 장관으로 취임해 무기 개발과 원자폭탄 제조 계획 등에 참여했다. 그가 MIT에서 연구한 미분해석기는 오늘날의 컴퓨터와 하이퍼텍스트(인터넷)의 원형이 됐다고 알려져 있다. 주요 저서로 『끝없는 지평』(*Endless Horizons*,1946) 등이 있다.

블런트 Anthony Frederick Blunt(1907~1983) 176

영국의 미술사학자. 1947년 런던대학 미술사 교수로 임용된 뒤 1952년 여왕 엘리자베스 2세의 소장 미술품 감정사가 됐다. 1964년 영국 첩보부에 의해 소련 간첩이었다는 사실이 밝혀졌으나, 소련 정보를 역(逆)제공하는 대가로 면소 특전을 받았다. 그러나 1979년 영국의 프리랜서 보일(Andrew Boyle, 1919~)이 『반역의 기운』(*The Climate of Treason*)이라는 책에서 이 사실을 폭로해 온 영국이 뒤집혔다.

비트루비우스 Vitruvius(?~?) 72, 176
기원전 1세기경의 로마 건축가. 카이사르와 아우구스투스 황제 밑에서 활약했던 그는 『건축서』(*De architectura*, B. C. 40)를 남겼는데, 고대 그리스(특히 헬레니즘)의 문헌에 근거한 이 책은 르네상스 시기에 발견된 이래로 오늘날까지 고대 건축을 연구하는 데 귀중한 자료가 되고 있다.

빔 Abraham David Beame(1906~2001)   202
미국의 민주당원. 1952년 뉴욕시 예산담당관으로 재직하다가 1962년 정계로 진출, 1961년과 1969년 두 차례에 걸쳐 감사관으로 활동하며 두각을 나타난 뒤 1974년 뉴욕 시장에 당선됐다. 파산 직전에 놓인 뉴욕시의 재정을 되살리려 노력했다는 평가를 받았다.

사로 Albert Sarraut(1872~1962)   206
프랑스의 정치인. 1902년부터 20여 년간 하원의원을 지냈고, 1906년 내무차관으로 공직 생활을 시작한 뒤 인도네시아 총독, 식민지 장관, 내무부 장관, 문교부 장관 등을 두루 역임했으며, 두 차례 총리직에 오르기도 했다. 식민지 장관으로 재직하던 1921년 의회에 제출한 프랑스령 식민지 개발 계획('사로 플랜'[Sarraut Plan])을 통해 기존 식민정책의 기본 이념이던 동화 정책 대신 본국과 식민지의 '협조 정책'(공공 투자를 통한 식민지의 경제 개발, 원료 확보, 국제수지 개선)을 구체화해 유명해졌다.

상귀네티 Alexandre Sanguinetti(1913~1980)   265
프랑스의 정치인. 1958년 드골주의자들의 비밀 단체 〈국내 행동국〉(Service d'Action Civique)을 창설, 〈비밀군사조직〉(Organisation de l'Armée secrète) 같은 극우 단체(1962년 드골을 저격한 단체)들에 맞서 비밀 공작을 펼쳤다. 1973년 UDR 총서기가 되기도 했던 그는 『군인의 역사』(*Histoire du Soldat*, 1979)라는 책에서 "지구와 인간들이 존재하는 한, 폭력과 무기를 둘러싼 스캔들도 계속 존재할 것이다"라는 명언을 남기기도 했다.

생-쥐스트 Louis Antoine de Saint-Juste(1767~1794) 52, 107, 187, 264
프랑스의 혁명가. 1792년 국민공회 의원으로 선출된 뒤 극단적인 사고방식과 능란한 웅변술로 로베스피에르를 도와 프랑스 혁명을 주도했다. 루이 16세의 처형을 비롯해 라인 군단의 재편성, 오스트리아와의 전투 등 군 행정에서도 빛을 발하며 일련의 공포정치를 추진했다. 1794년 로베스피에르와 더불어 처형됐다.

생-틸레르 Etienne Saint-Hilaire(1772~1844) 58
프랑스의 동물학자. 파리 자연사박물관의 교수로 재직 중이던 1798년 나폴레옹 1세의 이집트 원정에 종군하였으며 그때 모은 동물 표본을 연구하여, 모든 동물은 단 하나의 기본형에서 형성되며 각 기관의 위치가 구조적으로 변하지 않는다고 주장해 큰 명성을 얻었다. 주요 저서로는 『해부 철학』(*Philosophie anatomique*, 1818) 등이 있다.

샤를 Charles le Chauve(823~877) 157
프랑크 왕국의 제2대 황제인 경건왕(敬虔王) 루트비히 1세(Ludwig Ⅰ, 778~840)의 막내로서, 부왕의 사망 이후인 843년 이복 형들과의 영토 분쟁을 베르됭 조약을 통해 해결한 뒤, 오늘날 프랑스의 모체가 된 서프랑크 왕국의 시조가 됐다. 뛰어난 지략을 겸비했던 샤를은 875년부터 서로마 황제를 겸임하면서 카롤링거 왕조의 명예를 이어갔다.

샤생 Lionel Max Chassin(1902~1970) 246
프랑스의 군인. 1919년 해군사관학교에 입학하여 1926년 해군 항공대 대위로 임관했다. 1936년 공군 대령으로 아프리카에 파견된 뒤 프랑스 공군 총사령관(1953), 나토 공군 총사령관(1956)을 차례로 역임했다. 1964년부터 프랑스의 UFO 연구단체인 〈미확인 비행물체 현상 연구소〉(Groupe d'Etude des Phénomènes Aérospatiaux Non-ldentifies)의 의장을 맡기도 했다. 주요 저서로『전략과 원자폭탄』(*Stratégie et bombe atomique*, 1948) 등이 있다.

샤프탈 Jean Antoine Chaptal(1756~1832)   180

프랑스의 화학자이자 정치인. 1781년 몽펠리에 대학의 화학교수가 된 뒤 프랑스 최초의 황산 공장을 설립하며 산업가로 변신했고 1795년 나폴레옹 1세의 쿠데타 직후인 1801년에는 내무장관이 됐다. 강력한 산업보호 정책과 미터법을 주장한 것으로도 유명하다.

샤흐트 Horace Greely Hjalmar Schacht(1877~1970)   148

독일의 경제인. 1922~23년 바이마르 공화국을 뒤흔들었던 파괴적인 인플레이션을 진정시킴으로써 국제적 명성을 얻었다. 1923년 독일제국중앙은행의 총재가 됐으나 연합국의 배상금 처리안을 놓고 정부와 국회가 대립하자 사임했다. 1933년 히틀러 집권 뒤 중앙은행 총재와 경제장관을 겸임하며 독일 재군비 계획의 금융·재정을 담당했으나 히틀러의 전쟁 계획에 반대해 1939년 파면됐다. 1944년에는 히틀러 암살 사건에 연루되어 강제수용소에 구금되기도 했다. 주요 저서로 『화폐의 마법』(*Magie der Geldes*, 1966) 등이 있다.

샹브레이 Georges de Chambray(1783~1848)   172

프랑스의 포병 장교라고만 알려져 있는 인물로서, 나폴레옹의 모스크바 원정(1812년 6~10월)의 기록을 M이라는 가명으로 출판한 『러시아 원정사』(*Histoire de l'expedition de Russie*, 1823/총2권)를 남겼다. 이 책은 나폴레옹과 동시대의 유명인들이 남긴 기록과 서한 등을 광범위하게 담고 있어 나폴레옹 시기의 프랑스를 연구하는 데 중요한 사료로 여겨지고 있다.

세베느망 Jean-Pierre Chevènement(1939~)   201

프랑스의 정치인. 1973년 벨포르(프랑슈콩테 주 벨포르 현의 주도)의 시장에 당선된 뒤 기술부 장관(1981)을 거쳐 국방부 장관(1988)이 됐으나, 1991년 걸프전쟁 파병 결정에 항의해 사퇴했다. 1997년 조스팽(Lionel Jospin, 1937~) 정부의 내무부 장관을 맡으며 다시 공직에 복귀했으나 2000년 또다시 장관직을 사퇴한 뒤 시민운동에 투신했다.

쉴리 Maximilien de Béthune duc de Sully(1560~1641) 70, 152
프랑스의 정치인. 1596년 앙리 3세의 재무담당관으로 발탁된 뒤 1598년 최고 재무총감이 됐다. 재무총감이 된 뒤 상당액의 공채를 말소하고 공무원들에게도 세금을 걷었으며, 특히 농업과 공공사업(도로, 수로 건설)을 추진해 종교 전쟁(1562~94)으로 손실된 국고를 완벽히 회복, 큰 명성을 얻었다. 1610년 앙리 4세가 암살된 뒤 이듬해 곧 은퇴했다.

수아레스 Mario Suares(1924~) 238
포르투갈의 정치인. 1970년 반정부 운동을 벌이다 파리로 망명했으나 1974년 포르투갈 혁명 후 귀국해 임시정부의 외무장관이 됐다. 공산당과 동조하는 〈국군 운동〉 진영과 대립해 한때 물러났지만 1976년 수상에 선출됐고, 1986년 좌파 단일후보로서 60년 만의 민선 대통령으로 당선됐다(1991년 재선).

슈페어 Albert Speer(1905~1981) 129
독일의 건축가. 1931년 나치에 입당, 히틀러 전속 건축가가 된 뒤 1933~42년 동안 뉘른베르크 스타디움, 총독 관사, 각종 집회 장식을 도안해 큰 명성을 떨쳤다. 1942년 무기성 장관이 된 뒤로는 전시경제 계획, 베를린 재건축, 전략도로와 방어요새 건설 등을 주도했다. 종전 뒤 뉘른베르크 전범 재판에서 20년형을 선고받고 복역 후 1966년 석방됐다. 주요 저서로 『비망록』(*Erinnerungen*, 1969), 『노예 국가』(*Der Sklavenstaat*, 1981) 등이 있다.

스터지스 John Sturges(1911~1992) 28, 29
미국의 영화감독. 1957년 『OK목장의 결투』(1957)로 흥행 감독이 된 뒤 『황야의 7인』(1960), 『위대한 탈출』(1963) 등을 통해 일군의 남성들이 특별한 공동목표를 추구하는 과정에서 겪는 모험담을 즐겨 그렸다. 1968년에 제작한 『아이스 스테이션 제브라』(*Ice Station Zebra*)도 이런 공식을 충실히 따른 스파이 영화로서, 북극에 추락한 우주선 제브라호를 회수하려는 미·영·소의 각축전을 다룬 영화이다.

스텔락 Stelarc(1946~) 29

호주의 행위 예술가. 본명은 '스텔리오스 아카디우'(Stelios Arcadiou). "신체는 진부한 것이다"라는 신조 아래 의료용 기구나 인공 보철물, 로봇공학 가상현실 시스템, 인터넷 같은 첨단과학 장비 등을 자신의 몸에 이식하거나 장착해 인간과 기계의 상호 작용을 시각화하는 행위 예술을 펼치고 있다. 신체/정신 이원론이라는 데카르트적 전통의 사유에 도전하는 그는 신체란 단일한 생물학적 실재가 아닌 타인의 신체나 각종 장비와 연결된 일종의 기계라고 주장하고 있다.

스티른 Olivier Stirn(1922~) 229

프랑스의 정치인. 1975~76년 〈해외도-해외 영토부〉(Département d'outremer et Territoires d'Outre-mer) 장관을 역임한 뒤, 1979년에는 외무부 정무차관을 지냈고, 1988년에는 관광부 장관이 됐다.

아롱 Raymond Aron(1905~1983) 230

프랑스의 사회학자. 1924년 고등사범학교를 졸업하고, 제2차 세계대전 중 런던에서 드골의 〈자유 프랑스〉(La France Libre) 운동에 참가했다. 종전 직후인 1945년에는 사르트르와 잡지 『현대』(Les Temps modernes, 1945)를 창간했고 1957년 콜레주 드 프랑스의 교수로 임명됐다. 주요 저서로 『지식인의 아편』(L'opium des intellectuels, 1955) 등이 있다.

에라르 Jean Errard de Bar-le-Duc(1554~1610) 83, 108

프랑스의 군사 공학자. 1591년 앙리 4세의 명령으로 프랑스 최북단의 노르파드칼레 주에서 중북부의 일드프랑스까지 요새를 건축해 '요새화의 아버지'(père de la fortification)란 명성을 얻었다. 고대 이탈리아 요새를 주로 참조했던 그는 기하학적 체계를 중시했으며, 요새 건설자 본인도 요새의 방어와 공격 방법 및 각종 무기를 알고 있어야 한다고 강조했다. 그가 만든 요새로는 말년에 건설한 아미엥 요새(1597~1610)가 유명하다. 주요 저서로 『기술로 간단히 살펴본 요새화』(La Fortification démonstrée réduicte en art, 1594) 등이 있다.

에이레 Charles Ailleret(1907~1968) 250
프랑스의 군인. 프랑스 육군의 특수무기 전문가로서, 1960년 프랑스가 최초로 실시한 핵폭탄 실험의 책임자였다. 주요 저서로『무기의 역사』(*Histoire de l' armement*, 1948) 등이 있다.

에인절 Ralph Norman Angell Lane(1873~1967) 117
영국의 언론인. 1905년『데일리 메일』(*Daily Mail*) 편집장이 되면서 명성을 얻은 뒤 1912년부터 저술에 전념했다. 1933년 〈전쟁과 파시즘에 맞서는 국제위원회〉(Comité mondial contre la guerre et le fascisme) 등에서 펼친 평화운동을 인정받아 노벨 평화상을 수상했다. 주요 저서로는『거대한 환상』(*The Great Illusion:A Study of the Relation of Military Power to National Advantage*, 1910) 등이 있다.

에퀴콜라 Marius Equicola(1470~1525) 176
이탈리아의 인문주의자이자 외교관. 1519년 이탈리아 르네상스 시기의 문화적 중심 가운데 하나였던 에스테 가(家)의 비서로 일하며 집필 활동을 했다. 이때 그가 쓴 편지와 기록은 르네상스 연구의 중요한 자료가 됐다. 특히 1495년부터 집필한『사랑의 본성』(*De natura de amore*, 1525)을 통해서 플라톤식 사랑을 부정하고, 사랑의 본성 자체가 감각의 만족을 요구하기 때문에 진정한 사랑은 정신과 아울러 육체도 사랑하는 것이라고 주장해 유명해졌다.

영 Arthur Young(1741~1820) 54, 180
영국의 농업학자. 1793년 영국의 경제학자 싱클레어(John Sinclair, 1754~1835)와 함께 〈농업위원회〉(The Board of Agriculture)를 창설한 뒤 유럽 각지를 시찰하며 여러 여행기를 남겼다. 특히, 농업 기술의 개선과 새로운 경영 방법의 보급에 힘쓰는 등 과학적 농업기술의 보급에 지대한 영향을 끼쳤다. 주요 저서로『농민의 연중행사』(*The Farmer's Calendar*, 1771), 『아일랜드 여행』(*A Tour in Ireland*, 1780) 등이 있다.

예수이노 Jorge Correia Jesuino(1927~) 196

포르투갈의 군인이자 정치인. 포르투갈 혁명 직후인 1975년 8월 8일 임시정부의 총리 곤살베스(Vasco Gonçalves, 1922~)에 의해서 사회통신부 장관에 임명됐다. 일종의 '정보부' 역할을 병행했던 사회통신부를 통해 살라자르 추종자들을 색출·추방하는 데 전념했다. "혁명 직후 창당의 자유를 허용한 것은 실수였을지도 모른다", "어쨌든 혁명을 이룩한 건 정당이나 지식인이 아니라 군대였다. 군대가 혁명의 전위이니 국가를 지휘할 권리도 우리에게 있다" 같은 유명한 말을 남긴 것으로도 유명하다.

오지올 Abbe Oziol(1903~1987) 234

프랑스의 신부. 1948년 몽펠리에(프랑스 랑그도크루시용 주)에서 장애 아동들을 위한 병원 겸 복지단체 〈울타리 보금자리〉(Le Clos du Nid)를 창설하여 주로 정신장애아들의 재활에 힘썼다. 이 단체는 1962년 국가의 정식 승인 후 전국에 지부를 두었으며 1965년부터는 일반 장애인들의 재활에도 노력을 기울였다.

올리벤슈타인 Claude Olivenstein(1935~) 182

프랑스의 정신의학자. 현재 리용 II대학의 의학부 교수로서, 1971년에 프랑스 최초의 약물중독 연구소 겸 병원인 〈마모탕 의학연구소〉(Centre Médical de Marmottan)를 설립했다. 1999년에는 의료 혜택의 평등화를 주장하는 「존엄성과 연대를 위한 호소문」(Appel pour la dignité et la solidarité)을 발표하는 등 사회 활동에 전념하고 있다. 주요 저서로 『마약』(La Drogue : Drogues et toxicomanie, 1971) 등이 있다.

웨버 Henri Weber(1944~) 49

프랑스의 정치인. 트로츠키주의자들의 국제 단체 제4차 인터내셔널의 프랑스 지부 〈혁명적 공산주의자 동맹〉(Ligue Communiste Révolutionnaire, LCR)의 지도자였으나 68년 혁명 이후 트로츠키주의를 포기하고 사회당으로 입당하여 정치활동을 계속하고 있다.

윙거 Ernst Jünger(1895~1998) 194

독일의 소설가. 1차 대전에 참전한 뒤 니체의 영향 아래 영웅주의 사상과 전쟁 체험을 융합한 작품들을 발표했다. 『철(鐵)의 폭풍 속에서』(*In Stahlgewittern*, 1920), 『내적 체험으로서의 전투』(*Der Kampf als inneres Erlebnis*, 1922) 같은 작품에서 전쟁을 찬양하고 전쟁의 희생자들을 영웅시해 나치의 주목을 받았으나, 1932년부터 나치에 대한 환상에서 깨어나 파리로 이주하여 낡은 계급 질서와 폭력에 맞서 평화와 자유를 역설했다.

이소크라테스 Isokrates(B. C. 436~338) 168

고대 아테네의 변론가. 펠로폰네소스 전쟁으로 파산한 뒤 아테네에 변론술 학교를 창설해 유명해졌다. 뛰어난 변론술을 통해 그리스의 모든 도시국가들이 한 사람의 지도자 아래 단합하여 아시아(특히 페르시아)에 대항해야 한다고 주장했다. 오늘날 21편의 연설문과 9편의 서간이 전해지고 있다.

이스나르 Jacques Isnard(1928~) 203

프랑스의 언론인. 프랑스의 유력 일간지 『르몽드』(*Le Monde*)의 군사문제 전문 칼럼니스트로서, 지금도 왕성한 집필 활동을 하고 있다.

저우언라이 周恩來(1898~1976) 98

중국의 정치인. 1919년 반제국주의와 반봉건주의를 표방한 5·4운동에 참여한 것을 계기로 정치에 투신, 1936년 중국 공산당의 혁명군사위원회 부주석이 되어 마오쩌둥과 함께 중국 혁명을 이룩했다. 중국인민공화국의 초대 총리를 비롯해 주요 요직을 거친 중국의 영웅이다.

조네 Alexandre Moreau de Jonnès(1778~1870) 179

프랑스의 경제학자이자 통계학자. 1795년 해군통신병으로 파견된 서인도제도의 과들루프 섬에서 독학으로 지리학, 식물학, 광물학, 의학 등을 공부했던 그는 사상 최초로 통계학을 사용하여 노예 무역을 다룬 것으로 유명해졌다. 1833

년 프랑스 통상부에 〈통계청〉(Statistique Générale de la France)을 만든 공로로 프랑스 아카데미의 회원으로 선출되기도 했다. 주요 저서로『통계학으로 본 프랑스 농촌』(Statistique de l'agriculture de la France, 1848) 등이 있다.

지압 Vo Nguyen Giap(1912~) 144
베트남의 군사 전략가이자 정치인. 1939년 9월 중국에서 호치민(胡志明, 1890~1969)을 만난 뒤 〈베트남 독립 동맹전선〉(Viet Nam Doc Lap Dong Minh, 일명 '베트민')을 결성, '디엔비엔푸' 전투와 '구정 공세'를 성공적으로 이끌어 명성을 얻었다.『큰 승리, 큰 임무』(Big Victory, Big Task, 1967) 등의 저서를 통해 군사 전략과 게릴라 전술을 체계화하기도 했다.

카르노 Lazare Nicolas Marguerite Carnot(1753~1823) 65, 68, 77, 78, 79
프랑스의 정치인이자 군사공학자. 1773년 메지에르 공병학교를 졸업한 뒤 1783년 대위로 승진. 프랑스 혁명 당시 1792년 스페인의 공격 위험에 대비해 베욘 지방의 방어 체계를 구축하라는 임무를 맡고 파견되어 혁혁한 공을 세웠다. 1793년 8월 국민공회는 카르노를 공안위원회 위원으로 임명했는데, 그는 전체 공안위원회에서 논의되던 군사원정계획을 펼치는 데 주도적인 역할을 맡았다. 1795년에는 5명으로 이뤄진 총재정부의 일원이 됐으나, 1799년 쿠데타(브뤼메르 18일) 직후 스위스로 망명했다. 1800년 귀국해 나폴레옹 1세 아래에서 육군장관을 맡았으나 1815년 왕정복고 뒤에 추방되어 독일에서 사망했다.

카시니 부자 The Cassinis 72
이탈리아 태생의 프랑스 천문학자인 세자르(César François Cassini, 1714~84)와 그의 아들 도미니크(Dominique Cassini, 1748~1845) 부자를 말한다. 1771년 파리 천문대의 총책임자가 된 세자르는 도미니크와 함께 파리 천문대를 지나는 자오선(子午線)과 그리니치 천문대의 본초자오선(本初子午線, 경도 0°의 자오선)을 잇는 방법으로 프랑스 최초의 현대적 지도(이른바 '카시니 지도'〔Carte de Cassini〕)를 작성했다.

칼로 Jacques Callot(1592~1635) 169
프랑스의 판화가. 1612년 이탈리아 플로렌스에서 판화를 배운 뒤 메디치 가의 코시모 2세(Cosimo II de' Medici, 1590~1621)의 후원으로 작품활동을 시작했다. 주로 당대의 풍습이나 사건을 담은 작품을 남겼는데, 프랑스군의 학살을 다룬 연작 판화 『전쟁의 비참함과 불운』(Les Miséres et les Malheurs de la Guerre, 1633)이 유명하다. 주요작으로『거지들』(Les Gueux, 1622/총37장) 등이 있다.

코르몽테뉴 Louis de Cormontaigne(1697~1752) 65
프랑스의 군사공학자. 보방의 제자로도 유명한 그는 1729년 프랑스 육군 대위로 임명된 뒤, 1744년부터 프랑스 로렌 주 모젤 현의 주도(主都)인 메스를 비롯해 티옹빌 등지를 요새화하라는 임무를 받았다. 특히 1552년부터 독일의 침입을 막기 위한 요새 도시로 발전해 왔던 메스는 그의 요새화 작업을 통해 유럽 최대의 군사 기지라는 지위를 누리게 되었으며 코르몽테뉴는 그 공로를 인정받아 1748년 육군 준장으로 임명되기도 했다. 주요 저서로는『군사 건축물』(*Architecture militaire*, 1714/전 2권)이 있다.

코뮌느 Philippe de Commynes(1447~1511) 149
프랑스의 정치가이자 역사가. 1463년 루이 11세의 절대 체제에 맞섰던 호담공(豪膽公) 샤를의 가신이 되었으나, 1472년부터 루이 11세를 섬기기 시작했다. 샤를 8세의 보좌관으로 이탈리아 원정(1470~98)에 참가해 잠시 베네치아 대사를 맡기도 했던 코뮌느는 이때의 경험을 자신의 사후에 출판된『회상록』(*Memoires : sur les regnes de Louis XI et de Charles VIII*, 1524)에 기록해놓았다. 1464년부터 1498년간의 프랑스 역사를 기록해놓은 이 책은 당대의 대표적인 편년체 기록으로도 유명하다.

코스타-고메스 Francisco da Costa-Gomes(1914~2001) 225
포르투갈의 군인이자 정치인. 1958년 수상이 됐으나 1961년 살라자르 하야 계획에 연루되어 사임했고, 1972년에는 육군 총사령관에 임명되었지만 1974년 4

월 14일 정적의 음모로 또다시 사임해야 했다. 이에 격분한 그는 〈구국군사평의회〉에 들어가 포르투갈 혁명에 동참, 스피놀라(António Spinola, 1910~96) 내각에서 총리를 맡은 뒤 대통령이 됐다.

코토 Gilbert Cotteau(1931~)　235

프랑스의 사회사업가. 1949년 〈지방민중교육연합회〉를 창설하며 사회활동에 투신한 후 〈유아구출대〉(SOS Villages d'Enfants, 1953), 〈델타7 재단〉(Fondation Delta 7, 1973), 〈아스트르 재단〉(Fondation de l'association Astrée, 1987) 등을 세워 2002년 프랑스 정부로부터 기사 작위를 받았다. 주요 저서로『아스트르, 사회적 연결망의 쇄신』(Astrée, la restauration du lien social, 2000) 등이 있다.

콜로시모 James 'Big Jim' Colosimo(1877~1920)　85

이탈리아 태생의 미국 마피아. 1887년 뉴욕으로 건너가 구두닦이, 신문팔이를 전전하다가 시카고로 건너가 거리 청소원이 됐다. 1895년부터 동료 청소원들(이탈리아 이민자들)을 규합해 매춘업을 시작했고 1905년부터 시카고 시의원들을 후원해주며 암흑가를 장악했으나 1920년 5월 11일 부두목 토리오(Johnny Torrio, 1882~1957)가 보낸 자객에게 암살됐다.

콜베르 Jean-Baptiste Colbert(1619~1683)　114, 144, 171, 173, 179, 207

프랑스의 정치인. 1664년 루이 14세의 재정총감으로 임명된 뒤 상공업, 농업, 토목, 식민문제, 해군 업무를 총괄하며 강력한 중상주의 정책을 추진하여 프랑스의 국부(國富)를 증대시키는 데 기여했다. 그러나 수입을 억제하고 수출을 증가시켜 금·은의 보유량을 늘린다는 그의 정책은 지나친 국가 규제로 인해 상업의 발전을 저해하게 됐다.

쾨르 Jacques Coeur(1395~1456)　177

프랑스의 상업자본가. 1432년 해상 무역으로 부를 축적한 뒤, 1436년 샤를 7세(1403~61)에 의해 왕실 재무감독관에 임명됐다. 레반트 무역로 개척, 광산 개발, 모직물·향수 제조 권장 등을 통해서 백년 전쟁(1377~1453)으로 피폐해진 프랑스의 경제를 되살렸으나 1453년 샤를 7세가 총애하던 애첩 소렐(Agnès Sorel, 1422~50)를 독살했다는 음모에 휘말려 모든 재산을 몰수당한 뒤 투옥됐다. 수백만 프랑의 벌금을 내고 석방된 쾨르는 로마로 망명해 교황의 비호를 받다가 그곳에서 사망했다.

쿠날 Alvaro Cunhal(1914~) 195

포르투갈의 정치인. 친소(親蘇) 성향을 보였던 '정통' 맑스주의자로서, 1935년 〈공산주의자청년운동연합〉 서기장직을 역임했고, 1942년에는 〈포르투갈 공산당〉 서기장을 맡아 살라자르 체제에서 와해된 당의 재건과 국제공산주의운동과의 제휴를 위해 활약했다. 포르투갈 혁명 직후 장관에 임명되었으나 1975년 사임했다.

퀴뇨 Nicolas Joseph Cugnot(1725~1804) 190

프랑스의 군인이자 군사기술자. 7년 전쟁(1756~63)에 참전한 뒤 파리로 돌아와 군사기술자가 됐다. 1769년부터 군부의 요청으로 포차(砲車)를 제작하던 중 고압의 증기를 이용한 엔진 개발에 성공하여 1771년 대략 시속 4km의 속도를 낼 수 있는 4인용 증기 자동차('퀴뇨의 운반차')를 만들었다. 이 증기 자동차는 주행 거리가 짧고, 증기 압력이 일정치 못하다는 단점이 있었으나 피스톤의 직선운동을 연속적인 회전운동으로 변환한 획기적인 발명품이었다.

클로츠 Helmut Klotz(1892~1943) 86

독일 전쟁국 소속의 군의관이라고만 알려져 있다. 바이마르 공화국의 몰락과 히틀러의 권력장악 과정(1932~33)을 기록한 회고록 『혼란의 바이마르』(De Weimar au chaos, 1934)를 남겼다.

클루제레 Gustave Paul Cluseret(1823~1900) 98, 194

프랑스의 군인이자 정치인. 이탈리아의 국부 가리발디(Giuseppe Garibaldi,

1807~82)를 도와 이탈리아 해방운동에 가담했으며, 미국의 남북 전쟁에 북군으로 참여하기도 했다. 1871년 파리 코뮌에 반대했다가 추방된 뒤 1880년 사면됐고, 1884년부터 툴롱의 의원을 역임했다.

키우삼판 Khieu Samphan(1931~) 94
캄보디아의 정치인. 1959년 파리 대학에서 경제학 박사학위를 받은 뒤 고국에서 프랑스어 잡지 『관찰자』(*L'Observateur*)를 발간하며 정치 활동을 시작했다. 1976년 반(反)베트남을 표방하며 크메르루주에 합류해 1994년까지 무장투쟁을 지속했으나, 1998년 12월 25일 정부군에게 투항했다.

타키투스 Publius Cornelius Tacitus(55~117) 215
로마의 역사가. 97년 로마의 집정관 자리에 오른 뒤 112년 로마의 속주(屬州)인 아시아 주의 총독이 됐다. 티베리아우스 황제의 등극에서부터 도미티아누스 황제의 죽음에 이르기까지의 역사를 연대기식으로 서술한 『연대기』(*Annales : Ab Excessu Divi Augusti*) 등의 역사책을 남겼다.

테이유 Joël le Theule(1930~1980) 204
프랑스의 정치인. 1958~68년, 1969~78년 각각 국가안보위원회와 국방예산위원회 의장을 역임한 뒤 1978년 교통부 장관이 됐다. 1980년에는 국방부 장관에 임명되었으나, 심장마비로 사망했다.

템플 William Temple(1628~1699) 144
영국의 외교관이자 작가. 1661년 아일랜드의 국회의원에 당선된 뒤, 1668년 헤이그 대사가 되어 스페인을 노리고 있던 프랑스에 맞서는 영국, 네덜란드, 스웨덴의 삼각 동맹(1668년)을 결성해 큰 명성을 얻었다. 1688년 공직에서 은퇴한 뒤 스위프트(Jonathan Swift, 1667~1745)의 후견인을 맡으면서 문필 활동에 전념했다. 주요 저서로 『고대와 현대의 가르침에 관하여』(*Of Ancient and Modern Learning*, 1690) 등이 있다.

튀렌 Henri de la Tour d'Auvergne, Vicomte de Turenne(1611~1675)   179
프랑스의 군인. 루이 14세가 제일 총애했던 장군으로서 30년 전쟁에서 세운 공을 인정받아 1643년 총사령관에 임명됐다. 1648년 절대왕정에 반대해 귀족들이 프롱드의 난을 일으키자 대(大) 콩데(Condé, Louis II de Bourbon, 1621~86)의 반왕당파에 가담했으나 1651년 재상 마자랭과 콩데가 일시적으로 화해하자 다시 왕당파에 가담, 프롱드의 난을 완전히 진압했다. 그 뒤 스페인 전쟁(1658), 플랑드르 전쟁(1667), 네덜란드 전쟁(1672)을 모두 성공리에 이끌었으나 전선 시찰 중에 적탄에 맞아 전사했다.

파랑 Claude Parent(1923~)   7, 36
프랑스의 건축가. 파리 국립미술학교 재학 중 당대의 형식주의에 반발해 1951년부터는 프랑스의 건축가 블록(André Bloc, 1896~1966)과 함께『오늘날의 건축』(*L'Architecture d'aujourd'hui*)을, 1963년부터는 비릴리오와『건축 원리』(*Architecture Principe*) 등을 편집하며 수평선에 기초한 당대의 건축에서 벗어날 수 있는 새로운 건축을 구상했다(그는 주로 28도 기울어진 경사면을 사용했다). 주요 작품으로『마드렌-미셀리스 18번가』(18 Rue Madeleine-Michelis, 1968),『슈퍼마켓 GEM』(Hypermarche GEM, 1969) 등이 있으며, 1979년 프랑스 국립 건축상을 수상하기도 했다.

파올리 Pasquale Paoli(1725~1807)   115
코르시카 해방운동 지도자. 1755년부터 코르시카를 지배하던 제노바와 맞서 '건국의 아버지'(U babbu di a patria)라고 불린다. 1768년 제노바가 코르시카를 프랑스에 매각한 뒤로는 프랑스와 맞섰으나 1769년 대패한 뒤 영국으로 망명했고 프랑스 혁명 때인 1791년 코르시카 총독에 임명되어 금의환향했다. 그러나 1793년 자코뱅당에 의해 반혁명 분자로 고소된 그는 코르시카의 독립을 주장하며 영국 해군과 함께 1794년 프랑스군을 대파했다. 그 뒤 그의 염원과는 달리 코르시카가 영국 보호령이 되자, 1795년 영국으로 떠나 다시는 돌아오지 않았다.

파커 Geoffrey Parker(1943~) 171

영국의 역사학자. 현재 미국 오하이오 주립대학의 역사학과 교수로 재직 중이다. 유럽사 전문가로서, 특히 근대 유럽의 형성 과정을 군사 혁명의 관점에서 다룬 『군사 혁명』(*The Military Revolution: Military Innovation and the Rise of the West, 1500~1800*, 1988)으로 큰 명성을 얻었다. 주요 저서로 『위기의 유럽』(*Europe in Crisis*, 1598~1648, 1979) 등이 있다.

포니아토프스키 Michel Poniatowski(1922~) 225, 229

프랑스의 정치인. 1973년 보건부 장관이 된 뒤 이듬해인 1974년 내무부 장관이 됐다. 1978년부터 유럽의회 의원으로 재직하고 있다.

포슈 Ferdinand Foch(1851~1929) 255

프랑스의 군인. 제1차 세계대전 당시 제9군 사령관으로 임명되어 마른 전투(1914)를 승리로 이끈 뒤 프랑스 총사령관(1917), 연합군 총사령관(1918)을 차례로 맡으며 명성을 떨쳤다. 1918년 프랑스 아카데미의 회원으로 선출되기도 했으며, 1919년에는 프랑스의 안전 보장을 주장하며 라인강 좌안의 독일 영토를 프랑스에 귀속시키라고 요구하기도 했다.

포플리니에르 Alexandre Joseph Le Riche de La Popeliniére(1693~1762) 149

프랑스의 징세 청부인이자 예술 후원자로 알려져 있다. 프랑스에 클라리넷, 호른, 하프 등을 소개했고, 라모(Jean-Philippe Rameau, 1683~1764) 같은 음악가들을 후원해줬다.

푸르크루아 Charles-René de Fourcroy de Ramecourt(1715~1791) 65, 72

프랑스의 군사공학자. 프랑스 왕립 공병대 하사관으로 재직하다가 1776년 프랑스 요새화 총책임자가 됐으나 살아 생전 직접 요새를 건설한 적도 없고, 대규모 공사를 지휘한 적도 없다고 한다. 프랑스 아카데미의 회원이었던 몽탈랑베르(Marc René de Montalembert, 1714~1800)가 스웨덴·프러시아 등지의 축성 체계를 참조해 1778년부터 『수직화된 요새에 관한 비망록』(*Mémoires sur la Fortification Perpendiculaire*, 1778~93/전 10권)을 발표하여 적의 공격력을 줄이는 데 중점을 뒀던 보방의 축성 체계를 적의 방어력을 줄이는 데 중점을 둔 체계로 대체하며 명성을 얻자, 육군 중위 다르숑(Jean Claude Eléonore Le Michaud d'Arçon, 1733~1800) 등의 도움을 받아서(다르숑은 『요새화에 관한 군사적·정치적 견해』[*Considérations Militaires et Politiques sur les Fortifications*, 1795]라는 저서를 발표했다) 보방의 원래 체계가 우수하다는 점을 인정받으려 애썼다. 결국 푸르크루아 측이 논쟁의 승리자가 됐는데, 이 논쟁은 역사적으로 "프랑스 보수주의 공학의 승리"로 기록되고 있다.

풀러 John Frederick Charles Fuller(1878~1966) 209, 249, 242
영국의 장군이자 군사이론가. 1898년 영국 경보병대에 입대한 뒤 제2차 보어전쟁(1899~1902)에 참전했고 1903년 인도로 파견된 후부터 기계화전(機械化戰)을 연구했다. 제1차 세계대전 중인 1916년 왕립전차부대의 총사령관에 임명된 그는 캉브레 전투(1917년 11월 20일)에서 탱크로 참호전의 한계를 극복해 명성을 얻었다. 1930년 육군 소장으로 승진했고, 3년 뒤 집필에 전념하기 위해 퇴역했다. 전략·전술을 연구하며 집필 활동을 했던 풀러는 반유태주의 활동을 했고 1939년 독일을 여행, 히틀러와 나치즘을 긍정하기도 했다. 나치는 그가 1919년 입안했으나 영국 육군이 무시했던 '플랜 1919'를 면밀히 분석해 전격전 수립에 참조했다.

프렌치 John Denton Pinkstone French(1852~1925) 134
영국의 군인. 1911년 영국군 최고사령관에 임명된 뒤, 제1차 세계대전이 발발하자 〈영국원정군〉(The British Expeditionary Force, BEF) 총사령관으로 서부전선에 투입되었다. 그러나 그는 승전보다 영국군의 안전에 더 신경을 기울였으며, 스윈턴 중장의 장갑차 제조계획에도 관심을 보이지 않았다. 결국 영국 정부는 1915년 12월 10일 프렌치 장군을 국내로 불러들이고, 헤이그(Douglas Haig, 1861~1928) 제1군단장을 BEF 총사령관 자리에 앉혔다. 그후 프렌치는 국내군 총사령관이 되었고, 1918~21년에 아일랜드 총독을 지냈다. 1919년에 전쟁에 관한 자신의 해명서인 『1914』를 출간했다.

프리에토 Oscar Vargas Prieto(1917~) 199
페루의 군인이자 정치인. 1968년 10월 3일 당시 육군 사령관이던 알바라도(Juan Velasco Alvarado, 1910~77)를 도와 쿠데타를 일으킨 뒤 군사평의회의 2인자가 됐다. 대통령이 된 알바라도가 페루에 진출해 있던 미국계 석유회사들의 재산을 국유화하는 과정에서 퇴임하자 1975년 〈혁명군사평의회〉(Junta Revolucionaria)를 결성해 스스로 수상이 되어 정권을 잡으려 했으나, 또 다른 군부 쿠데타 세력에게 밀려났다.

플라우투스 Titus Maccius Plautus(B. C. 254?~184) 168
고대 로마의 희극작가. 기교를 살린 복잡한 플롯, 기지 넘치는 대화(특히, 사랑의 고백이나 욕설, 임기응변) 등을 통해 라틴어의 표현력을 넓혔다고 알려져 있다. 현재까지 20편의 작품이 전해지고 있는데 『포로들』(*Captivi*), 『허풍선이 군인』(*Miles Gloriosus*) 등이 주요 작품이다.

피에르퓨 Jean de Pierrefeu(1886~1975) 134
프랑스의 군인. 페탱 대령의 참모장교로 제1차 세계대전에 참전했고 종전 뒤 참전 경험을 바탕으로 여러 회고록을 발표했다. 주요 저서로 『총사령부 제1분과』(*G. Q. G. Secteur 1, trois ans au grand quartier général par le rédacteur du communiqué*, 1920), 『플루타르코스의 거짓말』(*Plutarque a menti, Les nouveaux mensonges de Plutarque*, 1923) 등이 있다.

허스트 William Randolph Hearst(1863~1951) 209
미국의 신문 재벌. 1887년 부친 소유의 신문사 『샌프란시스코 이그재미너』(*The San Francisco Examiner*)에 들어가 경력을 쌓은 뒤 1895년 뉴욕의 『모닝 저널』(*Morning Journal*)을 매수하여 퓰리처(Joseph Pulitzer, 1847~1911)의

『뉴욕월드』(New York World)와 부수 경쟁을 벌였다. 이 과정에서 오늘날 '옐로우 저널리즘'이라고 불리는 저속하고 선정적인 지면 구성을 선보였다. 그 뒤 미국 13개 도시에서 20개의 일간지, 11개의 주간지를 창간했고 1909년에는 〈국제뉴스통신사〉(International News Service)를 설립했다.

후퍼트 George Huppert(1934~) 149

미국 일리노이 대학 역사학과의 프랑스사 교수로서 『귀족-부르주아』(Les Bourgeois-Gentilhommes : An Essay on the Definition of Elites in Renaissance France, Public Schools in Renaissance France, 1977), 『흑사병 이후』(After the Black Death : A Social History of Modern Europe, 1998) 등의 저서가 있다.

휠러 Harvey Wheeler(1914~) 257, 264

미국의 소설가. 1961년부터 자신의 동료 버빅(Eugene Burdick, 1918~65)과 함께 『새터데이 이브닝 포스트』(The Saturday Evening Post)에 쿠바 미사일 위기(1962)를 예언한 듯한 『비행한계선』(Fail-Safe)이라는 연재 소설을 실어 큰 명성을 얻었다. 그 뒤 자신의 작품을 영화화(1964)하면서 시나리오 작가로 변신했으나 그다지 성공하지는 못했다. 『비행한계선』은 미국의 영화배우 조지 클루니(George Clooney, 1961~)가 제작을 담당해 2000년에 CBS의 TV프로그램으로 다시 선보이기도 했다.

휴스 Howard Robard Hughes, Jr(1905~1976) 209

미국의 사업가. 1939년 〈트랜스월드에어라인〉(Trans World Airlines, TWA)이라는 비행기 제조업체를 인수, 제2차 세계대전 동안 막대한 돈을 벌어 미국 최초의 억만장자가 됐다. 1959년 탈세 혐의로 조사를 받자 전직 FBI 요원 로버트 마휴(Robert Maheu, 1918~)를 고용, 그의 조언으로 라스베가스에서 은둔하던 중, 1976년 4월 5일 휴스턴으로 가던 비행기 안에서 사망했다.

찾아보기

ㄱ

갈색 부대(Das Braune Heer) 50, 76, 77, 85
감시 98, 206
개벌(皆伐) 155~156, 166
거주하기에 적당한 순환(circulation habitable) 53
〈건축원리〉 7, 11, 36
견제[핵 억지력] 244
경사 기능(obliquité function) 11
공간의 전쟁 252
공위(攻圍, Poliorcetica) 62, 67, 167
관성(inertie) 65, 69
교통로(voirie) 56, 68, 72, 87, 92, 169
국군 운동(Movimento das Forças Armadas) 195, 196
군비 경쟁 248, 259, 262~263
군사적 프롤레타리아트화(prolétarisation militaire) 93, 113, 141, 172, 174, 194

군사 프롤레타리아트(prolétariat militaire) 92, 127, 217
군산복합체(complexe militaro-industriel) 64
군인-수도사 183, 188
굴라크(Gulag) 93, 163, 165
궁핍이라는 평화 119
기거할 수 있는 권리(droit au logement) 58
기계적 운송장치 190, 191,

ㄴ

나치 50, 51, 81, 83, 185, 221, 223
내파(內破) 244
내포적 침투(pénétration intensif) 145
노란색 순양함(Croisière Jaune) 216
느린 죽음 161, 166, 177

ㄷ

대륙인 107, 108, 143
데모스(dêmos) 103, 104, 111
도시-기계(ville-machine) 65, 67
동력기(moteur) 49, 81, 87
동력화(motorisation) 87
동물적 신체(corps animaux) 177, 195
동물-프롤레타리아트 177
동적 활력(l'énergie cinétique) 80

ㄹ

라르작(Larzac) 202, 204

ㅁ

말빌(Malville) 202, 203
무능한 육체(Corps incapables) 139
무장(武裝) 248
문화혁명 98
미디어 205, 208, 209, 211
미래의 고고학 13, 20~23

ㅂ

바다에 대한 권리(droit à la mer) 104, 111, 114, 117, 134
바다의 제국(l'empire des mers) 111
방랑(errance) 52
베르사유 조약 194, 231
병참학(logistique) 72, 99, 170, 171, 194, 222, 263, 266
부동(不動)의 기계(machines immobiles) 62, 65, 69
부역(賦役) 219
비상 상태(L'etat D'urgence) 227, 252, 267
비-장소성 243, 248
비전도성 차단벽 238, 267

ㅅ

사라짐 109, 127, 244
사회 사업가 231, 232, 233
사회적 신체[사회](corps social) 229
사회적 안전 231, 232
사회적 원조 194, 232, 235
산업 프롤레타리아트(prolétariat industriel) 92, 93, 112
산업 혁명 117
생체적 운송장치(Véhicules métaboliques) 181, 182, 190, 191
생활권(Lebensraum) 221
세계-섬 246
소모전 127, 129, 133, 140
속도(vitesse) 49, 53, 57, 74, 78~80, 116, 119, 131, 134, 149, 227, 243, 248, 249, 259, 264, 267
수소 폭탄 262, 265, 266
순환(circulation) 49, 50, 56, 70, 148
스모티그(SMOTIG) 219

스파르타 145~148, 233, 236
스페인 사막 228
습격(assaut) 86, 88, 93, 189, 206, 214, 218, 220, 229, 249
시간의 전쟁(la guerre du Temps) 117, 121, 129, 252
식물적 신체(corps végétaux) 180

ㅇ

아성(牙城, donjon) 155~157
아시스탕스(assistance) 211
아테네 145
안락함 211~212, 231
안전(salut) 79, 229, 230, 231, 234, 236, 237
안전한 가치 236
억류〔감금〕 156
억지력 142, 197, 248, 255, 263, 264
엔진(engin) 108, 133, 190
역사 146~149, 217
역학적 능률(l'efficience dynamique) 52, 106, 120, 239
영토적 신체〔대지〕(corps territorial) 98
영혼 162, 179
완전한 사고(l'accident integral) 23
외파(外破) 199, 244, 248
외향적 침투(pénétration extensive) 145
요새(forteresse) 60, 62, 65, 69, 165
운동의 독재(dictature du mouvement) 92, 139

운송능력(puissance véhiculaire) 120
운송장치(véhicules) 53, 99, 183
운송혁명(la révolution des transports) 85, 90
울트레이아(Ultreia) 68
원자력 197, 238
위협 261, 262
육지에 대한 권리 134
의지 162, 178
의지 없는 신체(corps sans volonté) 163, 180
인공 보철물(補綴物) 139
인민 전쟁(la guerre populaire) 115, 228, 246
임계점(臨界點) 257

ㅈ

자동화 252, 254
장갑차 131, 133, 140
장애물이 없는 바다(la mer libre) 111
재활 수용소 95, 185
전격전(Blitzkrieg) 81
전쟁기계 151, 183
전쟁인(l'homme de guerre) 60, 99
전진기지 259, 265
전체주의 93, 117, 206
절대적 전쟁 123, 124
정주(定住) 131, 169
정지 148
제3차 중동전쟁 256

좋은 상태[건강] 130
지적법(地籍法) 153
지정학(géopolitique) 72, 125, 218, 245, 246, 247, 255
질주관(dromocraté) 52, 148, 157, 175
질주광(dromomanes) 52, 77, 140, 190
질주정(dromocratie) 90, 109, 117, 120, 142, 153, 191, 223
질주정 혁명(La revolution dromocratique) 117
질주학적 진보(Le progres dromologique) 119, 120, 134, 162, 239, 265

ㅊ

초모더니즘(hypermodernism) 17, 36
초음속의 벡터 244
총동원령(die Totale Mobil-Machung) 218, 222, 225
총력적 평화 119, 223, 256
총력전(La guerre totale) 76, 108, 124, 142, 161, 222, 231
추방의 장소(ban-lieue) 58

ㅋ

콘도티에리(Condottiere) 64, 171
크메르루주(Khmer Rouge) 93, 94

ㅌ

탈영토화(déterritorialisation) 162, 167, 181, 185, 200

ㅍ

파시즘(fascisme) 195, 206, 221, 223
포위 상태 108, 252
폭력 106, 120, 129, 227,
폴크스바겐(volkswagen) 83
프롤레타리아트 독재(la dictature du prolétariat) 94, 195, 223
프롤레타리아트화(prolétarisation) 54, 93, 113, 141, 171, 193, 234

ㅎ

하늘에 대한 권리(droit à l'espace aérien) 104
해양인 143
핵 균형 187
핵무기 197, 262, 266
행진 중의 국가(nation en marche) 92, 99
허무주의 183, 218
현존함대(fleeting in being) 104, 105, 106, 109, 111
흑인 단속법 207